幼儿园项目式园本教研活动设计与实例

——支架教师的专业成长

何红漫　王微丽　主编

中国轻工业出版社

图书在版编目(CIP)数据

幼儿园项目式园本教研活动设计与实例：支架教师的专业成长/何红漫,王微丽主编.—北京：中国轻工业出版社,2022.5(2025.1重印)
ISBN 978-7-5184-3779-5

Ⅰ.①幼… Ⅱ.①何… ②王… Ⅲ.①学前教育-教学研究 Ⅳ.①G612

中国版本图书馆CIP数据核字（2021）第259659号

保留所有权利。非经中国轻工业出版社"万千教育"书面授权，任何人不得以任何方式（包括但不限于电子、机械、手工或其他尚未被发明或应用的技术手段）复印、拍照、扫描、录音、朗读、存储、发表本书中任何部分或本书全部内容。中国轻工业出版社"万千教育"未授权任何机构提供源自本书内容的电子文件阅览、收听或下载服务。如有此类非法行为，查实必究。

责任编辑：吴　红　牟　聪　　　责任终审：高惠京
策划编辑：吴　红　　　　　　　责任校对：刘志颖　　　责任监印：吴维斌

出版发行：中国轻工业出版社（北京鲁谷东街5号，邮编：100040）
印　　刷：三河市鑫金马印装有限公司
经　　销：各地新华书店
版　　次：2025年1月第1版第6次印刷
开　　本：710×1000　1/16　印张：17.75
字　　数：167千字
印　　数：21001—24000
书　　号：ISBN 978-7-5184-3779-5　定价：58.00元
读者热线：010-65181109
发行电话：010-85119832　　010-85119912
网　　址：http://www.chlip.com.cn　http://www.wqedu.com
电子信箱：1012305542@qq.com
版权所有　侵权必究
如发现图书残缺请拨打读者热线联系调换
242236Y1C106ZBW

主　编：何红漫　王微丽
副主编：刘　隼　邓丽霞　邱丞骏
作　者：何红漫　刘　隼　邓丽霞　张琳琳　邱丞骏　刘　丹
　　　　戴文婷　卓瑞燕　王微丽　秦　晗　张雅玲　王梓琦
　　　　周玲敏　舒　慧　敬　贞

前 言

时光荏苒,弹指间我的职业生涯已逾40年。在40余年的岁月交替中,我在陕西省委幼儿园从一名稚嫩的教师成长为青涩的园长;而深圳这片锐意改革的沃土,激发我在不断创新、反复求索中担任了深圳市白沙岭幼儿园、深圳市第八幼儿园、深圳市莲花二村幼儿园等幼儿园的园长。无论走进哪一所幼儿园,我心中最爱、最惦记的永远只有可爱的孩子、可敬的教师和家长,我思考得最多的也是如何促进他们的共同成长。

1999年,面对国家层面的教育改革大潮,我选择与北京师范大学霍力岩教授的团队合作,引领教师团队自觉、大胆地推进课程改革,研发了"支架儿童主动学习"的"莲花课程"。霍力岩教授提出的课程建构与教师专业发展一体化的理念,让我们在持续研究支持孩子们主动探究、深度学习的高品质课程的同时,实现了支架教师专业成长,使我感受到了园本课程与园本教研并驾齐驱、孩子和教师共同成长的幸福。每一次园本教研就是教师研修的课堂,他们针对自己工作中遇到的问题聆听、研讨、分享、实践,在一次次碰撞与争执中走出迷茫。一个个精准教研项目,一次次高效教研活动,让教师们在课程发展中遇到的问题得以有效解决,让他们在专业成长的道路上笃定前行,并建构出科学支架教师专业发展的"项目式"园本教研模式。当看到许多教师在专业发展的道路上逐渐成长为行业骨干时,我就会一次次回想起他们在"项目式"园本教研中的"模样",充分地体会到园本教研其实就是支架教师专业成长的课堂。

20多年过去了,我很欣慰莲花二村幼儿园的每一位教育工作者都在园本课程建构的过程中用心、用情、用爱书写着属于自己的色彩,并在这个平台上实现了自我超越;曾任教研员的杨伟鹏老师在香港大学完成了博士阶段的学习,赴香港教育大学任教;曾任教研员的秦晗老师今年考取了香港中文大学的博士研究生；曾任英文教师的宋春蕾老师已成为某大型国际教育集团的课程总监；更有数十位莲花二村幼儿园培养的教师成为其他幼儿园的园长、副园长及教学管理人员……想到他们的成就，我心中满是感慨。

我借此书将下面的话送给曾与我同行的你们，也送给正与我继续坚守在莲花二村幼儿园的教师们：

这20多年里，我们曾并肩前行，现场切磋，知行合一，收获满满！

这20多年里，我们曾探索理论，专题分享，研讨内化，共同成长！

这20多年里，我们曾搭建平台，跨界交流，借鉴深思，勇敢创新！

我感恩于莲花二村幼儿园拥有一支优秀的教研团队，在20多年的课程改革发展中，能够借鉴"项目教学"的理念与方法，建构出以"引领、支架、赋能"为理念，在实践中行之有效的、支持教师专业成长的"项目式"教研模式，促进并实现了课程建构与教师专业成长一体化的发展。

在此书回顾、总结、梳理、撰写的过程中，我们反复思考的问题是：如何做到"授人以渔"，真正实现教师的自主发展？这本书正是围绕"项目式"园本教研，为支架教师专业成长而撰写的指导手册，全书分为"理论篇"和"实践篇"两个部分，共七章。"理论篇"为第一、二、三、四章，实践篇为第五、六、七章。

在"理论篇"部分，我们从项目式园本教研的源起与创新、项目式园本教研的构成与过程、项目式园本教研的模式与保障、项目式园本教研的价值与意义这四个维度展开讨论，较为系统地从理论层面阐述了园本教研的基本概况，并配以情境式插图和总结式表格等，尽可能做到深入浅出、易于理解，使一线幼儿园教师了解有关园本教研的较为系统的理论。

在"实践篇"部分，我们从项目式园本教研的七种方式、横向型与纵向型项目式园本教研、项目式园本教研课程阶段案例三个角度，结合典型案例进行了富有条理且翔实的描述与分析。书中所使用的框架图、评价表格等均来自莲花二村幼儿园和其他项目参与园（我园市级推广课题参与园）的教研实践。由于篇幅有限，加上"授人以鱼，不如授人以渔"这一理念的引领，我们在每一个教育实践问题下仅选择了一个经典案例，意在说明该类型园本教研的特点与具体操作方式，希望能带给读者一定的方法指导。相信广大幼教工作者能以此书为鉴,创设出更多的"项目式"园本教研活动,更好地促进教师的自主发展。

"项目式"园本教研,凝结了莲花二村幼儿园课程中心团队,对于支架教师专业成长的思考、实践、行动与探索。2017年"深圳市王微丽名园长工作室"成立之时,我们产生了将"项目式"园本教研的研究成果整理成书的想法。后来我们历经3年将"项目式"园本教研模式在工作室涉及的不同幼儿园进行应用与实践。借此,我对工作室的所有成员及学员表示真诚的感谢。

我期待这本书的出版,不仅仅因为它是莲花二村幼儿园课程建构超越期的教研成果总结,更希望它能够成为新时代背景下广大幼教工作者进行新的教育研究思考的开始。

最后,我想对所有参与"项目式"园本教研的教育工作者真诚地说一声"谢谢"!感谢霍力岩教授、李辉教授、杨伟鹏博士、秦晗老师每一次的智慧付出,让我们永远拥有前进的勇气;感谢全体教师每一次思维激情碰撞,让我们获得源源不断的灵感;感谢亲爱的课程中心的教研员们每一次兢兢业业地观察、调研、探究和筹划,让我们拥有笃行的底气;更感谢给予我赞赏与支持的教育同行们,是你们让我在幼教探索的道路上一直前行。

幼儿园教育科研是幼儿园内涵发展的必由之路。要做到有新意、有创意,充分以幼儿为本、以教师为本的园本教研并非易事。本书既是我们这一阶段的总结,亦将是我们团队新的起点,但愿我们精准靶向教研,研以致用,在教研中收获、在反思中成长,愿更多的教师能够继续践行教育承诺,坚守教育理想,深耕细做笃前行,一朝收获终有成!

王微丽
2021年11月8日

目 录

理论篇

第一章 项目式园本教研的源起与创新 ········ 3

第一节 幼儿园园本教研与园本课程发展 ········ 3
  一、幼儿园园本教研的本质含义 ········ 4
  二、幼儿园园本教研的基本特征 ········ 6
  三、幼儿园园本课程发展 ········ 10

第二节 教研新样态为课程发展保驾护航 ········ 27
  一、促进教师发展的教研"1+N模式" ········ 28
  二、基于项目教研的课程建构"六步走" ········ 30

第二章 项目式园本教研的构成与过程 ········ 35

第一节 项目式园本教研构成要素 ········ 35
  一、项目式园本教研的主题产生 ········ 36
  二、项目式园本教研的目标设置 ········ 37
  三、项目式园本教研的内容确定 ········ 37
  四、项目式园本教研的方法类型 ········ 38
  五、项目式园本教研的评价方式 ········ 39
  六、项目式园本教研的资源体系 ········ 39

第二节 项目式园本教研操作过程 ········ 41
  一、以问题连续体为主的项目式研究 ········ 41
  二、改革创新原有的园本教研模式 ········ 42
  三、"项目式教研"中的"项目"开展方法 ········ 42

第三章　项目式园本教研的模式与保障 ·················· 55

第一节　项目式园本教研新兴模式 ······················ 55
一、教研中的民主与合作特色 ······················ 56
二、教研中的持续与深入特色 ······················ 57
三、教研中的探索与研究特色 ······················ 58
四、教研中的稳定与灵活特色 ······················ 59
五、教研中的解疑与建构特色 ······················ 60

第二节　项目式园本教研资源保障 ······················ 61
一、挖掘可利用的园本教研资源 ···················· 62
二、分类建立园本教研运用资源库 ·················· 63
三、整理形成项目式园本教研总结资源体系 ·········· 65

第四章　项目式园本教研的价值与意义 ·················· 67

第一节　新型教研为教师专业发展搭支架 ················ 67
一、园本教研与教师专业发展现状分析 ·············· 68
二、园本教研在教师专业发展中的优势 ·············· 70
三、项目式园本教研中的新型教研方法体系 ·········· 71

第二节　顶层设计助力教师完善知识体系 ················ 76
一、顶层设计对教师专业成长的重要性 ·············· 76
二、园本教研中教师专业能力分层标准 ·············· 77
三、园本教研中教师知识体系完善路径 ·············· 81

第三节　问题导向推动教师打破传统思维 ················ 83
一、问题导向的基本概念及典型特征 ················ 83
二、问题导向中知识结构的建构路径 ················ 84

第四节　角色更新促进教师专业多元发展 ················ 87
一、园本教研中教师角色的定位 ···················· 87
二、园本教研中教师的多重身份 ···················· 92

实践篇

第五章 项目式园本教研各类型案例 …………………………… 97

第一节 项目研究之会场式教研 ………………………… 98
活动实例：《指南》与教学实践如何知行合一？ ………… 98

第二节 项目研究之情境式教研 ………………………… 103
活动实例：材料呈现方式是否影响幼儿的探索行为？ ……… 104

第三节 项目研究之剧场式教研 ………………………… 108
活动实例：如何从共情的角度解决幼儿之间的冲突？ ……… 109

第四节 项目研究之故事式教研 ………………………… 115
活动实例：如何将常规巧妙地渗透在日常活动中？ ………… 116

第五节 项目研究之茶馆式教研 ………………………… 121
活动实例：幼儿园有效晨间锻炼活动的组织策略有哪些？ …… 122

第六节 项目研究之辩论式教研 ………………………… 127
活动实例：幼儿园活动中规则与自主哪个更重要？ ………… 128

第七节 项目研究之沙龙式教研 ………………………… 135
活动实例：为什么校园文化应随着教师发展动态调整？ ……… 136

第六章 项目式园本教研完整型案例 ……………………… 143

第一节 横向型项目式教研 ……………………………… 144
活动实例："如何优化幼儿一日活动环境？" ………………… 144

第二节 纵向型项目式教研 ……………………………… 173
活动实例："如何提升幼儿自主游戏的质量？" ……………… 175

第七章 项目式园本教研课程阶段案例 …………………… 201

第一节 课程建构期项目教研 …………………………… 202
活动实例：如何有效促进新课程落地？ ……………………… 203

第二节　课程发展期项目教研 …………………………………… 219

　　活动实例：如何优化课程开展方法、内容体系和评价方式？ …… 221

第三节　课程成熟期项目教研 …………………………………… 240

　　活动实例：如何将传统文化融入课程的各个方面？ …………… 242

后记 …………………………………………………………………… 263
参考文献 ……………………………………………………………… 267

理论篇

第一章　项目式园本教研的源起与创新

第二章　项目式园本教研的构成与过程

第三章　项目式园本教研的模式与保障

第四章　项目式园本教研的价值与意义

第一章
项目式园本教研的源起与创新

园本教研活动是我国教育界特有的一种教师发展方式，它既不同于国外的教师发展指导，也不同于单纯的行政管理，是介于专业指导与行政管理之间的一种特殊教师发展途径，兼有两者的职能和作用，带有双重色彩。[1]20 世纪 80 年代"以校为本"的校本教研成为我国的改革潮流，这场改革唤醒了学校的自主、自治意识，教师们开始研讨教育教学中发现的问题并进行解决，这股潮流也催生了"园本教研"这一特殊教研形式。

2006 年 3 月，教育部基础教育司委托基础教育课程教材发展中心下发了《关于开展"以园为本教研制度建设"项目的函》。文件中指出，开展"以园为本教研制度建设"是一项专业性很强的工作，而不是一般意义上的课题研究，"它关注的是在《幼儿园教育指导纲要（试行）》（以下简称《纲要》）背景下教师学习、工作、研究方式的变革；教研活动的有效性、针对性；幼儿园学习共同体的建设；教研文化的营造，教研制度的创新"，旨在建立和完善以园为本的教研制度，通过研究和解决教学实际问题，从而提高幼儿园的教育质量。在此文件发布后，全国范围内开展了"以园为本教研制度建设"项目，从此"园本教研"这一概念在我国开始广泛使用。

第一节 幼儿园园本教研与园本课程发展

我国国务院先后颁布《中共中央国务院关于深化教育改革全面推进素质教育的决定》（中发〔1999〕9 号）和《国务院关于基础教育改革与发展的决定》（国发〔2001〕21 号）。教育部决定，大力推进基础教育课程改革，调整

---

[1] 张琼，等. 园本教研新视角［M］. 广州：暨南大学出版社，2012.

和改革基础教育的课程体系、结构等，构建符合素质教育要求的新的基础教育课程体系。上述文件中提出的新课程体系涵盖幼儿教育、义务教育、普通高中教育，而目标之一是改变课程管理过于集中的状况，实行国家、地方、学校三级课程管理，增强课程对地方、学校及学生的适应性。

国务院颁布相关文件后，各地、各学校纷纷开始新课程改革，地方课程、校本课程如雨后春笋般涌现。在这一课程改革的过程中，幼儿园也加入了建构适合本地、本园的园本课程理论研究与实践。"在影响课程变革的众多因素中，教师是制约课程变革的最为关键的人为因素，任何好的课程计划没有教师的努力和合作是不可能取得成功的。"[1]随着校本课程开发理论与行动研究的不断深入，课程与教师之间的联系也日趋紧密，两者间的关系已成为学者们关注的焦点。"越来越多的学者开始认为，教师不再只是课程的实施者，同时是课程的开发者，教师应该积极主动地介入课程开发、实施与评价的整个过程。"[2]因为，"没有教师的发展就没有课程的发展，教师的专业发展就是课程发展"[3]。教师的这一角色以及在教育教学工作中的新任务对其专业发展提出了更高的要求，因此，建立一种能促进教师专业发展（尤其是在课程开发与建构的过程中）的机制就成为一个非常重要的问题。

一、幼儿园园本教研的本质含义

"园本"意指"以幼儿园为基础""以幼儿园为本"。我们经过分析认为，"园本教研"这个概念中的"园本"的具体含义包括四个方面：一是场所，即教研发生在幼儿园；二是条件，即教研必须基于幼儿园的现有资源；三是方法，即教研必须立足于幼儿园实践的行动研究；四是目的，即教研必须聚焦于解决幼儿园的真实问题。近些年，园本教研在我国学前教育界掀起一股浪潮，学者们也对园本教研进行了深入的研究，并且从不同的角度对园本教研

---

[1] 董静. 课程变革视阈下的教师专业发展［M］. 北京：中央编译出版社，2013：13.

[2] 霍力岩，等. 幼儿园课程开发与教师专业发展——比较研究的视角［M］. 北京：教育科学出版社，2006：1.

[3] SCHUBERT W H. Curriculum: Perspective, Paradigm and Possibility［M］. New York: Macmillan Publishing Company/London: Collier Macmillan Publisher, 1986: 372.

的含义进行了界定。

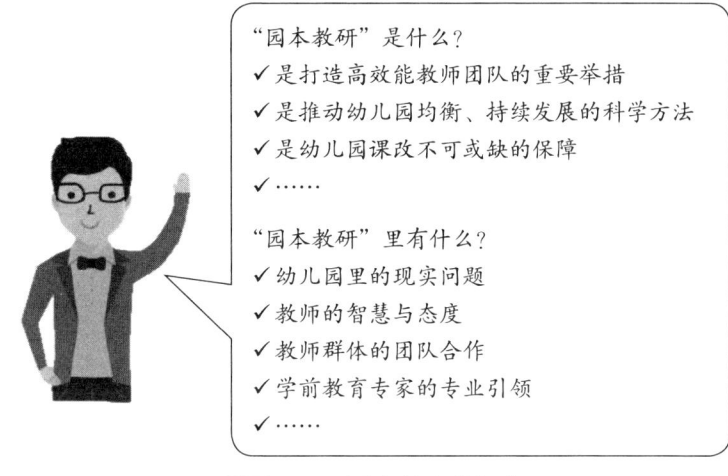

导图 1-1　园本教研的概念

从园本教研的研究对象、研究主体和研究结果对"园本教研"进行界定，园本教研是基于园所的实际情况和具体的教育教学情境，以教师为研究主体，对自身在教育教学中遇到的问题和解决问题的策略与方法进行行动研究，使得教师在教研的过程中获取经验，提升理论，形成缄默知识。[1]

从园本教研实施的过程对"园本教研"进行界定，园本教研是基于教学现场的研究，注重研究与实践并行，教师在这之中既是研究者也是教学实践者，并对教学问题进行反思和解释。[2]

从文化哲学的角度对"园本教研"进行界定，园本教研是参与教研人员之间的对话交流和生成意义的过程，在这个过程中也促进了文化的生成。园本教研的根本目的不在于传达一些现成的研究方法，而在于把教师的创造潜能诱导出来，将教师的生命感、价值感从沉睡的自我意识和心灵中"唤醒"，增强其自我意识和问题意识。[3]

---

[1]　朱家雄. 幼儿园园本教研再议 [J]. 教育导刊：幼儿教育, 2006 (6)：4-6.

[2]　徐美娥　基于行动的园本教研 [J]. 学前教育研究, 2009 (12)：55-57.

[3]　胡庆芳. 我国校本教研理论与实践研究的综述 [J]. 中小学教师培训, 2005 (4)：10-13.

综合以上观点,我们将"园本教研"定义为:以一线幼儿园教师为研究主体,以教师在课程推进中遇到的有关"课程的问题""教学实践的问题"为研究对象,立足于本园实际和长远发展,围绕解决研究对象涉及的问题,改进教育教学实践、促进幼儿的发展、推动课程的建构,并有效地提高教师的专业化水平的系列教研活动。

二、幼儿园园本教研的基本特征

	传统教研	园本教研
目的	行政取向	专业取向
路径	自上而下、重理论	自下而上、重实践
关注内容	理论学习	实际问题
组织形式	单一的,根据同质性原则组织	多样的,以问题解决为指向组织
评价指标	是否完成上级布置的教研任务	是否解决实际问题,是否促进教师专业发展

"哇!原来园本教研有这么多特质,看来我在教研活动中要经常反思,多想想研究的问题是不是真实需要的,研究是否能改善教学质量……"

导图 1-2　传统教研与园本教研的区别

园本教研不同于理论研究,它是根植于幼儿园内部,以在课程推进中遇到的有关课程的问题、教学实践的问题为研究对象,以幼儿园教师为主体开展的行动研究,有自己鲜明的特征,幼儿园需要厘清园本教研的特征,这样有助于更好地选择、设计教研活动,也有助于教研活动高质量地开展。[1]

（一）园本教研的目的是改进实践

当前,我国幼儿园普遍采用讲座、示范课等传统形式组织教研,这在一定程度上为理论成果的推广提供了条件,但这并不能决定幼儿园教研的目的。

---

[1] 赖映红. 幼儿园园本教研的特点及存在问题研究［D］. 长春:东北师范大学,2007.

园本教研的目的并不只是推广关于儿童发展的新理论，也不只是发现新的教育教学规律。教研的目的应该是改进本园的共性的教育实践问题，这才是园本教研的价值取向。

传统教研的本质是园所管理层"自上而下"地组织教师个体局部参与教学研究，其目的往往是通过灌输某种理论政策，来帮助教师理解教育教学规律，其评价指标是教师是否完成上级布置的教研任务。而园本教研的本质是以一线教师为主体"自下而上"地组织全园教师参与教育教学研究，其目的是为解决实际教育教学问题，改进幼儿园教学实践，提供合理的解决策略，并形成系统性成果方案。其评价指标是教研是否解决了实际问题，是否切实促进了幼儿身心健康和谐的发展，是否有效地提升了教师的专业化水平。

和传统教研相比较，园本教研更突出其改进教育教学实践的目的，它不是为了发现教育教学的普遍规律，也不是为了验证或改进某个教育教学理论，而是要指导幼儿园的教育教学改革与实践，甚至研究过程还要与教学实践同步进行，在实践中研究，在研究中实践，在实践与研究的相互促进过程中不断深化，提高教育质量。

（二）园本教研的内容是实际问题

园本教研的内容是以问题为中心的，应当围绕实践中遇到的具体问题展开研究。自2006年"园本教研"的概念提出后，园本教研的模式在全国掀起一股热潮，其中，不乏非常出色的园本教研成果，但不得不承认，有些园本教研活动的选题方向不够接地气，研究问题过于宽泛或者过于琐碎，导致研究问题不聚焦，研究内容不连续，研究路径不规范、设计不严谨。归根结底，出现这些问题的原因是教研活动偏离了园本教研从工作中来、解决实际问题的性质，教师在大量的理论中迷失了自我，教研的成果也因此缺乏基本的信度。

因此，园本教研的核心特征是以问题为中心，它围绕实践中遇到的实际问题展开研究，在一定程度上属于实践者的研究，属于解决问题的研究。[1] 教师应当真实地体验"实际问题"是如何产生的，并通过围绕有关教学实践的

---

[1] 郑金洲. 校本研究指导［M］. 北京：教育科学出版社，2002.

"实际问题"开展连续性的系列教研活动,深入而持续地进行探索与研究。

美国教育家杜威将问题解决分为五个阶段,依次是"发现问题—界定问题—提出假设—检验假设—验证假设",其中发现问题是问题解决的首要环节,即意识到困惑、挫折或困难的状态。目前园本教研在发现问题时往往是敏感且及时的,表现在教师会提出遇到的各种实践问题,但在界定问题和聚焦问题时却是一头雾水,不知从何下手。归根结底,出现这种情况的原因是教师对实际问题不能很好地做出理智化判断,在众多问题中迷失了方向。园本教研的"实际问题"是基于调研一所幼儿园或某个特殊教师团队所面临的真实实践现状而确定的。为此我们认为,园本教研应从问题情境入手,分析问题的"真"与"假",聚焦于真正的实践问题,并通过开展系列教研活动解决真问题。

(三)园本教研的本体是全体教师

在园本教研中,所有的教研内容都是自下而上提出来的,源于教师在课程推进中遇到的问题,以及实际教育教学中遇到的问题,而在这些围绕实际问题而开展的教研活动中,最具有发言权的则是幼儿园里有经验的带班教师,因此,园本教研的本体必须是全体幼儿园教师。

园本教研的本质特点是全体教师对具体的实践问题进行研究,通过问题和现象发掘教师行为背后的理念,通过改变观念的方式改变教师的行为,在解决实践问题的同时,促进教师由被动学习者向主动学习者、研究者、实践者、评价者、反思者角色的转变。[1]

《纲要》倡导建立相互尊重、协同合作、敢于批判质疑的园本教研。教学研究不再只是大学教授或专业研究人员的事情,也不只是教研员、骨干教师的事情,它还是所有幼儿园教师的事情。[2] 园本教研的本体参与者是否带着主动性和积极性投入研究,也是判断它是不是一个真正的园本教研的标准。无论是教研问题的选择、教研活动过程的设计,还是教研成果的推广应用,都

---

[1] SANTA C M, JOHN L. Teacher as researcher [J]. Journal of Reading Behavior, 1995. 27 (3): 439.

[2] 张阿赛. 基于教师专业发展的"园本教研"模式的路径构建 [J]. 宁夏师范学院学报, 2019, 40 (11): 105–112.

要充分调动参与教师的积极性、能动性和创造性。真正实现从"你让我研究，我就研究"的状态转变为积极主动的"我是教研本体，我要研究"的状态。

（四）园本教研的方法是行动研究

园本教研的设计和实施过程都应该围绕行动，突出实践，采取以问题为中心的行动研究方法，行动过程即研究的过程。园本教研是基于教师们的焦点问题而开展的，教师们在实际教育教学中和课程推进的过程中遇到的问题是不断生成的，教研活动的内容也随着教师们遇到的问题而不断生成。园本教研通过对教师在实际教育教学中遇到的问题进行研讨，提出改进措施和建议，教师们将研讨结果应用于实践，在实践活动中进行反思，并在反思中进行实践，将研究与实践相结合，开展行动研究，不断推动基于问题连续体的园本教研活动的生成与开展。

因此，园本教研采用的方法是行动研究，园本教研的过程是一个动态的、开放的行动研究过程。管理者和教师对这些新问题、新情况进行深入分析，制定相关教研方案，推动园本教研向更深层次推进，最后，把研究结果运用到实践中去检验，找出需要改进的地方，不断对结果进行修正和完善，逐步引导教师队伍进入研究和探索的旅程。

在"发现问题—设计方案—采取行动—反思行动—改进行动—总结结果"的螺旋上升式的行动研究全过程中，园本教研的"实际问题"受外界各种不平衡因素的影响以及内部变化发展需要的推动，必然处于一种不断变化的动态发展过程中，这就使园本教研处于一种不可预测的动态发展过程中。而这种动态发展特征使园本教研变得鲜活，具有"生成"和"生长"的能力。

（五）园本教研的途径是对话交流

在园本教研过程中，参与教研的主体之间的关系是平等的。教研活动中教研主体之间进行对话、交流、分享、互动、碰撞、融合，不断生成新的教育教学经验，是园本教研的途径。教研活动的组织者不再像传统园本教研活动中那样处于绝对的主体地位，扮演"一言堂"的角色，对教研活动的整个过程高度控制，以完成教研方案为目的，忽视教研活动的生成性，未能很好地把握园本教研活动中预设和生成之间的关系。

因此，园本教研的途径是对话交流，在整个教研过程中，教研活动的组织者和教研活动的参与者之间的地位是平等的。组织者在教研活动中是一个"搭建沟通桥梁"的角色，在搭建沟通桥梁的过程中，通过抛出系列问题，教师彼此之间基于教研问题发表自己的看法和意见，在思维碰撞与激发、观点碰撞与融合的过程中，新的观点、新的看法和新的意义也在逐步生成。同时，教研参与者基于对话的内容不断地抛出新的问题，彼此之间再次进行新的对话和交流，激发教师的创造潜能。

园本教研的过程中允许不同想法和意见的生成，这促进教研生成意义的多样性和丰富性，参与教研的主体在对话和交流的过程中互相吸收、互相学习，形成学习共同体，彼此的观念和看法在教研的整个过程中也在潜移默化地被改变、被打破，并且不断地生成，最终相互影响，形成科学的教育教学观念。

三、幼儿园园本课程发展

在过去的90年间，我国幼儿园课程的改革经历了几个阶段（见图1-1）。课程发展路径由最初的模仿借鉴西方模式，到逐步扎根于中国本土实际环境去发展课程，到如今新时代背景下，课程建构呈现出多元开放的新样态。在课程建构的道路上，教育工作者们从来没有停下过前进的脚步。

简单模仿 →		走向本土 →	多元开放
以西方为标本	借鉴苏联的模式	封闭式本土化	开放式本土化
20世纪30年代 在理论上确定了幼儿的主体地位，提出应依据儿童的心理发展水平编制课程。	20世纪50年代 1952年颁布了《幼儿园暂行规程》《幼儿园暂行教学纲要》，规定了幼儿园教育活动的各个科目以及教育纲要，提出通过教师主导各科的教学对幼儿施加教育。	20世纪80年代 1981年教育部颁布了《幼儿园教育纲要（试行草案）》，并组织编写了全国统编幼儿园教材。过分强调系统的单科知识、技能的传授，忽视儿童直接经验的获得。	21世纪新时代 2001年国家颁布了《幼儿园教育指导纲要（试行）》，强调幼儿的发展和一般能力的获得，并要求地方政府提出相应的指导意见，以幼儿园为主确定自己的课程。

图1-1 我国幼儿园课程变迁

相对于中小学学科教学以教科书为导向,幼儿园课程极具生成性,是基于儿童的各种游戏活动,在活动中获得关键经验。幼儿园课程建设是一项长期的、复杂的工作,也是一项对幼儿园教育质量提升至关重要的工作,关系着幼儿的发展。幼儿园课程是依据教育性原则以及《3—6岁儿童学习与发展指南》(以下简称《指南》)来确立目标体系,并结合每个地区、每所幼儿园、每个幼儿、每位幼儿园教师等实际情况加以建设和发展的。课程建构涉及幼儿园课程理念的确立、目标的确定、方法与策略的选择、内容的选定、实施路径的形成及评价原则等多方面的工作(见图1–2)。[1]

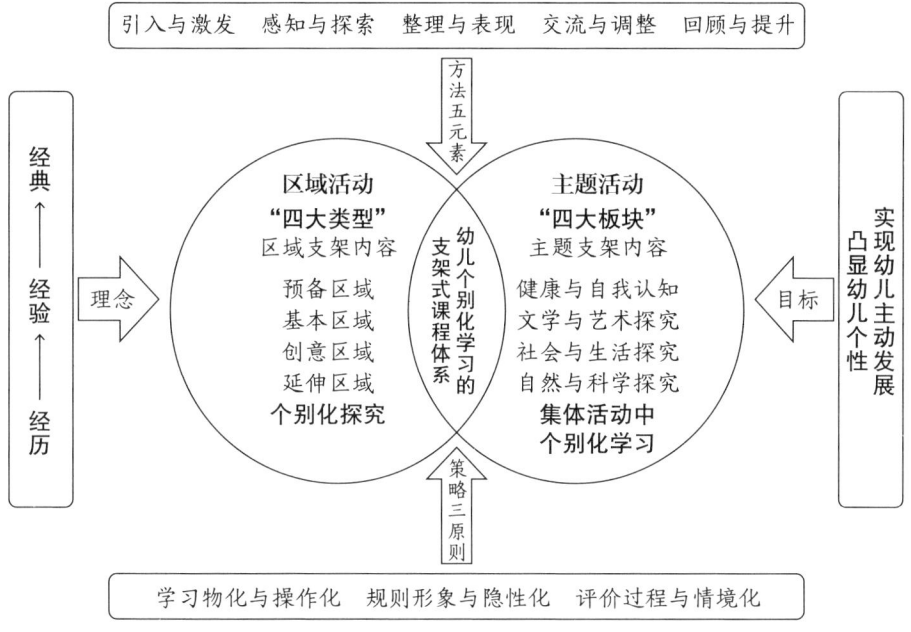

图1-2 幼儿园课程框架

(一)园本教研在园本课程发展中的重要意义

园本教研是幼儿园教育质量的助推器,是教师主动发展的动力机。苏霍姆林斯基曾说:"如果你想让教师的劳动能给教师带来乐趣,使天天上课不至于变成一种单调乏味的义务,那你就应该引导每一位教师走到从事研究这条

---

[1] 虞永平. 幼儿园课程建设与教师专业成长[J]. 中国教师, 2020(1): 81–85.

幸福的道路上来。"然而，在现实的园本教研情境中，教师们却疲于应付，教研工作变了味，理想的教研状态仿佛是真空存在的，无法扎实落地。因此，明晰园本教研的意义，厘清教研工作的现实问题显得尤为关键。

1. 园本教研是提升园本教育教学质量的基本路径

幼儿园保教工作是一项创造性极强的工作，由于劳动对象的幼稚性、劳动任务的全面性和细致性、劳动过程的创造性、劳动手段的主体性，所以教师要不断地研究其工作的对象、内容、手段和方法等，这样才有可能处理好日常工作中可能出现的复杂问题。

教师们对于园本教研的需求之一是希望通过参与研究活动来帮助他们解决现实工作中出现的问题，提升园本教学的质量。在我们前期的调研中，受访教师表示他们的日常工作繁忙，难以有充裕的时间和精力进行深入有效的自学，各级教育主管部门组织的培训也不一定能够完全切合他们真正的需求。基于这种情况，园本教研需贴近幼儿园日常工作，服务于一线教师的真实需求，为他们解决教育教学中出现的问题提供有效的支持与帮助。园本教研是基于行动而展开的，教师在实践中开展研究，也在研究的同时进行实践，通过研究教育现场中实际发生的问题来反思和改进自己的工作。园本教研的开展能够通过专家引领、同伴互助、自我反思学习等多重维度的活动方式，在帮助教师解决工作中出现的种种教学问题同时提升他们解决问题的能力，有效提高教师的工作效率、工作质量以及专业水平，从而为幼儿园的教育教学质量提供保障。

2. 园本教研是促进教师专业发展的有效路径

作为促进教师专业成长的重要途径，园本教研能够敦促教师在不断学习与其工作相关的理论知识以及工作开展策略的同时不断深入思考与总结。教研活动中的学习研讨以及交流分享可以帮助教师拓展思维、梳理逻辑，从而提高综合专业能力。[1]教育部亦在《关于加强和改进新时代基础教育教研工作的意见》（教基〔2019〕14号）中指出，教研工作需做到"服务教师专业成长，指导教师改进教学方式，提高教书育人能力"。

---

[1] 莫源秋，等. 幼儿园教研活动设计与实施［M］. 北京：中国轻工业出版社，2014：8.

（1）园本教研满足多种类型教师的发展需求。

园本教研能为教师提供丰富的成长平台，除提供各类学习资源和机会之外，教师也能够通过担任教研活动的主持者得到充分展示与锻炼自我的机会。不同类型的教师在专业成长的过程中各有不同的需求，通过积极参与园本教研活动，各类教师在发展上的多元化需求也能够得到满足。我们认为，对于新手教师来说，他们首先需要的是对园本理念以及课程的操作方式有一定程度的理解，以便能够快速地融入环境开展教学工作。此时，园本教研需要为他们提供充足的学习资源，并具有针对性地指导和帮助新教师更好地熟悉园所的情况以推进后续工作。成熟教师则需要在原有基础上使自己的专业水平得到更好的提升，充分发挥自身的专长，形成自己独特的教学风格，为日后成为骨干教师打好坚实的基础。对此，园本教研则可以帮助成熟教师在实践中积累经验，不断反思总结自身的优势。以往的常规培训方式已不足以充分支撑骨干教师后续的发展与提升，他们更需要通过参与或组织园本教研将自身积累、沉淀的经验向外传递，并在总结与反思中不断升华，从而拓展思维并实现专业成长。

专业学习共同体是以教师专业发展为根本目标，紧紧围绕学生学习需要和教学的实际困难与问题，使教师承诺共同的理念与目标，并承担责任、相互支持、共享经验、协同学习的组织。[1] 通过园本教研活动的开展，教师之间的联系得到加强，如年轻的新教师可以介绍在校内学习到的新技术、新教育理念，成熟教师可以将自己的工作经验分享给新教师，帮助他们尽快适应工作。由此，就能够在园所内建立教师之间的专业学习共同体，促进教师的专业能力不断提升。

（2）园本教研促进教师专业知识与能力的提升。

教师的缄默知识通常在具体的问题解决过程中体现出来，因此具有价值导向性、情境依赖性、背景丰富性的特征。[2] 缄默知识作为人类非语言智力活

---

[1] HORD S M. Professional learning communities: communities of continuous inquiry and improvement [M]. Texas: Southwest Educational Development Laboratory, 1997: 13–15.

[2] ERAUT M. Non-formal learning and tacit knowledge in professional work [J]. British Journal of Educational Psychology, 2010（70）: 113–136.

动的结晶,往往难以简单而直接地通过语言或文字进行表达,因而教师无法通过书籍阅读、集体培训等方式获得,但缄默知识却对教师的专业成长极为重要。幼儿园教师在园本教研中能够获取经验,提升理论,在态度、知识和技能上均有可能发生变化,从而促进缄默知识的形成。[1]在园本教研活动开展的过程中,不同类型教师之间的交流、碰撞不断加深,缄默知识在此过程中由经验丰富的教师向新教师传递,实现同伴之间的交流互助,使幼儿园教师的专业水平得到提升。

由于高校教育理念以及教学方式的逐渐改变,在校内学习的理论知识较多,离校时间较短的新教师往往缺少实践经验,这种情况导致他们无法有效地将在校内学到的理论知识短时间内有效地运用到现实工作中。然而在具有实践倾向的教育教学中,往往需要丰富的实践性经验积累来支持教师更好地完成日常工作。在园本教研活动开展的过程中,教师能够不断进行自我反思、进行深入探索研讨、与同伴交流,从而实现加速学习,促进思维的拓展,帮助他们的理论知识向实践经验进行转化。

我们现今正处于高速发展的时代,新的教育技术、理念不断出现,曾经的思想、技术也在不断更新升级。教育领域的发展也日新月异,这对当代幼儿园教师的专业水平也提出了新的要求。但平时幼儿园教师的工作繁忙而琐碎,往往在幼儿离园后由于种种原因还需要加班工作,这导致了他们缺乏时间与精力进行长期有效的自我学习。在园本教研活动的开展中,幼儿园教师能够集中精力及时间,通过多种方式对新兴技术、前沿教学理念等进行深入的研讨学习,促进专业水平的不断提升。

(3)园本教研促进教师在反思中成长。

在园本教研开展的过程中,幼儿园教师需要不断进行自我反思以得到专业上的成长与发展。人类内在的衡量标准能够敦促教师通过持续性的内省来实现自我提升以及自我超越。幼儿园教师在园本教研活动中不仅能够通过获取知识不断更新自我衡量的标准,也能够通过对优秀榜样的观察对比不断思考、总结经验改进自己的教育方式以及教育方法。基于园本教研所带来的持

---

[1] 朱家雄. 幼儿园园本教研再议 [J]. 教育导刊(幼儿教育), 2006 (6): 4-6.

续性"反思—总结—改进",教师的专业知识不断丰富,专业能力不断提升,由此实现教师由量变积累到质变的深度成长。

(4)园本教研帮助教师坚定职业信念。

态度、信念和价值观是构成幼儿园教师专业内在发展的三要素,是塑造幼儿园教师专业精神、构建幼儿园教师知识素养的核心。如果教师教育不涉及态度、信念和价值观领域,那么教师教育对教师的影响将浮于表面,无法触及教师的内心。[1]

通过园本教研,教师能够对教育教学理论有更深入的了解,能够对教育现场拥有敬畏之心,能够领悟幼儿园教师的责任与担当,并在教研过程中培养自身正确的态度、坚定的专业信念和健康的价值观。形成正确的态度,是幼儿园教师专业成长的起点;树立坚定的专业信念,是幼儿园教师专业成长的立足点;树立积极健康的价值观,是实现幼儿园教师专业成长的重要保障。

因此,幼儿园教师可以基于园本教研,从内心深处认同、理解自身所从事的职业,形成稳定的专业精神,在专业发展的道路上自觉追求成长,并将专业精神内化为自身人格的一部分,真正实现自主、可持续的专业发展。同时,持久的专业激情也离不开教师的态度、信念和价值观,它引领幼儿园教师形成强烈的专业认同,激励幼儿园教师在专业发展的道路上不断前行。[2]

3. 园本教研是完善教研制度的重要途径

园本教研的过程除了会影响作为教研主体的教师之外,还会影响教研内部的机制。机制指向的是各要素之间的结构关系和运行方式,在园本教研中具体指向教研制度、教研模式、教研流程、教研资源和教研风格等多个方面。以下我们将从教研制度、教研模式、教研资源这三个受园本教研影响较大的方面来进行相关阐述。

(1)园本教研能够促进教研制度的不断调整与更新。

教研制度是激活教师教研潜力、推动教研顺利开展的保障机制,是教研

---

[1] GEERT T M, DAM T, BLOM S. Learning through participation: the potential of school-based teacher education for developing a professional identity [J]. Teaching and Teacher Education, 2006 (22): 647–660.

[2] 虞永平.《幼儿园教师专业标准》的专业化理论基础 [J]. 学前教育研究, 2012 (7): 7–11.

活动开展的先驱和根本。[1] 根据教研制度的不同职能，我们可将其分为前期教研计划、后期监管制度和教研管理网络三个方面进行讨论。

根据园所情况，一般由教学园长、教学主任和教研员共同制订园本教研的长期计划（近5年的教研目标、内容）、中期计划（学年计划）和短期计划（学期计划），这样能保障园本教研有一条清晰的脉络。

在实践中，园所还应根据教研实际进展调整教研计划，如：根据教师理解程度延长或缩减教研活动的开展、加入亟待解决的教研主题等，在一步步调整中走出有园所特色的教研步调。

后期监管制度亦是如此，它是指根据教师在教研后期对教研成果的落实情况，不断优化教研成果评价奖励制度，健全监管体系，稳步推进教育实践的发展，从而使幼儿园形成教研下教育实践的良性循环。

在健全教研管理网络方面，园本教研团队应当分工明确，而在园本教研过程中，幼儿园管理者可发掘不同教师的优势，让教师也参与教研的组织和管理活动，为教研管理网络输入新鲜血液，不让教研因为部分有经验者的缺席而停滞不前，真正实现以教师为主的可持续化教研。

（2）园本教研能够发展适宜的教研模式。

前文中我们也提到园本教研模式非常丰富，但受教师人员数量、教研主题特性等因素的影响，并不是每一种模式都适用于每一场教研。那么在教研过程中，教研团队可以根据教研的实际成效，探寻适合不同教研主题、不同教师群体的教研模式，从而提高教研效果。如：对于新手教师来说，基础知识的掌握和有经验者的示范更为重要，而对于有经验的老教师来说，思想的碰撞和有针对性的探讨更为吸引人；在园所教师人数较大的情况下，分组开展教研活动会提升教师的参与度，从而让教师在教研中有更多的收获。

（3）园本教研能够丰富教研资源的配置。

教研过程中通常需要一些物质资料的支撑，教研团队也需要提前帮助教师进行一定的经验准备，这样才能产生一场高效的教研。而每名教师所需要的物质资料和经验支撑是不一样的，教师会根据班级幼儿的兴趣爱好选择合

---

[1] 赵燕妮. 园本"智慧教研"制度建设初探 [J]. 成才, 2019（11）：46—49.

适的物质材料并进行教研实践,教研团队也应该在了解教师知识储备的基础上,帮助教师掌握获取前期经验的路径。

4. 园本教研是优化园本课程的重要路径

基于问题的园本教研能使教师在实践中快速找到正确的课程发展路径。通过园本教研活动的开展,园所能够选择出适宜的支持理论或可供参考的课程体系,并研讨其中可供模仿的部分、不适用于本园所的内容、需要进行调整或本土化的部分,并逐步梳理出本土化的园本课程。

园本教研与课程改革直接相关,园本教研即为实现教学政策和教学理论有效地在教学实践中得以最佳贯彻和落实的技术性任务。[1] 幼儿园的课程改革则体现出顶层设计与实施路径之间的适宜性与科学性,即课程理论、教育理想和实践操作层面三者之间的有效贯通与有机融合,在实施过程中会不断生成新的问题与新的需求。因此,在园本教研中,教学管理者既需要对教育教学的理论研究,也需要对教育教学的实践操作,从而不断地深化园本课程。

(二)围绕园本课程所开展的教研工作

厘清了课程建设中"培养什么人?""为谁培养人?""用什么培养人?""怎样培养人?"这四个基本的哲学问题后,我们该如何基于园本文化,将理论转化到实践层面呢?

园本教研是伴随园本课程建设发展的重要工作,也是落实园本课程理念的重要途径。

导图1-3 落实园本教研的途径与方法

---

[1] 赵才欣. 有效教研——基础教育教研工作导论[M]. 上海:上海教育出版社,2008:3-5.

落实新课程理念、优化课程实施、深化教学改革是现代教研工作的核心内容。在新时代背景下实现课程的跨越式发展，加深对课程改革意义的认识及理解，以及根据新课程的理念来设计和实施园本教研，是具有现实意义的基本要求，也是课程实践过程中教研工作中心转轨的要求。

课程的功能价值，最主要的是帮助儿童实现全面发展。培养什么人？为谁培养人？用什么培养人？怎样培养人？在园本教研中厘清这四个问题的逻辑层次关系，通过教研活动研究与后续园本教研成果现场落地，不但能明晰园本课程依据，还有助于建构具有教育哲学价值的园本课程理论与实践体系。在深圳市莲花二村幼儿园课程建构中，我们就通过园本教研明晰了这四个问题在"莲花课程"中的定义。

1. 培养什么人？

培养什么人，是教育的首要问题，也是课程改革的出发点和归宿，也就是我们的培养目标。幼儿园园本课程应具备幼儿园课程的特质——以儿童为本，在幼儿和谐发展思想的指导下，以游戏为基本活动，关注个别差异，实现全面且个性化的发展，为幼儿的一生奠基，培养适应未来发展的新时代儿童。莲花二村幼儿园开展的每一次园本教研，都会在培养"文明、自信、有个性、会学习、敢创新"的健康儿童的课程目标指引下进行。

2. 为谁培养人？

中国共产党第十八次全国代表大会明确提出，教育是民族振兴的基石，教育公平是社会公平的重要基础。要全面贯彻党的教育方针，坚持育人为本、德育为先，实施素质教育，提高教育现代化水平，培养德智体美全面发展的社会主义建设者和接班人。莲花二村幼儿园的办园宗旨中明确提出"让孩子童年快乐，为孩子一生奠基，对民族未来负责"。其中，"对民族未来负责"体现出"莲花课程"在不同时代背景下的战略高度。"莲花课程"并不是盲目模仿，而是在思考为谁培养人的基础上，随着每一次园本教研的开展，生成适合中国儿童的课程内容。

3. 用什么培养人？

教育是培养完整人的重要途径。随着第四次工业革命拉开序幕，我们正处于一个飞速发展的时代，现在有很多孩子会在将来从事新兴职业。因此，我们为儿童提供的教育不应该是静止的。1996年，国家教育委员会颁布的《幼儿园工作规程》（以下简称《规程》）明确指出："幼儿园的教育活动应是有目的、有计划引导幼儿生动、活泼、主动活动的，多种形式的教育过程。"

"莲花课程"为实现"让孩子在幼儿园的每一天快乐且有价值"的办园承诺，通过一次又一次园本教研的实践打磨，提出了"经历、经验、经典"的策略，通过为儿童营造多元化的直接感知、亲身体验环境，支持儿童在生活、游戏、学习中积累丰富的经验，从而在潜移默化中形成儿童良好的人格品质和学习品质。这反映了新时代背景下科学的教育观和儿童发展观。

4. 怎样培养人？

幼儿园课程是幼儿园教育的重要组成部分，相对于国家层面需要落实的培养目标与教育要求，新时代的园本课程的内涵与外延都发生了一些质的转变。园本课程的目标应该既包括国家预设性的目标，也包括生成性的目标。园本课程应该具有生成性的特质，它不仅仅是一个课程方案，还是一个逐步建设、逐步完善的过程，是幼儿园课程自身的特点不断彰显、幼儿园特色日渐鲜明的过程。

同时，园本课程的核心在"园本"，这是扎根在幼儿园内部，逐渐生长起来的课程。由于每所幼儿园的教育哲学思想和办园宗旨有所不同，每所幼儿园的师资条件和环境也存在地区差异，而且不同儿童的素质发展需求也全然不一样，因此通过园本教研引导教师厘清这些关系，更清晰地了解课程背后的依据，以及课程建构的背景，为园所构建促进每一个儿童全面发展的适宜性课程奠定了方向与基础。在"莲花课程"中，每一次园本教研方式的选择都离不开"用智慧之爱拨亮每一个生命自信的光芒"的理念。"智慧之爱"就是：给孩子一个自由的空间，让他们自己选择；给孩子一个有准备的环境，让他们自主探究；给孩子一个有目的的主题，让他们合作研讨；给孩子一个第二语言的氛围，让他们自然习得；和孩子共同建立一些规则，让他们学习遵守。

（三）课程建构中不同阶段的园本教研

1. 园本教研中面对的现实问题

园本教研是有组织、有计划的教师群体性活动，在此过程中教师得以丰富专业知识、提升专业能力并解决实际工作中所面临的问题。因此，园本教研被视为提升幼儿园教育教学质量、提升教师专业水平的重要途径。但不可否认，作为一项在国内开展还不足 20 年的特殊研究活动，现阶段园本教研还普遍存在一些问题。

（1）教研内容脱离幼儿园实际问题。

为保证教研的有效性，真正做到通过开展园本教研提升园所的教育教学质量，教研活动需满足"立足真现场，解决真问题"的要求。然而，我们基于前期现场调研以及现有相关文献不难发现，当前我国园本教研普遍存在研究内容脱离实际问题，导致教研质量未能得到保障的情况，这违背了园本教研根本任务的要求。

部分幼儿园的园本教研活动内容通常由教学园长或教研员等教学管理人员组织开展，偏重空泛的理论学习，教师则为了完成工作任务或应付领导检查而消极地参与教研。此类园本教研往往内容空洞、形式烦琐，其中的研究探讨以及交流学习并非出自思想的碰撞，而是源于提前准备的"剧本"；教研活动开展的流程、内容及结果已经过提前预设甚至预演。这种"有剧本"的虚假教研对教师的日常工作基本没有帮助，无法有效地解决他们所面对的现实问题，甚至会浪费教师的精力，亦无法调动教师参与教研的积极性，反而会使教师对教研活动的有效性产生怀疑。这样的园本教研根本没有发挥其改进教学和解决教学问题的本质功能。

随着园本教研的深入开展，有些幼儿园已经意识到教研活动必须围绕解决幼儿园的现实问题而开展。然而，在明确哪些实际问题值得作为教研主题时，幼儿园教师却犯了难。"解决真问题"中的"真"意味着教研活动关注的问题，并不是教师所遇到的任意教学实践问题，而应当是真正具有研究价值的，需要通过研究和分析找出规律并得出结论、需要进行深入学习及交流的，或者需要采取专家引领研讨等方式才能解决的问题。单纯通过明确规范的操作或自行查阅有关资料等就能够解决的问题并不符合"真问题"的要求。因此，当教研活动所选择的问题不恰当时，园本教研的效果也会受到负面的影响，极大地影响园本教研现实意义的实现。

（2）未能凸显以教师为主体。

教师作为最关键的参与主体及直接服务对象，在园本教研中占有不可替代的重要地位。然而在现实情况中，教师的重要性往往没有得到相应的重视，长期处于被忽略的状态。工作在一线的幼儿园教师无法自主选择教研的主题以及教研活动的开展方式，园本教研的主持者或组织者长期由教学园长、教研员或保教主任等管理人员担任，教研活动多以专家讲座、理论学习、观摩课例等形式为主，教研过程基本是以"自上而下"的单向接受方式为主，教师的体验和感受常常被忽略，教师学习的主体地位被忽略，使得园本教研难以满足他们的真实需求，教师缺乏参加教研的热情和主动性，教研支架教师专业成长也就成为纸上谈兵。

除此之外，教师在教研中的主体性有待提高，还体现在教研活动的开展时间及场地等，经常在忽略教师感受的情况下被不当安排。在访谈中曾有教师表示，教研时间选择的不恰当，不仅会使当次教研的效果严重降低，还极有可能会使当日其他工作的质量受到负面影响。教师的日常工作以及教研时间（如占用午休、下班后及周末节假日等正常休息时间）无法得到科学合理的安排，致使他们在教研活动中感到疲惫无趣，从而对其产生抵触、厌倦等情绪。教师在教研活动中长期丧失主动权与自主选择权的状态，导致幼儿园教师在教研活动中的参与感弱、体验感差、积极性低，从而使园本教研无法有效地服务于教师的需求，极大地影响了教研现实意义的实现。

（3）缺乏完善的教研制度保障。

虽然教研活动已在我国的教育领域开展了多年，但成熟完善的园本教研制度仍未能建立。制度的缺失对教师参与教研活动的积极性、教研活动的顺利开展等产生了不同程度的消极影响。以缺乏相应的保障机制为例，虽然教育管理部门以及园所都鼓励教师积极参与教研活动，但实际上大量教研工作难以很好地纳入正常工作量的计算范围，教师在日常工作之外常需要花费额外的时间与精力来完成教研活动的相关任务，这同样会导致教师对教研活动产生抵触情绪。此外，园所及教育部门对参与教研活动的鼓励常常停留在口头或文件精神层面，而缺乏实质上的激励，甚至缺乏对教研活动所需经费的支持。在这种情况下，加之教研活动时常需要教师加班加点地工作，更易使教师缺乏参与教研的积极性与主观能动性。

具体来说，缺乏完善的教研制度保障体现在以下三个方面。

①园本教研前期，存在资源支持不足的问题。园本教研所需要的物质材料一方面是教研团队统一购买的，教师群体使用的合适程度、针对性均不强；另一方面是教师临时从班级取得的，可能会出现不太切合教研主题的现象。教研团队可以提前告知教师下次教研的主题和具体流程，根据教师的具体需要购买材料，或到教师所在班级帮助教师挑选具有针对性的材料，以此保证教研的有效进行。此外，资源支持不足还体现在帮助教师获取前期经验的不足上，教师往往没有在网络、书籍上查找资料的习惯，往往是在不清楚该教研主题相关基础知识的情况下来参加教研活动。教研团队可以提前在教师群分享相应的知识链接和书籍，在教研开展之前抽查教师的自学成果，这样便能大大提高教研效率。

②园本教研中期，模式存在单一的问题。这里的单一多指向园本教研组织形式的单一，如单一的线下组织形式、单一的集体教研开展形式等。在对部分教师的访谈过程中，有教师反映教研开展效率低，一些在线上便能组织教师灵活学习或研讨的问题，却要占用教师的午休时间进行教研；在对教研现场的观摩中我们发现，尽管现场教研出现了人员过多，均摊给每名教师发言的机会严重减少的情况，但是教研团队依然选择开展集体教研；在对教研流程的仔细推敲中我们还发现，教研团队无法根据教师的特征制定教研流程，如没有给新教师更多的基础知识引领、没有给老教师更多的研讨时间等。

③园本教研后期，缺乏系统性的成果产出。幼儿园每学期都会定期或不定期地组织园本教研活动，且涉及内容的范围较广，如幼儿一日生活、幼儿园课程、教师专业发展等，但园本教研的内容缺乏一定的纵向联系性，仅停留在实现短期教研目标上，忽视了未来长期教研目标的拟定，导致教研活动缺乏系统性。通过前期调研我们发现，由于教研没有及时的反馈结果、系统的记录、完整的资源包，教师只能是走一步算一步，看个人悟性。长此以往，教师们对游击式教研丧失信心。因此，我们认为，园本教研活动成果的收集与整理也是园本教研中非常重要的一环，在每一次园本教研后期，都应该进一步规范整理出教研活动资源包。这样让教研过程看得见，从而提升园本教

研活动质量，提高教师的专业素养和能力。

2. 园本课程建设阶段中的园本教研开展路径

园本课程建设是不断发现问题并解决问题的过程，而在此背景下开展的园本教研活动是提升教师能力，从而解决问题以促进幼儿园课程完善的过程。在课程建设初始阶段开展教研活动，园所能够选择出适宜的支持理论或可供参考的课程体系，并逐步梳理和探讨基于园本文化如何将理论转化至实践层面。而随着课程的推进，教研活动引导教师不断学习、研讨、反思及交流，在相互思想的碰撞下对园本文化进行探索，对本园教师自身优势及能力层次等因素进行思考，这样园本课程的框架及构成随着园本教研的持续开展而逐渐清晰（见表1-1），最后通过园本教研的不断深入推动课程编制超越理论范围，促使其转化为教学实践，继而产生实际效用，最终实现课程的成熟与优化。

表1-1　园本课程不同阶段中的园本教研

课程发展阶段		课程问题及教研目标	教研思路关键词	教研形式参考
萌芽期		梳理园本文化，整合课程资源 明晰课程理念与愿景 探寻支撑理论或参考课程模式	汲取、激发、思考、交流	沙龙式教研、辩论式教研、茶馆式教研、会场式教研等
发展期	发展前期	思考课程的实施方式 搭建整体性课程框架	探索、研讨、构建	辩论式教研、会场式教研等
	发展后期	明确课程实践层面的操作方法 完善课程设计细节	实践、完善、调整	情境式教研、剧场式教研等
成熟期		及时发现并解决问题 持续优化课程体系	反思、回顾、总结、分享	情境式教研、剧场式教研、故事式教研、茶馆式教研等

（1）园本课程萌芽期的园本教研。

园本课程中的"园本"可以理解为课程的基础或出发点，也可以将其引申为幼儿园本身的条件或现状。《纲要》指出：各类幼儿园都应从实际出发，因地制宜地实施素质教育；幼儿园应与家庭、社区密切合作，与小学相互衔接，综合利用各种教育资源。除园所本身的情况外，对"园本"的思考还应包括当地的民俗文化、社会氛围以及所在社区的特点等具有本土性的因素。园本课程构建需要课程资源的挖掘、利用并使其产生成效。课程形成的过程中需考虑的资源涉及幼儿成长的方方面面，如幼儿的发展水平及个性需求、各学科的知识基础、幼儿成长的文化背景、家长意愿、幼儿在社会中需胜任的职责等。

园本课程顺利构建的前提是园本文化体系框架清晰、相关课程资源能够得到充分挖掘并利用。而在此过程中园本教研的主要目标则是有效地帮助园所解决相关问题。园本课程关于园本文化内涵的特点要求园所在课程的萌芽期通过组织多种形式的教研，提炼出具有当地生态系统特点的园本文化，从而避免园本课程构建的过程中存在园本文化缺少本土性元素或选用封建糟粕等情况。课程资源的充分开发与合理运用则需要园所全体课程设计人员在教研活动中不断地探索尝试并总结方法。

园本课程的构建通常需要具有适宜性的教育理论作为技术层面的支持或成熟的课程模式作为参考。许多学者都基于教育实践提出了自己的理论或思想，这些成果大多经历了数十年甚至百年的实践检验，并在此过程中不断完善。每种教育理论都有其显著的优势，这一优势具有典型性，却不具有全面性。因此，园所应依据其课程理念、愿景以及目标，找到适宜的教育思想，在理论引导下科学地建构课程。从部分幼儿园课程研发的结果来看，除所选理论不适宜本园实际需求外，还存在着简单地直接运用或盲目模仿的情况，这种"拿来主义"不足以给予园本课程适宜的理论支持。西方的教育理论不一定完全适合我国的国情，年代过于久远的教育思想也不一定完全能运用于今天的社会，因而在将这些理论作为园本课程的支持时需要做出慎重的选择以及适当的调整。

基于解决园本课程萌芽期关于教育理论问题的需求，园本教研在此阶段的目标应着眼于选择真正适合园所实际情况的教育理论或课程模式，甄别并研讨其中可供参考的、不适用于本园所的或者需要进行调整或本土化的内容。在此情况下，园本教研的开展形式仍多以讨论交流为主，课程设计者可通过读书分享、茶话沙龙、外出参观等形式进行思想碰撞、激发灵感，充分深入地交流彼此对于不同教育理论的看法。课程设计的领导者也可邀请专家参与教研活动，从而对园本课程的构建提供有力的支援以及科学的指导。

（2）园本课程发展期的园本教研。

园本课程的发展期可被分为前期与后期两个阶段。发展前期的重点是思考实现课程理念与愿景的途径，为园本课程搭建整体性框架；而发展后期的重点则是探索课程的具体操作方法，在实际操作中逐步完善课程。

当课程的构建进入发展前期，此时的园本课程已经有园本文化、支持理论以及课程资源作为坚实的"地基"，园所需要在此基础上构建出更加明晰的整体课程体系框架。如何通过教育活动设计、一日生活安排等详细的课程实施方式实现教育理论以及园所文化等因素从思想到物质上的转化，是本阶段亟待解决的问题。根据课程构建提出的要求，园本教研在此阶段仍需发挥其作为思想交流平台的作用，为课程体系的构建指明方向。值得注意的是，本阶段研讨型的教研应具有明确的主题与目的以及系列连贯性，以保证课程构建的持续高效推进。同时，课程设计的领导者以及教研活动的组织者还应提供更加丰富的外出观摩学习机会，拓展课程设计人员的思路，在对比总结中思考适合园所实际的课程实施方式。此外，课程的设计还需要参与者能够真正理解幼儿园所选用的教育理论，然而我国幼儿园教师仍存在对教育理念的认知理解有限的问题。[1]帮助一线教师更好地理解并运用这些教育理论或理念，则更需要通过园本教研丰富其专业知识、提升其专业能力来实现。因此，在充分交流研讨的基础上还需辅以专家授课、专题讲座等形式的教研，进行理论性知识的讲解介绍，帮助课程相关人员真正理解园所选用的教育理论或参考的课程模式。

园本课程发展后期的关键是，明确课程实践层面的具体操作方法并优化处理各种细节。如果将课程构建视为"盖房子"的过程，发展后期则可被看作"装修"阶段，课程设计者们需要根据建筑特点选择适宜的装修风格。在此过程中，园本教研也需随课程的发展由理论层面的研讨进入在实操中研究

---

[1] 李学侠. 园本体育课程的建构与实施[J]. 学前教育研究, 2020（4）: 85–88.

学习的阶段。通过开展体验式教研，教师们能够直接观察学习园本课程的具体操作方法。同时，课程设计者也可在剧场式的园本教研中模拟课程实施中可能出现的具体情况，并对其进行研究讨论，进一步优化课程中的细节问题。除园所内部进行的相关教研活动外，此阶段也需要课程专家通过远程线上讲解或莅临教学现场指导等多种方式参与园本教研，协助园所解决课程实施中出现的问题并解答教师在此过程中产生的困惑。

（3）园本课程成熟期的园本教研。

进入成熟期意味着园本课程已经有了十分完整的体系以及明确的操作方法，此时的重点任务是需要在课程实施的过程中及时发现课程设计中存在的问题并将问题及时解决，从而推动园本课程体系的不断优化完善。幼儿园课程的建构在要求积极研究态度及科学研究方法的同时，更需要对研讨反思、学习积累的坚持。园本课程具有强烈的实践倾向，遵循的是"设计—实践—评价—反思—再设计"这一螺旋上升的过程，实践中的持续性优化以及反复检验是园本课程构建中不可或缺的阶段，具有科学性、适宜性，能够促进幼儿健康成长的课程体系是园所不断开展园本教研的产物。

课程的设计者在此阶段中需要基于幼儿对课程的接受程度、家长对课程的反馈等情况，从回顾的角度出发对课程体系进行评价，并对前阶段生成的经验进行系统性梳理，反思不足之处、总结优势，更深入地思考如何进一步完善课程。园本教研在课程成熟期的主要目标则应该是为课程实施中出现的种种问题提供科学的解决路径，为课程经验的总结与凝练提供交流的平台。情境式教研以及剧场式教研等新型教研模式能够帮助课程设计者快速准确地将研究焦点集中于实践中的各种具体问题上，加快问题的解决进度，提升课程优化能力。通过开展内部观摩、同伴交流、分享总结等方式的园本教研，促使课程的完善能够充分满足本园所现实情况的需要，对优化课程的设计以及实施方式提出新的思考。在课程成熟期的发展中，园所方面也需要为后续的对外成果推广做好充分的前期准备。

园所方面可通过进行案例分析、经验分享等交流探讨类的教研活动梳理园本课程构建的经过，并对其中的教学经验、教育理念及成果等情况开展总结精练的工作。

园本课程逐步发展成型的历程可以被看作一系列具有连贯性的园本教研长期持续开展的过程；课程完善的需求不断对园本教研提出新的挑战，园本教研也为园本课程的构建提供了科学的发展路径。

第二节　教研新样态为课程发展保驾护航

累——每天的保教工作已经够繁重了，还要利用午休时间搞什么园本教研！

憎——专家们讲的理论，我经常不知所云，不知道在实践中能不能用上。

怠——教研活动能不去就不去吧！对自己的教育实践也没有太大帮助，还不如睡觉。

叹——唉！不参加也不行啊，上级交给你的任务，不完成就难以交差。

园本教研是立足于幼儿园的实践工作，旨在解决幼儿园教育教学和管理工作中的实际问题，以园所教师为主体，强调教师反思、同伴互助、专家引领的研究。由于具备以上特征，园本教研活动比区域行政性质的教研活动更切合教师的需求、击中问题的要害。如此一来，园本教研重要的现实意义就凸显出来了。

导图 1-4　传统教研中的教师状态

幼儿园课程是启蒙性的、生活化的、园本化的，这表明了园本课程建设是一项长期、复杂且动态发展的系统工程。长期以来，国内大部分幼儿园在园本教研中受到国家教育政策、园所办学生态环境、幼儿园管理模式、自上而下的固有教研方式等各方面因素的影响，教研实效并不突出。因此，各幼儿园亟须对固有的园本教研模式进行大的创新与变革，开展多维度的项目式教研，重新构建出基于幼儿园教学实际、教师专业需求的园本教研新样态。

在幼儿园园本教研新样态的建设过程中，应该以幼儿园教育教学实践中遇到的真实问题为研究对象，以教师为研究主体的园本教研是促进教师专业发展、建构园本课程的有效路径。通过园本教研，园所能够选择出适宜的支持理论或可供参考的课程体系，并研讨其中可供模仿的部分、不适用于本园所的内容、需要进行调整或本土化的部分，并逐步梳理出本土化的园本课程。

因此，园本教研是立足于多元对话、促进课程设计与实施深化的重要一环，构建园本课程、促进教师专业发展需要园本教研新模式的诞生。

一、促进教师发展的教研"1+N 模式"

如果没有课程实施，园本课程将成为"纸上谈兵"。而课程实施的关键在于教师，他们是课程改革的直接执行者。教师对园本课程的认知、接受程度等直接影响园本课程的效果，甚至决定园本课程的成败。[1] 尽管我国多年来一直在进行着某种意义上的园本课程开发工作，但由于各种原因，大多数园本课程的开发仍是不成熟、不科学的。园本课程的建构仍存在这种情况，跟幼儿园教师的课程能力欠缺有很大关系。

教师课程能力是其课程认识、课程情感、课程意志以及课程行为技术等方面的综合反映。在当前的课程建设中，幼儿园教师缺乏课程设计的一般知识和技术，不清楚现有课程存在的主要问题。有些教师因现有观念与《纲要》所提倡的观念之间差距较大，从情感上不愿意进行课程改革；有些教师则遇到困难就轻易放弃；等等。这些原因客观上导致幼儿园课程改革的理想无法落到实处。这个问题的解决主要在于提高教师处理课程的能力，也就是课程规划、实施、诊断和改进的综合能力。

因此，我们针对教师在园本课程建设中所存在的问题及需要，提出了"1+N"的园本教研模式，以此提高教师课程建构的能力。

（一）基于一日生活常规的情境化主题教研

"1"是指以幼儿园日常活动为核心的相对固定的教研模式，即情境化主题教研。教师围绕一日生活中的某一个主题，在具体的教育教学情境中开展行动研究。一日生活常规、具体情境、教师参与是常规情境化主题教研的三大核心要素。教研人员要把握内涵，找到主题，后续深入研究主题，完善需

---

[1] 朱超华. 新课程视角下教师课程能力的缺失与重建 [J]. 课程・教材・教法, 2004 (6)：13-16.

求并拓展主题。

情境化主题教研具有明确性和针对性，便于研究者集中精力进行深入探索，深入研究和解决问题。这种方式的教研为解决问题设置了一定的条件，便于检验观点和方法的指向性和实用价值，从而研以致用。

围绕关键事件进行情境化主题教研，有助于教师把握影响教育活动全过程和结果的教学中心环节，提高教师应对事件的能力。在这种情况下，教师要清楚什么是关键事件、它为何关键、理论支撑是什么、如何做等（见图1–3）。例如，以"日常活动中的过渡环节"为关键事件的主题教研过程：在教研前，每位教师都应了解过渡环节所包含的内容；现场观察过渡环节，看看哪些是关键的过渡环节；进行现场讨论，运用理论对过渡环节有效性的关键事件提出改进措施；教师要反思自己，总结规律。

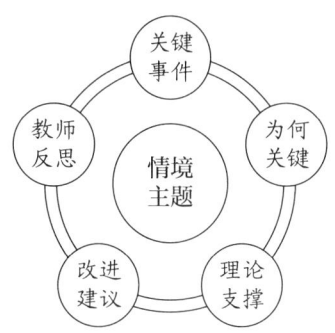

图 1–3 情境化主题教研要素

（二）基于园所文化的多元项目式教研

"N"是指生成性的以项目为基础的教研活动，构建多种活动平台作为教研活动的拓展模式。项目式教研是一种以教师教学科研产品开发为目标的学习型教学科研模式。它促使教师积极发现问题并合作确定解决方案。

幼儿园项目式教研是基于建构主义的情境教学与研究模式。它的理论假设是：教师在实际的专业实践中运用新知识，积极建构理解，就能够对教材和教学中的实际问题有深入的理解。其根本目的是改变教师在课程改革中的被动局面，使教师能够积极参与幼儿园园本课程的建设、实践和创新，通过创造有形的教学产品向他人展示自己的特殊成长。

项目式教研由六个要素组成（见图1-4）。其显著特点是教研产品代替教研成果。通常在项目开始的时候为了厘清教研的界限，教研人员会给出项目成果的说明，以及如何做到由教师自己掌握。教研组教师通过多轮迭代，完成教研产品的生产。例如，在"如何使单件材料科学化"项目中，首先，教师需要确定研究问题——如何设计科学的材料，提出真正的问题因素；然后，教师开始设计、实践、修改和形成解释，以达到对材料科学目标的深刻理解。

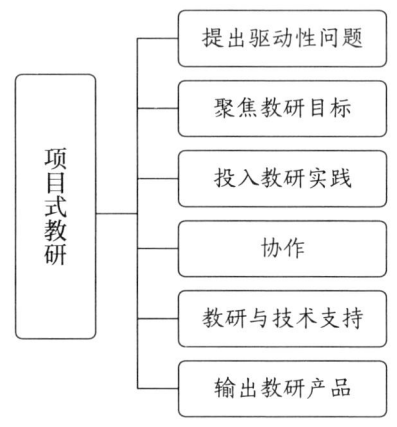

图1-4　多元项目式教研要素

二、基于项目教研的课程建构"六步走"

如果把课程建构的过程比喻成一棵树的茁壮成长过程，那么基于一日生活常规的情境化主题教研便是课程建构的根基，脱离幼儿一日生活的课程教研便是无根之木。而基于园所文化的多元化项目式教研，则是让课程长出茂盛、灵动的枝叶的关键所在。项目式教研使得每个园所的课程既能扎根在中国本土的土壤上，又能开出专属于园所的不一样的花。

围绕项目式教研进行的课程建构并不是空中楼阁，难以实现。相反，厘清园本教研的基本特征，把握项目式教研的核心要素，为实现课程建构提供了实施路径。因此，我们可基于项目式教研将课程建构的过程从理论层面上分为"六步走"（见图1-5），为各园所提供可供参考的课程建构思路。

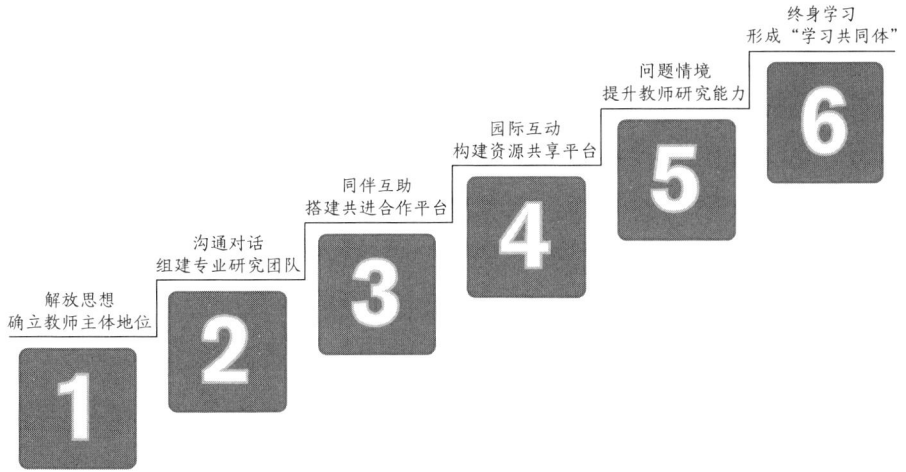

图 1-5　课程建构"六步走"

（一）解放思想，确立教师主体地位

随着幼儿园课程改革的逐步深入，幼儿园课程的形式也逐渐从追求结果转向注重过程。教师不仅是课程的使用者，也是课程的创造者，还是课程的实践者、开发者和研究者。[1] 在项目推进过程中，我们要关注教师在课程开发中的主体地位，强调在课程实施中要赋予教师更多的决策权，从而充分发挥教师在课程实施中的主动性和创造性。同时，这无疑对教师的专业素质提出了更高的要求和挑战，这正是推动以幼儿园为基础的课程研究进一步发展的契机。实践证明，只有坚持以教师为主体，解放教师思想，提高教师反思课程文化的能力，教师才能自觉学会用自己的眼光审视和推进幼儿园课程改革。[2]

（二）沟通对话，组建专业研究团队

教师个人的自我反思、教师集体的同伴支持和专业研究人员的专业引领是开展园本教研和促进教师专业成长的三大基本力量[3]，因此，建立一支基于沟通对话的合作研究团队显得尤为重要。园外专业研究人员的参与，可以提

---

[1] 秦光兰. 幼儿园课程改革与教师的课程开发[J]. 学前教育研究，2001（4）：35-37.

[2] 刘启迪. 课程文化：涵义、价值取向与建设策略[J]. 课程·教材·教法，2005（10）：21-27.

[3] 刘占兰. 园本教研的基本特征[J]. 学前教育（幼教版），2005（5）：10-11.

高园本教研活动的质量，使教师获得更多的真知灼见，提高教学质量。专业指导不是强迫幼儿园教师按照专家预定的程序行事，而是激励教师在交流的过程中逐步获得自己的"实践知识"。

"沟通对话"要以民主、平等、开放为基础，强调赋予教师更多话语权。幼儿园园长和专家要主动调整心态，放下架子，听课评课。首先，要从教师的角度去感受，多肯定、多鼓励，追求研究的艺术性。秉承"没有最好，只有更好"的理念指导，向教师提出建议，并让教师拥有最终的选择权和决策权。其次，"沟通对话"要以理论研究为基础。目前，仍有部分幼儿园教师存在知识水平低、文化底蕴不足的问题，因此，要在教研活动前确定讨论的重点，引导教师分别学习和收集资料，以利于在教研活动中达到更有效的思想碰撞。在活动中不要过分追求获得正确答案，更不要强迫他人接受某一观点，而要促使各方人士在"头脑风暴"中相互启发、共同成长。幼儿园还应建立"教师阅读学习制度""教研组科研过程管理制度""专家和专业人员专业指导制度"等教研制度，确保科研的平等、高效发展。

（三）同伴互助，搭建共进合作平台

每一位教师对教育实践的认识水平因其意识水平和价值观的不同而不同，教师之间在理论知识、教育观念、教学水平等方面也存在差异。在幼儿园的日常教学活动中，教师仅仅依靠自身的力量来解决遇到的问题，就可能导致专业发展陷入孤立、封闭的状态。同伴互助是幼儿园校本教研的核心，建立在教师之间"互动"的基础上。它以相互交流、相互促进为教学研究的基本形式。它强调教师之间的专业交流、协调合作、经验分享、相互学习、共同成长。

因此，仅仅停留在教师教研反思阶段，可能会导致教师自身教育视野的狭隘，使教师沾沾自喜，不仅制约了教师自身的成长过程，也使幼儿园整体教育教学水平提高缓慢。每个教师在教学和科研活动中都是平等的。虽然教师的学历确实存在差异，但学历高低与观点的正确性之间并没有必然的联系。因此，我们应该鼓励那些资历较低的教师大胆发言，让他们得到更多的帮助，解决他们在实践中遇到的困难。同时，同伴互助是一个"互利"的过程。教师自身可以从他人那里获得一些有用的知识、理论和实践经验。同时，自己

的观点会进一步得到他人的认可和支持，或者因为其他教师的质疑而引发自己更深层次的思考。

（四）园际互动，构建资源共享平台

要充分利用各地区、各幼儿园的教育教学资源，形成资源互补，必须充分发挥各幼儿园在园本教研方面的优势。要根据各地区的实际情况，在园本教研过程中开展地区之间、幼儿园之间的互动交流，针对幼儿园共同存在或共同关心的教育教学问题开展合作研究，从而使园本教研成果更具针对性、典型性和实效性。尤其是高质量、高水平、师资力量雄厚的幼儿园，要在园本教研体系建设中发挥主导作用，帮助和支持薄弱幼儿园的教研工作。薄弱幼儿园则要积极参与其他幼儿园开展的园本教研活动，借鉴其他幼儿园的教研经验，实现本园高质量发展，尽快适应幼儿园园本教研体系建设的要求。

（五）问题情境，提升教师研究能力

园本教研以真实的实践问题为主要内容，因此对问题情境的研究是园本教研的起点。园所要在园本教研中培养教师捕捉问题的敏锐性以及对问题的研究意识，鼓励教师在日常教学活动中记录自己的困惑与心得，收集研究素材，并反思教学过程中出现的问题与困惑。要鼓励教师对教研中反映的系列问题进行深入思考，如"为什么会有这样的状况出现？""出现这种状况的原因是什么？"等，通过对问题的深入挖掘，找到研究的突破口，这样教师的问题意识也会得到进一步增强。

（六）终身学习，形成"学习共同体"

"专业学习共同体"（Professional Learning Community）的概念由美国学者雪莉·M.霍德（Shirley M. Hord）于1997年正式提出，并逐步为学术研究机构所认同和应用。[1] 学习共同体是一个教师实践的社区，其成员由具有强烈学习意愿和共同研究兴趣的教师（包括专业研究人员）自愿组成，其目标是在参与各种教育实践和研究实践的过程中形成良好的学习和研究氛围，在对话的过程中共同建构、共同研究、共同成长。在合作教研的过程中，每一位

---

[1] HORD S M. Professional learning communities: communities of continuous inquiry and improvement [M]. Texas: Southwest Educational Development Laboratory, 1997: 13–15.

组员都会对某一教学问题进行思考、讲解甚至提问，在相互争论、学习、借鉴的过程中解决实际问题。形成学习共同体，需要明确教研管理者在教研工作中的作用，提高教师的教研素养，鼓励教师之间的同伴互助，加强专业指导和幼儿园之间的合作。

无论是教研管理者、幼儿园教师还是专业研究者，都应该成为幼儿园教研的一部分，"理想的教师专业发展不应该是教师孤立反思的过程，而应该是群体合作、共同成长的过程"[1]。幼儿园园本教研是一种群体合作研究，最终需要各方面的共同努力才能顺利、高效地开展。这种合力不仅来自各级教学科研行政部门的管理者和科研人员，也来自幼儿园的管理者和一线教师，以及专业研究机构或幼儿园外大学的专业研究人员。只有这样，才能为共同的目标而努力，才能有效地促进幼儿园园本教研的发展。

此外，"学习共同体"并不追求同质性，也不意味着千篇一律。园本教研也关注每一位教师在这个群体中独特的工作状态，帮助教师了解自己的个性和教学状态，鼓励教师根据自己的情况形成自己独特的教研风格。教师只有根据自己的理论知识和实践经验来观察、分析和解决问题，才是真正地做教研，才能真正体现和落实园本教研的理念。

---

[1] 张婕，朱家雄. 研究共同体的构建是园本教研的关键[J]. 幼儿教育，2005（17）：32-33.

第二章
项目式园本教研的构成与过程

深圳市莲花二村幼儿园从 2000 年开始与专家团队合作建构园本课程，在课程改革的过程中，专家不可能一直陪伴在教育教学实践现场，教师在新课程实施中遇到许多传统教学不能解决的新问题。在此情况下，幼儿园根据专家提出的课程建构与教师专业成长一体化的发展思路，以"支架教师的专业成长"为原动力，以推进新课程建构的发展历程为指向标，以教师在教育教学中遇到的系列真问题为研究对象，走上园本教研改革之路。在数年的新型园本教研模式建构的过程中，通过对精准聚焦教研问题、探索动态适宜路径、寻找多元科学策略等不同方面的研究，逐步形成具有深圳市莲花二村幼儿园园所特色的项目式园本教研模式。

"我是一名刚走上工作岗位的教研员，园长经常跟我说要构建自己的园本课程。'课程'这个词我经常听到，可如今真的要进行课程开发时，我却犯了难，不知道该如何下手。课程构建的实施路径是怎样的？园本教研能为课程构建带来什么呢？教师在其中扮演着怎样的角色？"

导图 2-1　来自教研员的困惑

第一节　项目式园本教研构成要素

开展项目式园本教研探索后，深圳市莲花二村幼儿园在园本教研中不断反思、总结、完善项目式园本教研的实施路径，由最初期园本教研开展"三因素"——目标、内容、方法，调整、发展、成熟后形成园本教研"六要素"——项目产生由来、教研目标、教研内容、教研方法、教研评价和教研资源包（见图2-1）。项目式园本教研"六要素"的形成，不但提高了园本教研活动的有效性，而且形成了相对固化、可借鉴、可复制的园本教研活动范式，为幼儿园解决课程及教学中的不同问题提供了多种可选、可用的方案，促进了园本教研活动问题解决的实效性，更提升了园本教研活动的高效性与科学性。

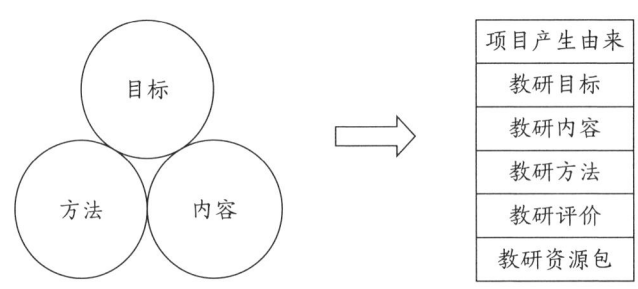

图2-1 园本教研要素的转变

一、项目式园本教研的主题产生

项目式园本教研这一研究模式，主要是因幼儿园在建构园本课程、发展园本课程并形成园本课程中需要解决许多新问题而产生，是伴随园本课程建构中教师实施新课程时不断遇到无法解决的新问题而形成。在课程建设过程中，教师遇到的问题有的是新课程中的新理念、新思潮带来的冲击与挑战，有的是教师原有的教学方法与新课程实施产生的矛盾。无论这些问题形成的原因来自哪个方面，其出现问题的原生载体都是实践推进新课程的教师，因此项目式园本教研在出现初期就确定了"以教师为本"的理念，以教师的真实需要为根本展开园本教研活动，而这一依据同样也是项目式园本教研的项目主题产生的来源。

幼儿园建构园本课程的过程涉及众多方面，涵盖众多内容，作为课程建构与实施者的教师也会遇到众多的问题。要在课程发展的不同阶段，找到当前教师群体中最需解决的紧迫且有共性的问题，通过问题解决扫清课程发展道路上的障碍。开展项目式园本教研时，首先根据学期初制订的重点教研计划，找出当前教研的推进重点，在教学管理中重点发现近期存在的主要问题，课程中心根据主要问题设计相关的调查问卷、专题访谈等，进一步聚焦问题，同时也提供教师个人所遇问题解决申报渠道，年级组、学科组的讨论平台等不同途径，共同发现当前的重点问题。以上工作完成后，课程中心会汇总通过问卷、访谈、申报等多种方式收集的数据，分析概括出教师发展、课程推进中最迫切需要解决的焦点问题，以焦点问题为中心，确定下一阶段项目式园本教研的项目主题。

二、项目式园本教研的目标设置

教研目标是教研推进过程中的指南针，项目式园本教研在推进的过程中，以焦点问题为原点，通过"一次教研解决一个问题"的方式，不断解决由焦点问题分解出的小问题或与焦点问题相关联的问题，从而达到全面而深入地解决项目式教研起始阶段所涉及的焦点问题，实现项目目标的达成，由此可以看出项目式教研是由众多相关联的教研活动组成的完整项目研究活动体。幼儿园教研活动受教师工作时间限制，不可能每天开展，因此，一个项目式园本教研活动的项目周期较长。园本教研目标是项目式园本教研推进过程中的指南针，在确定教研项目前就设定明确的研究目标，能确保持续周期较长的项目式教研中各个活动的有效性，也能够提高园本教研开展时问题解决的精准性，从而促进整个项目研究中问题解决的全面性。

在设置项目式园本教研的目标时，首先要基于调研、访谈综合分析确定的焦点问题，并围绕焦点问题有可能产生的纵向或横向方面的系列问题，在综合思考、全盘分析后设置项目式园本教研的整体目标。同时，也需要考虑组成项目式园本教研的各个子教研活动的目标，让每一个子教研活动既独立、有针对性，又与其他相关的教研活动进行有机联系或层层递进，全面覆盖项目式园本教研项目中的所有问题。另外，项目式教研活动的目标不仅要关注各类问题的解决，也要关注引导教师摸索并找到问题解决的方法，还要关注教师在教研过程中新经验体系的建立，全面实现教师各类知识与专业能力的提升。

三、项目式园本教研的内容确定

当项目式园本教研的项目主题，以及项目目标制定完成后，如何寻找能有效落实项目教研目标的教研活动内容？在项目式园本教研中，这一般会从三个方面进行。第一个方面是管理者根据之前调研、访谈收集的教师需求进行初步的拟定。第二个方面是课程中心在内容初步拟定好后，将初步拟定的教研内容通过内网进行公示，倡导教师集思广益，挖掘更多、更细化且能实现项目目标的研究问题，即教研活动内容。第三个方面是课程中心再次分析来自教师层面的问题的价值与适宜性，从中找出能促进项目目标达成的内容，并设计出新的教研内容替换原来的预设内容，形成成熟且具有可行性的项目式园本教研内容。这些通过数次民主与集中而形成的教研活动内容，是最符合教师当前内心需要的，是能有效吸引教师融入教研活动的，是能提高园本教研活动的有效性及科学性的内容。这种做法使项目式园本教研的内容来自教师，同时又通过内容促进教师的成长。

四、项目式园本教研的方法类型

项目式园本教研产生于新课程建构过程之中，形成于帮助教师解决新课程模式实施中的众多新问题之时，成熟于对问题全面且持续探究的过程之中。在项目式教研所围绕的问题中，从问题来源来分，有的是教师对新课程模式不清晰造成的问题，有的是新课程在教学中引发的问题；而从问题性质来分，有的问题属于理论层面，有的问题属于实践层面。在一个项目式园本教研周期中，基于问题连续体预设系列活动时，就会出现有的园本教研活动需要着重于解决当前的薄弱问题，有的则需要重点解决传递先进理论或优质理念的问题。项目式园本教研问题连续体问题性质的多样性，使园本教研活动方式需要多元化设计与创新，才有可能确保教研方式与教研内容的匹配，提高并促进园本教研的质量。在项目式园本教研周期中，根据不同的问题，产生了会场式教研、情境式教研、剧场式教研、故事式教研、茶馆式教研、沙龙式教研等多种不同的园本教研活动方式。丰富的园本教研方式保证在一个项目式园本教研周期中各子活动的多元化、有效性及趣味性。教师团队通过参与这一过程中各种不同形式的教研活动，在不同的活动中通过现场体验、相互讨论、群体决策等不同方式获得解决问题的方法，并达成一定的专业共识，为后续的教学实践与课程发展提供了有效的行动方案，促进了园本课程的不断完善和深化，也实现了教师的专业成长。

五、项目式园本教研的评价方式

项目式园本教研是由基于问题连续体而设计和开展的系列教研活动组成，一个项目式园本教研活动中涵盖众多子教研活动，前一次子教研活动是后一次子教研活动的基础，而后一次子教研活动又是前一次子教研活动的延伸或深化，它们之间是相互关联、相互促进的。为了科学地开展项目式园本教研活动，每一次园本教研活动后都需要对当次活动的开展情况进行分析评价，这些分析评价可以从问题解决程度、教师需要的达成率、后续活动的必要性等多方面进行，通过分析评价确定下一次活动开展的必要性及针对性。若当下活动的成效在预设范围内，或活动没有引发新的群体性疑惑，以及活动没有产生新问题，则后续活动可按原有计划进行，若在过程中产生了分歧或未达到预期效果，则需要通过分析调整后续活动，以确保后续活动的有效性及必要性。

每一次活动以后的分析评价，都是对当次园本教研活动的一次科学诊断，不断循环开展的活动诊断，为项目式园本教研活动在较长的开展过程中把握方向，有助于落实项目式园本教研制定的总目标，并促进项目式园本教研活动在动态的调整中完成，而教师的专业水平在诊断中得到不断提升，同时园本课程也在一次次诊断中逐渐完善与成熟。

六、项目式园本教研的资源体系

项目式园本教研资源体系分为开展园本教研活动所要涉及的资源运用体系，以及园本教研活动完成后整理的有关活动开展的所有材料形成的资源总结体系（见图2–2）。在建立项目式园本教研之园本教研活动运用资源体系时，可借鉴"项目教学"的开展方式，为更有效地让参与者融入主题中，开展项目式教研前会对教研所需要的人员、物质、场地等各类资源进行考察与研究，并将发现的资源运用于项目涉及的各个主题中。因此，我们在项目式园本教研设计及不断推进的过程中，对园本教研的资源体系也进行了相关的探索与研究，最终形成了涵盖人才资源、场地资源、信息资源、媒介资源等多方面的资源运用体系。资源运用体系的建立，丰富了教研活动内容与形式，也增强了教研活动对教师的吸引力。

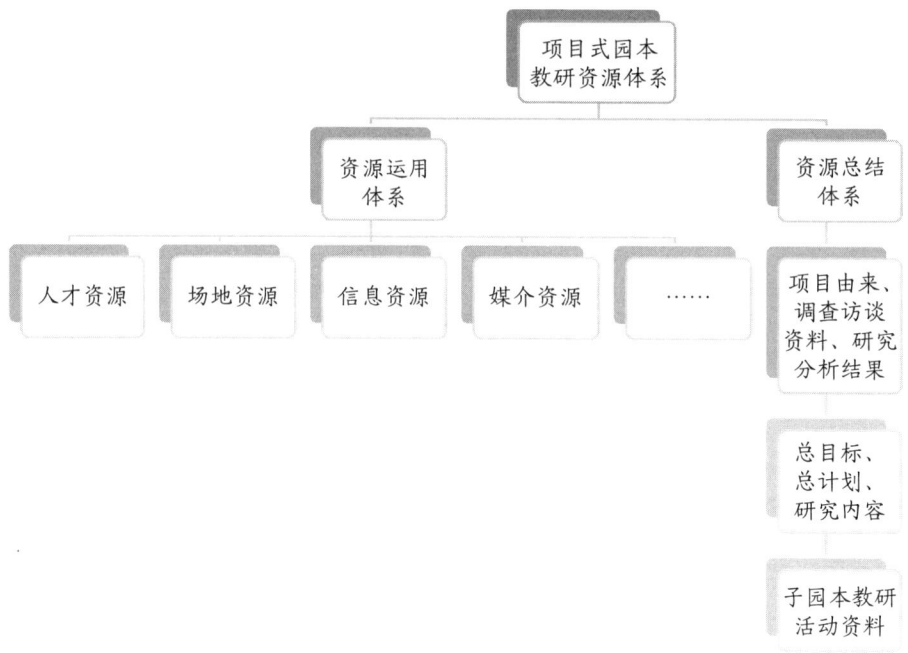

图2-2　项目式园本教研资源体系图

无论项目的完成、教师的成长还是课程的成熟，都是项目式园本教研完成后隐性的成果，而项目式园本教研过程中的输出产品、项目式园本教研完成后的显性成果物，其表现就是项目式园本教研资源总结包。开展一个活动，完成一个项目，留下一份过程中的完整资料，可以为后期深入开展活动提供可分析研究的资料，也可以为他人开展活动提供可借鉴的可视经验。将一个完成的项目式园本教研活动的资料进行收集整理，就形成了一个独立的项目式园本教研资源包，也形成了幼儿园项目式园本教研资源总结体系。

项目式园本教研资源总结体系分为三级。第一级是项目由来、调查访谈资料及研究分析结果。第二级是每一个独立的项目式园本教研活动的总目标、总计划、研究内容等。第三级是这个独立活动中所包含的由各小问题组成的子园本教研活动，及每一个子园本教研活动所涵盖的文字、数据、影像等不同类型的资料。这些资料中的文字包括目标、计划、活动中的文字资料、评价反思等，数据包括活动前后的分析、教师为参与活动收集的数据等，影像包括各类照片、录像、幻灯片等电子信息资源方面的资料。

第二节 项目式园本教研操作过程

"我们幼儿园经常邀请专家来指导课程，但是专家不能一直待在幼儿园里，这个时候项目式园本教研为我们提供了新的思路……"

导图 2-2 专家引领下的园本教研

深圳市莲花二村幼儿园从 2000 年开始与专家团队合作建构园本课程。在课程改革过程中，专家不可能一直陪伴在教育教学实践现场，而教师在新课程实施推进中遇到许多按照传统方法不能解决的新问题。在此情况下，幼儿园根据专家提出的课程建构与教师专业成长一体化的发展思路，在课程改革的同时，创新能更好地促进新课程园本推进的教研活动方式，以"支架教师的专业成长"为原动力，以推进新课程发展为指向标，以教师在教育教学中遇到的系列真问题为研究对象，计划和开展符合园所现状的园本化及师本化教研活动。

一、以问题连续体为主的项目式研究

在园本教研活动开展过程中，我们既着眼于解决当前的问题，也挖掘与研究问题相关联或深层次的问题，更关注新问题的解决。在数年的新型园本教研模式建构中，我们通过精准聚焦园本教研呈现的问题、动态寻找问题解决的适宜路径、深入挖掘激发教师参与教研的策略等方面的研究，逐步形成了具有深圳市莲花二村幼儿园特色的项目式园本教研模式。项目式园本教研模式中的每一个项目包含由众多相关联问题组成的问题连续体，通过项目中众多子教研活动的探索研究，分别解决问题，并形成成果。项目式园本教研是一个不断深化的过程，在每一次解决问题的过程中生成"教"与"研"，既

重视解决问题、生成经验，也重视对活动过程的反思，在反思中让本次教研达到终点，同时作为新一轮园本教研的起点，从反思中生成新的教研主题。项目式园本教研在"预设—生成—反思"中循序渐进地螺旋式上升，真正做到研有所用、研以致用。

二、改革创新原有的园本教研模式

在课程建构和新课程实践中，教学内容、教学方式、教学评价等各方面的新挑战使教师面临许多新问题。原有教研方式的无系统性，使教研存在"头痛医头，脚痛医脚"的现象，无法适应新课程建构与教师发展的需要，也无法支持教师彻底解决新的教育教学问题，以支架教师在实践与研究过程中建构新的专业体系。基于以上原因，深圳市莲花二村幼儿园由园长引领、教研中心具体牵头，开始了园本教研的改革。

在此过程中，课程中心通过《幼儿园园本教研现状调查问卷》（见本书第45—47页的"附录1"）、访谈等方式在园内外开展了大量教研现状调研，通过分析发现教师对教研的真实需求，并以此为依据，构建新的符合时代新要求、适合教师新需要的新型园本教研模式。经过多年探索与研究，我们基于初始问题，挖掘后续存在且当前需要解决的问题，将原来零散的教研内容转变为教研"问题连续体"，而教研活动由原来的一次一次转变为一个周期一个周期，使园本教研呈现持续且不断深入探索的状态，从根本上解决所存在的多个方面的问题，也通过教研引导教师建构新的多领域知识体系，促进他们专业成长的全面性。在园本教研有一定的显性成效后，幼儿园又申报深圳市教育科学规划2018年度课题"基于幼儿园园本课程的园本教研实践研究"并立项，以课题带动更深入、精准的园本教研。随着探索的不断深入，深圳市莲花二村幼儿园基于课程建构与教师发展出现了新教研模式的雏形，在课题研究深化后形成了新的教研模式——基于问题连续体推进的"项目式园本教研"模式。

三、"项目式教研"中的"项目"开展方法

项目式园本教研是由一连串相关联的园本教研活动组成的，活动以幼儿园为主要基地，以幼儿园教师为主体。项目式园本教研借鉴幼儿园教学活动中的项目开展方式，以课程推进与教育教学中教师遇到的有关课程的问题、教学实践的问题为主要研究对象，通过围绕解决研究对象涉及的系列问题，以及相关的其他问题，开展系列教研活动，推动教研深入而全面地进行。

在开展项目式园本教研的过程中，我们会根据问题连续体中问题之间的关系，找到横向并行探索和纵向深入探索两种不同的问题研究路径，在预设教研活动网络时设计基于横向并行探索的蛛状网络形式（见图2-3）与基于纵向深入探索的线性网络形式（见图2-4）。"项目包括探索和调查一个题目""一个项目通常会持续几天或几周""项目通常先做出计划，并付出长达几天或几周的持续努力进行各种不同的活动"[1]。由《开启孩子的心灵世界：项目教学法》一书中的描述可以看出，在开展与教育教学有关的项目研究时，需要具备有计划、持续研究、开展各类活动等多方面的要素，这样才能对需要解决的问题或事情进行有针对性且深入持久的研究。同时，要兼顾项目教学所具备的"以幼儿为本""民主""合作""探究""建构""回归生活"等各种不同的特质，借鉴项目教学理念，我们将项目式园本教研的特质引申为以教师为本，以课程与教学现场问题为研究对象，在调研的基础上确定焦点问题，通过合作推进，教师共同探究与解决由焦点问题引发的系列问题与疑惑，教师形成相对统一的认识，找到解决问题的方法与对策，并促进教师建构新的知识与经验体系。

---

[1] 凯兹，查德. 开启孩子的心灵世界：项目教学法［M］. 胡美华，译. 南京：南京师范大学出版社，2007：4.

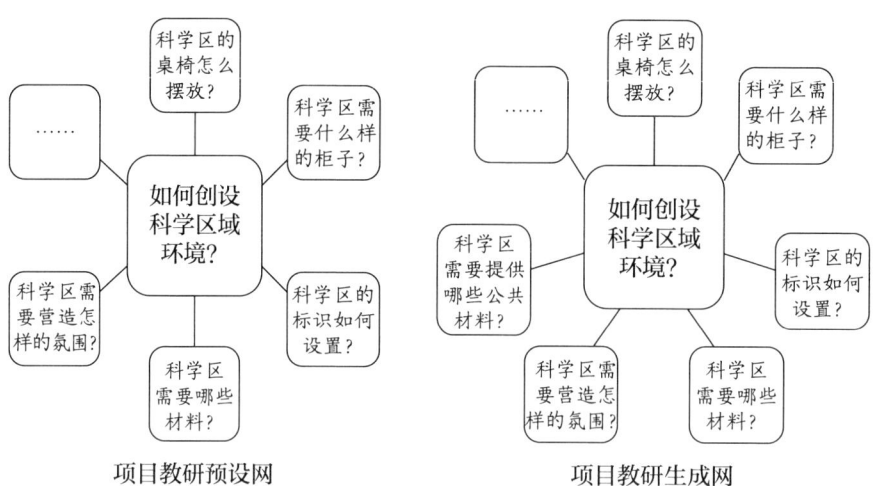

图 2-3　横向项目教研活动网

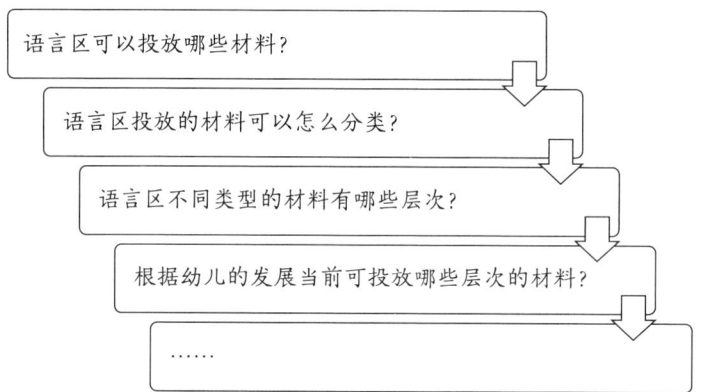

图 2-4　纵向项目教研活动网

附录1 幼儿园园本教研现状调查问卷

尊敬的老师：

您好！感谢您于百忙之中拨冗参加本次调查活动。此问卷的目的是了解各园所园本教研的开展情况，您的合作对我们了解相关信息及后续的工作开展具有重要意义。您的回答不涉及是非对错，但请您务必按照实际情况逐一回答每个问题。对您的回答我们将予以严格保密。

姓名：_____　　　园所：_____

1. 您的职位是？
   □主班　　□副班　　□年级长

2. 您的教龄是？
   □5年以下　　□5~10年　　□10~20年　　□20年以上

3. 您的专业是？
   □学前教育学　　□教育学　　□其他_____

4. 您的学历为？
   □本科以上　　□本科　　□专科　　□中专

5. 您所在的幼儿园教研活动是如何安排的？
   □全园性的教研活动一周两次　　□全园性的教研活动一周一次
   □全园性的教研活动两周一次　　□全园性的教研活动一月以上一次
   □其他_____

6. 您所在幼儿园每次的教研活动是否全园教师参与？
   □是　　□偶尔　　□否　　□不清楚

7. 您是否明晰幼儿园每次教研活动的主题和计划？
   □是　　□偶尔　　□否　　□不清楚

8. 您认为幼儿园开展教研活动最主要的目的是？（多选）
   □扩大幼儿园的影响，完成上级任务或指标　　□改善教师的教学行为
   □解决幼儿园的现实问题　　□使幼儿的在园时间更有价值
   □其他_____

9. 您认为哪些工作属于园本教研范畴？（多选）
   □课题研究　　□班级管理　　□课程开发　　□观摩研讨
   □家园共育　　□幼儿评价　　□其他_____

10. 您所在幼儿园教研活动研究内容的来源是？（多选）
    □以幼儿园存在的问题为内容　　□国内外教育理论前沿研究
    □市、区重点工作　　　　　　　□不清楚

11. 您所在幼儿园的教研活动的主要形式有哪些？（多选）
    □集体备课　　　　□教学专题讲座　□评课议课与经验交流
    □体验参与式培训　□参观观摩　　　□跟岗体验　□其他_____

12. 您认为目前最受教师欢迎的教研方式是什么？（多选）
    □集体备课　　　　□教学专题讲座　□评课议课与经验交流
    □体验参与式培训　□参观观摩　　　□跟岗体验　□其他_____

13. 您认为您所在幼儿园的园本教研侧重的研究形式为？（多选）
    □集体备课　　　　□教学专题讲座　□评课议课与经验交流
    □体验参与式培训　□参观观摩　　　□跟岗体验　□其他_____

14. 园本教研中您得到的专业指导主要来自？（多选）
    □教学园长　　□教研员　　□保教主任　　□年级组长
    □班级教师　　□高校专家　□自主学习　　□其他_____

15. 您所在幼儿园开展教研主要探讨哪方面的问题？（多选）
    □主题活动　□区域活动　□游戏活动　□生活活动　□其他_____

16. 在教研活动中，您最希望在哪方面得到提升？（多选）
    □教育教学基本理论　　　□教育教学实践能力
    □教学反思与评价能力　　□文本撰写能力　　□其他_____

17. 您认为您所在幼儿园的园本教研主要存在的问题是？（多选）
    □任务多，深入少　　□内容脱离实际　　□方式单调乏味
    □计划性差　　　　　□以完成任务为目的　□时间冗长，拖拉
    □其他_____

18. 单次教研活动最为适宜的时长是？
    □半小时及以内　□半小时到1小时　□1小时以上　□其他_____

19. 您认为您所在幼儿园的园本教研改进措施有哪些？（多选）
    □增加经费投入　　□保障教研时间　　□加强同伴的交流
    □增加专家指导　　□外出培训　　　　□完善教研制度

20. 您认为自身专业能力提升主要得益于？（多选）
    □幼儿园组织的教研活动　　□同伴的帮助和影响
    □个人的学习和努力　　　　□家庭和朋友的帮助

21. 您期望参加的教研活动为？（多选）
    □以问题为中心的研讨活动　　　□国内外教育理论前沿讲座
    □听示范课　□教学专题指导　□集体备课　□园外培训
    □其他 _____

22. 您认为教研后的实际推进是否有效？
    □有轻微成效　　□有显著成效　　□没有效果

23. 您对教研后的持续支持有何方面的需求？（多选）
    □无需求　　□专业指导　　□材料支持　　□教学督查
    □其他 _____

24. 现阶段急需的园本教研主题是？（开放性问题）

衷心感谢您的真诚合作！

附录2 幼儿园园本教研现状调查问卷分析

尊敬的老师：

您好！感谢您于百忙之中拨冗参加本次调查活动。此问卷的目的是了解各园所园本教研的开展情况，您的合作对我们了解相关信息及后续的工作开展具有重要意义。您的回答不涉及是非对错，但请您务必按照实际情况逐一回答每个问题。对您的回答我们将予以严格保密。

姓名：_____　　　　园所：_____

注：以下统计表格中第一行数字为选择该选项的教师的人数，第二行数字为选择该选项的教师占参与问卷调查的教师总数的百分比。

1. 您的职位是？

主班	副班	年级长
7	11	0
39%	61%	

2. 您的教龄是？

5年以下	5~10年	10~20年	20年以上
11	6	1	0
62%	33%	5%	

3. 您的专业是？

学前教育学	教育学	其他*
12	0	6
67%		33%

* 英语教育、平面设计、广告等专业。

4. 您的学历为？

本科以上	本科	专科	中专
0	15	3	0
	83%	17%	

如本题数据所示，本园所教师有本科学历者已占83%，那么工作中出现的某些问题是否因为新教师无法将大学所教授的知识与实际工作相结合？

5. 您所在的幼儿园教研活动是如何安排的？

全园性的教研活动一周两次	全园性的教研活动一周一次	全园性的教研活动两周一次	全园性的教研活动一月以上一次	其他
11	7	0	0	0
61%	39%			

6. 您所在幼儿园每次的教研活动是否全园教师参与？

是	偶尔	否	不清楚
18	0	0	0
100%			

7. 您是否明晰幼儿园每次教研活动的主题和计划？

是	偶尔	否	不清楚
17	1	0	0
94%	6%		

教师是否真正清楚教研活动的主题和计划？清楚到什么程度？

8. 您认为幼儿园开展教研活动最主要的目的是？（多选）

扩大幼儿园的影响，完成上级任务或指标	改善教师的教学行为	解决幼儿园的现实问题	使幼儿的在园时间更有价值	其他
15	17	17	16	0
83%	94%	94%	89%	

针对本题数据可在访谈中探讨是什么原因导致大量教师认为教研活动的

目的是"扩大幼儿园的影响，完成上级任务或指标"。

9. 您认为哪些工作属于园本教研范畴？（多选）

课题研究	班级管理	课程开发	观摩研讨	家园共育	幼儿评价	其他
16	16	16	16	14	11	0
89%	89%	89%	89%	78%	61%	

10. 您所在幼儿园教研活动研究内容的来源是？（多选）

以幼儿园存在的问题为内容	国内外教育理论前沿研究	市、区重点工作	不清楚
18	15	14	0
100%	83%	78%	

11. 您所在幼儿园的教研活动的主要形式有哪些？（多选）

集体备课	教学专题讲座	评课议课与经验交流	体验参与式培训	参观观摩	跟岗体验	其他
4	16	16	12	14	11	0
22%	89%	89%	67%	78%	61%	

12. 您认为目前最受教师欢迎的教研方式是什么？（多选）

集体备课	教学专题讲座	评课议课与经验交流	体验参与式培训	参观观摩	跟岗体验	其他
2	15	9	16	13	9	0
11%	28%	50%	89%	72%	50%	

13. 您认为您所在幼儿园的园本教研侧重的研究形式为？（多选）

集体备课	教学专题讲座	评课议课与经验交流	体验参与式培训	参观观摩	跟岗体验	其他
2	15	14	13	8	6	0
11%	83%	78%	72%	44%	33%	

14. 园本教研中您得到的专业指导主要来自？（多选）

教学园长	教研员	保教主任	年级组长	班级教师	高校专家	自主学习	其他*
18	15	27	3	9	5	3	1
100%	83%	94%	17%	50%	28%	17%	6%

* 集团课程中心专家。

15. 您所在幼儿园开展教研主要探讨哪方面的问题？（多选）

主题活动	区域活动	游戏活动	生活活动	其他*
17	18	11	11	1
94%	100%	61%	61%	5%

* 戏剧教育。

16. 在教研活动中，您最希望在哪方面得到提升？（多选）

教育教学基本理论	教育教学实践能力	教学反思与评价能力	文本撰写能力	其他
9	18	16	11	0
50%	100%	89%	61%	

17. 您认为您所在幼儿园的园本教研主要存在的问题是？（多选）

任务多，深入少	内容脱离实际	方式单调乏味	计划性差	以完成任务为目的	时间冗长，拖拉	其他*
12	0	2	4	4	7	3
67%		11%	22%	22%	39%	17%

*（1）无。（2）系统性不是很紧密。（3）有时候临时安排有点仓促，如果可以的话，可以提前半天到一天通知吗？

针对此题，可考虑定期收集教师对园所教研活动开展的意见和反馈。

18. 单次教研活动最为适宜的时长是？

半小时及以内	半小时到1小时	1小时以上	其他
2	14	2	0
11%	78%	11%	

19. 您认为您所在幼儿园的园本教研改进措施有哪些？（多选）

增加经费投入	保障教研时间	加强同伴的交流	增加专家指导	外出培训	完善教研制度
5	7	8	10	10	8
28%	39%	44%	56%	56%	44%

20. 您认为自身专业能力提升主要得益于？（多选）

幼儿园组织的教研活动	同伴的帮助和影响	个人的学习和努力	家庭和朋友的帮助
17	16	16	5
94%	89%	89%	24%

21. 您期望参加的教研活动为？（多选）

以问题为中心的研讨活动	国内外教育理论前沿讲座	听示范课	教学专题指导	集体备课	园外培训	其他
18	9	10	12	4	9	0
94%	50%	56%	67%	22%	50%	

22. 您认为教研后的实际推进是否有效？

有轻微成效	有显著成效	没有效果
5	13	0
28%	72%	

如何提升有效性？

23. 您对教研后的持续支持有何方面的需求？（多选）

无需求	专业指导	材料支持	教学督查	其他
0	16	12	2	0
	89%	67%	11%	

24. 现阶段急需的园本教研主题是？（开放性问题）

（1）主题活动（8人）。如：如何开展符合幼儿年龄特点的主题活动？如何针对主题活动对教师进行专业指导？

（2）区域活动（4人）。如：在区域活动中，教师应如何指导幼儿？（3人）区域材料如何投放？（1人）

（3）常规建立（4人）。

（4）环境创设（2人）。

（5）教学组织（2人）。

（6）家长工作（2人）。

（7）师幼互动（1人）。

（8）与幼儿沟通的语言技巧（1人）。

（9）一日生活（1人）。

（10）体育游戏（1人）。

（11）对待个别有特殊问题的幼儿（1人）。（此答案教师表述不清晰）

【简要数据分析】

（1）从第2、3、4题的数据来看，本园所教师的专业知识基础较为扎实，文化程度相对较高，但实践经验不足。83%的教师有本科学历，来自学前教育学专业的教师占67%，仅有11%的教师来自非教育类专业，有5年以下工作经验的教师占62%。

（2）从问卷的分析上来看：目前最受教师欢迎的教研方式是体验参与式培训，占比为89%；其次是参观观摩，占比为72%；占比最少的（11%）为集体备课。教学专题讲座占比为28%。

（3）目前园本教研侧重的研究形式主要是教学专题讲座，占比为83%；其次是评课议课与经验交流，占比为78%；再次是体验参与式培训，占比为72%。

（4）对于通过教研活动提升的方面，教师最希望在教育教学实践能力方面进行提升，占比为100%；其次是教学反思与评价能力，占比为89%；再次是文本撰写能力，占比为61%；最后是教育教学基本理论，占比为50%。

（5）园本教研主要存在的问题为："任务多，深入少"，占比为67%；"时间冗长，拖拉"，占比为39%。

（6）在教研时间方面，半小时到 1 小时的单次教研活动最为合适，选择该时长的教师占比为 78%。

（7）在教研改进措施方面，教师更希望增加专家指导（占比为 56%）、外出培训（占比为 56%）、完善教研制度（占比为 44%）。

（8）从期望参加的教研活动来看：教师最期望参加以问题为中心的研讨活动，占比为 94%；其次是教学专题指导，占比为 67%。

（9）在教研后的持续支持方面，教师更希望有专业指导，占比为 89%。

（10）从开放性问题的回答来看，部分教师的语言表达能力有待提升。

【针对园所教研现状的思考】

目前园所教研的现状侧重于教学专题讲座、评课议课与经验交流，教研的时间较长，很难深入。教师更喜欢体验参与式培训、参观观摩的教研形式，更期望自己在教育教学实践能力上有所提升，更希望园所开展以问题为中心的研讨活动以及教学专题指导。从教师的角度来看，教研后推进的有效性有待进一步提高，对于教研后的持续支持可进行深入探讨。

结合园所教研开展的实际情况来看，教师可能存在对"园本教研"认识不清、定位模糊的情况，如教师之间会进行自发的集体备课，而在问卷调查中只有非常少的教师在"11. 您所在幼儿园的教研活动的主要形式有哪些？"一题中选择了"集体备课"。据此分析，可能部分教师认为只有教研管理人员组织的教研活动才属于园本教研的范畴，他们可能并未认识到园本教研的真正目的以及自己在教研活动开展过程中的角色。

根据调查结果，我们认为可从以下几个方面来改进园本教研活动：

（1）缩短教研时间，进一步提高教研及后续推进的有效性；

（2）可尝试定期收集教师对教研活动的意见与反馈，并做出适当调整，提高教师参与教研活动的积极性；

（3）加强教师对教研活动计划和目标的理解与认知；

（4）深入了解教研活动开展后教师需要哪些方面、何种方式的持续支持。

第三章
项目式园本教研的模式与保障

长期以来，我国大部分幼儿园在园本教研开展的过程中，都期望建构一种适宜可行、科学有效的新型园本教研模式，制定一套能保证园本教研顺利开展的人员及物质资源保障方案，通过有效的园本教研实现教师自身的专业成长，成就一批高水平教师，实现课程的优质发展，最终促进幼儿的全面成长。

深圳市莲花二村幼儿园在创建项目式园本教研模式的过程中，不但逐渐形成了独特的园本教研特点，形成了别具一格的园本教研活动特色，还探索出了许多与传统园本教研不一样的创新模式。同时，我园在项目式园本教研资源保障中也进行了改革与创新，在项目式园本教研开展过程中针对教研人员组织、教研资料挖掘、教研运用资料库分类、项目式教研资源体系建设等多个方面进行了深度研究并取得了良好成效。这些举措也得到了专家和同行的认可，真正实现了课程、教师、幼儿共同发展。

第一节　项目式园本教研新兴模式

项目式园本教研是深圳市莲花二村幼儿园在建构园所课程的过程中，为全面、彻底地解决教师遇到的真实问题，促进教师从理论到实践两方面的专业提升而产生的一种新兴的园本教研方式。在开展过程中，项目式园本教研活动不但促进了教师的专业成长，还实现了课程建构与教师专业成长一体化。幼儿园在建构这一模式时融合了国外优秀课程模式"项目教学"的理念与方式，同时遵循了"授人以鱼，不如授人以渔"的观念，使园本教研呈现出"民主与合作""持续与深入""探索与研究""稳定与灵活""解疑与建构"等多方面的特色（见导图3-1）。项目式园本教研重点关注引导教师对问题开展真实探索与研究，在教研活动过程中关注教师解决问题的深度与广度，在活动结束后重视教师新经验的形成及其在后续实践中的运用。

导图 3-1　项目式教研特色的形成

一、教研中的民主与合作特色

传统园本教研"造成教师主体流失的原因主要是教研的话题来源不是教师们关心和关注的问题""教研形式比较单一，更多地采用讲和听的形式，讲的人也就是固定的几个人"。[1]《纲要》倡导开展相互尊重、协同合作、敢于批判质疑的园本教研。为改变教研活动中园本教研管理层唱独角戏的现象、改变教师参加教研活动时的游离状态、改变教研活动中的沉闷氛围，我们在建构项目式园本教研模式的过程中，一直努力突破长期固化的思维方式，打破传统园本教研中"一言堂""高控"等既有局面，不断将民主意识、合作氛围渗入建构的园本教研新模式中。

在一个完整的园本教研项目中，我们通过调研、申报或网上提出建议等方法，了解教师的真实需求，提供多种教师有话语权的平台，让教师参与项目式教研主题确定的决策，充分地尊重他们的意见和建议，努力从教师需要与教师发展的角度去确定教研主题。同时在这一个过程中，调研与申报中的互动也是组织者与参与者之间的合作，这是一种相互尊重的平等合作。总的来说，项目式园本教研主题，要么是调研后由教学管理部门研讨而成，要么

---

[1] 何黎明. 全景式学习模式——园本教研能力提升实践新探索［M］. 杭州：浙江大学出版社，2017：3.

是由全体教师的工作、教研中的状态而生成。在项目式教研过程中，管理者本着民主与合作的意识，其领导组织能力更多地体现在对教师的引导与支持上，而非过多地直接决定与决策。

而在开展项目式教研的独立子活动时，活动前课程中心会预告和公示活动内容，并引导教师主动收集促进教研活动相关问题解决的方法与经验；活动中则尽量设计并创造更多教师与教师、教师与教研管理者、教师与专家之间的交流互动平台，以及教师收集的经验与方法展示的平台。通过平台，教师能很好地融入园本教研活动，使园本教研活动在民主平等、合作共享中达成目标，促进教师的专业成长。

二、教研中的持续与深入特色

项目式园本教研由许多子教研活动组成，开展和完成一个完整的园本教研项目需要持续相当长的一段时间。在这一时间周期中，园本教研将一直围绕由起始问题形成的系列问题开展持续的研究。教研活动以起始问题为起点，当起始问题在教研活动中得以解决时，活动中又将产生新的疑惑与问题，这些新问题需要通过开展新的教研活动，再一次围绕新问题来开展探索，直至教师在项目式教研中将所涉及的问题较全面地解决并形成较完整的专业经验。在项目式园本教研持续的周期中，只有秉承持续探索与深入研究的精神，才有可能彻底解决项目中的起始问题及与起始问题相关联或更深层的系列问题，使项目式教研中的"问题连续体"得到比较彻底的解决。

在一个园本教研项目的问题连续体的解决过程中，问题深度的不断增加以及时间的长度，都需要组织者在设计与开展一个项目时具有持续与深入的意识。在开展项目式园本教研的过程中，也需要组织者对系列问题产生的原因进行持续且深入的挖掘，并不断寻找对策，这样才有可能保证完整而有效地完成一个具有周期性的教研项目。

而作为参与者的教师，更需要秉持持续与深入研究的精神。由于教师长期在教学第一线开展实践工作，他们容易从实践维度来思考问题，而且他们的工作琐碎、繁杂，导致他们没有更多时间对问题进行深入的思考，很多时候对问题的解决容易局限于问题的表象。项目式园本教研中的持续与深入特色可以帮助他们打破思维定式，引导他们建立更为宽泛、更有深度的思维模式，这无论对教师的个人发展，还是对他们的工作推进，都会有较大的促进作用。

项目式园本教研与传统园本教研的最大区别就是其具有"持续与深入"的特色。这种持续且深入的研究，改变了传统园本教研活动内容"东一榔头，西一棒子"，教研活动探索停留在浅尝辄止的层面，以及教研活动过程走形式、走过场等情况，有效地增加了园本教研活动的研究深度与广度。

三、教研中的探索与研究特色

项目式园本教研是基于教师、课程及教学存在的真问题，在寻找问题解决方法的过程中，实现教师与课程共生共长的一种新的园本教研模式。为了让项目式园本教研中所涉及的问题在解决过程中更为清晰，教师在教研中会开展一些教学现场与教研会场的联动探索与研究。这种研究是将教研会场直接安排在真实的教学情境中，看到问题存在的真实情境。活动前预告教研内容，教师收集经验与方法，活动后教研成果在实践中运用，这些都是教研活动引导教师进行实践探索的内容，也是教研的组成部分。而在教研会场的问题解决、共同研讨中形成相关的研究结果，也同样是教研的重要内容。打破教研活动时间、空间的维度，将探索与研究始终贯穿教研的前期、中期、后期，这就是项目式园本教研的探索与研究特色。这一特色是项目式园本教研要坚持的重点原则。只有不断地在教学一线进行探索与研究，才能找到支持园本教研活动开展的真正内容硬核，也只有不断地通过园本教研平台的探索与研究，才能找到教学、课程、教师三者中出现的真问题，并在探索与研究真问题的过程中找到解决问题的有效方法与对策。

在教学现场中的探索与研究，与在教研活动会场中的探索与研究，虽然都有探索与研究，但却各有偏重。在教学现场中探索的成分更多，是在实践探索与积累的基础上开展必要的研究，这一探索停留的层面相对低一些，对结论的要求也相对宽泛一些。而在教研活动会场中的研究成分更多，教研活动会场的研究会从问题的更高层面和更深角度来展开，是针对教研主题开展较为深入的探讨，以得出可供教师学习的相关理论知识，以及在对问题开展深入的研究中，引导教师发现并找到解决问题的方法，获得新经验与新知识。

无论是在教学现场中的探索与研究，还是在教研活动会场中的探索与研究，都需要园本教研的组织者设计出指导教师行为的探索与研究线索，这些线索就是教研项目中需要解决的相关问题，以及由这些问题拆分成的小问题。通过以问题为载体的线索支持教师主动探索与研究园本教研活动中的内容，激发教师在园本教研活动中的主动性，并培养他们在实践中的总结与反思能力，找到发现问题与解决问题的路径，为他们成为反思型教师与研究型教师打下良好的基础。

四、教研中的稳定与灵活特色

稳定与灵活这一组特色在项目式园本教研中的运用有两个层面：一个层面体现在园本教研活动推进过程的内容中，另一个层面体现在活动开展的时间安排中。

在项目式园本教研的主题及目标确定后，课程中心会综合调研分析结果、教师个人申报需求，以及日常教学管理中发现的问题等方面的数据与情况，预设项目式园本教研推进的活动网络。之所以是预设网络，是因为项目式园本教研的推进宗旨是在活动开展的过程中，根据教研中的问题解决程度，以及活动后的分析评价，重新对后续开展的活动进行调整和确定，以使每一次园本教研活动更为有效，也使园本教研活动之间具有较好的衔接性，问题与问题之间具有良好的关联性，经验与经验之间结合后变得体系化。但无论后续的园本教研内容做何种调整，这种调整一定是围绕项目主题而进行的，并且这种调整一定是与前一个活动相联系的。只有这样，才能保证项目式园本教研活动的完整性。因此在项目式园本教研活动开展的过程中一定要把握好稳定性与灵活性。稳定性是项目的开展方向、问题解决程度，以及教师参与活动前的各种储备的保证，而灵活性则保证了每一个子教研活动的有效性与适宜性。

对于稳定性与灵活性在教研活动时间方面的运用，为保证园本教研活动成为常态化的教育教学研究工作，需要从制度层面保证园本教研活动的固定化，每周固定园本教研活动时间，并且针对这一活动设置备用时间以作为第二个保障手段。这种固定加备用的时间安排，保障了园本教研活动达到"本周任务本周完成，当前问题当前解决"的状态，也让教师逐渐形成园本教研与日常教学是常态工作的认知。除了每周时间安排的固定与灵活外，在每一次教研活动的实施中也会交叉地运用稳定性与灵活性。每一次教研活动中的问题有难易程度之分，容易的问题需要的时间相对较短，而困难的问题则需要相对较长的时间，因而每一次的活动时长也不是"一刀切"的。每一次园本教研的活动时长会以达成目的的程度来决定，保证园本教研在活动时间长度内的有效性。

五、教研中的解疑与建构特色

项目式园本教研的起点是教师的问题，是教师、教学、课程三者之间形成的各种问题，其过程是解决问题的过程，而其结果是通过教师获得经验以及经验在实践中的运用来促进教师的专业发展。教师专业发展的前提是教师的知识经验得到了更新，或教师的知识经验得到了扩展，也就是教师建构了新的知识体系。所以在开展项目式园本教研活动中，要注重解疑与建构这一组特色的存在并有效地运用。

在园本教研活动中，这一组特色的运用要求对项目主题的产生、项目中各个问题的关联与层次性，以及每一个子活动平台的搭建进行全面而细致的思考。在园本教研活动中，组织者要为教师提供充分的交流与互动的机会，让他们在对话的过程中说出自己的疑惑，组织者也需要帮他们找到解决疑惑的途径，让问题得到解决，使解疑落到实处。同时，在考虑建构这一特色时，教研活动组织者还需要在教研活动中设计活动成果物的生成环节，通过成果物的生成环节，让教师将他们在活动中的所想、所思、所获呈现出来，这些呈现会让教师将经验或知识进行归纳，并在归纳中形成一定的新知识类别。

在园本活动结束后，组织者还需要提出有关活动感想、活动总结的写作要求，以及将教研中获得的新知识与新方法运用到实践中的新反思写作要求。通过活动的反思与总结，让知识经验进一步地提升，并与原有的知识经验进行整合，形成新知识的内化过程，通过写作将教研中的知识与实践进行有机的结合，实现知识经验的实践化。

项目式园本教研活动在问题解疑与新知识建构的过程中，为教师角色的转变构筑了一个理论与实践的互助平台，建构了一个促进教师专业化成长的主渠道。

第二节 项目式园本教研资源保障

在园本教研活动结束后，教师们都会觉得教研工作已经完结了。这就导致没有产出有效的教研成果，多次之后，教师们就会对这种"游击式"的教研失去信心。那么，我们该如何保障园本教研的完整性和有效性呢？

导图 3-2 如何保障园本教研的效果

园本教研资源包括教研活动涉及的资源运用体系，以及园本教研活动完成后整理的有关活动开展的所有材料形成的资源总结体系。教研资源总结体系是基于每次教研活动开展后整理的活动完整资料，将一个项目内所涵盖的教研活动资料叠加并按园本要求归类整理而成的。园本教研总结资料可以作为经验的载体为后续活动提供依据，也可以通过资料发现教师、课程成长的路径，梳理出优质的园本教研经验和课程建构经验。

园本教研资源运用体系则需要考虑园本教研活动的开展，从挖掘资源和利用资源两方面来形成资源包。在以往的教研中，组织者在考虑园本教研资源时，多是从园内的视角去发现，这些有限资源对园本教研活动的开展会有一定的局限性。在思考挖掘与利用资源的角度时，管理者可以拓展园本教研活动资源的范围，打破幼儿园内外的界线，用更多的资源来丰富园本教研的内容、方式，促进园本教研活动的有效性，提升园本教研活动的吸引力。

一、挖掘可利用的园本教研资源

传统教研活动不能吸引教师积极参与，既有园本教研活动形式枯燥、单一的原因，也有活动内容的呈现无法激发教师多维度思维的参与等原因。解决这些问题都需要在设计园本教研活动时，充分挖掘与利用各类资源，通过资源的丰富促使教研活动多元化，满足教师更多的需要。目前在预设教研活动时，从场地、人员到物资等方面，基本思维都局限在幼儿园的内部资源中。虽然经过园本教研改革，各幼儿园在某些资源（特别是人员资源）的利用上有了突破，能够在园本教研时请高校或科研机构的专家，但这些专家一般都是本专业、本领域的专家。作为儿童的启蒙教师，在孩子踏入幼儿园这个小社会时，幼儿园教师的身上承载着许多需要孩子传承的知识、技能等。教师在此过程中不只需要专业知识和能力来解决遇到的很多问题，很多时候也需要运用丰富的通识性知识来解决相关的问题。在幼儿园教研活动的开展过程中，不只涉及人才资源，还涉及场地、物资等多方面的资源。

在项目式园本教研的推进过程中，园本教研活动是教师的问题与答案之间的桥梁，课程中心是桥梁的建设者。至于用什么资源、搭建什么桥梁能让教师顺利地通过并有效地找到问题的答案，就需要课程中心提前预测出可利用的园本活动资源，通过挖掘、筛选资源，找出并整合有可促进性的资源，并将资源合理地运用到基于问题情境的园本教研中，从而拓展教研活动的内容与方法，通过丰富的信息、多元的活动方式，提高园本教研活动的实效。

在挖掘项目式园本教研的可利用资源时，要突破往日园本教研就是"园内活动"的局面，努力使园本教研从园内走向园外。在这一过程中，先探索从场地的转化到方式的转化，再探索从场地和方式的转化到内容的转化，逐渐形成园本教研活动园内和园外交互开展的新模式。

有效实施项目式园本教研园内外交互开展模式，前期必须从幼儿园、社区、社会等多方面去发现可利用于园本教研活动的资源。从园内外有关人员、环境、物质等多角度开展资源和信息的挖掘工作，通过管理层面的主动寻找，发资源收集表来引导教师、家长等多渠道提供信息，从而收集大量的有助于开展活动的各类资源和信息，但这些资源和信息的有效性及后期利用的便捷性还需要课程中心进行综合整理。

经过对收集到的资源的反复论证、筛选,将可利用的各类资源整合、归类纳入项目式园本教研活动资源库,并根据项目式园本教研开展的进程和不同的发展阶段,选择适宜的研究资源,依据项目主题预设的目标、内容,将资源融入园本教研,使园本教研的内容呈现出具体、形象等特点,而园本教研的形式则呈现出互动、合作、生动等特征,极大地实现了园本教研活动的丰富性,提高了教师参与园本教研活动的积极性。

二、分类建立园本教研运用资源库

在建立项目式园本教研运用资源库(见图3-1)的过程中,主要从人才资源、场地资源、信息资源以及媒介资源等几方面进行归类,并建立电子资源库,以方便在开展园本教研活动时进行快速而有效的检索。

图3-1 园本教研运用资源库

(一)人才资源

在开展园本教研所涉及的因素中,人员无疑是第一因素。组织者、专家、答疑解惑者是开展园本教研所必需的各类人员。秉承"让专业的人做专业的事"的理念,在打造资源库时,首先应想到的是建立人才资源库。这个资源库包含园内外各类可促进园本教研活动开展的人员,园外人才资源包括学前教育专家、与幼儿园教师成长相关的各行业精英、可建立联系的其他特殊人员,而园内人才资源则是具备不同特长的幼儿园教职工。各类型、各层次的人才资源为园本教研的开展既提供了本专业的人才,也提供了专业外的人才,既有知识型人才、技能型人才,也有组织型人才。人才资源库的建立提高了园本教研活动问题解决的专业程度，也实现了教研活动真正由优秀的人才引领前行。

（二）场地资源

幼儿园的园本教研活动过去以在幼儿园内开展为主，这种单一的场地使活动失去了情境性与融入性。在教学中我们都知道环境对孩子的作用，在类似教师"课堂"的园本教研中，也应该注重环境对教师的作用，可以将有的教研活动带入环境之中。现代中国是一个高速发展的国家，各类展馆、公共文化场地、公园建设都非常有个性和特色，将这些资源引用到园本教研中，无疑会提升园本教研活动对教师的促进效果，提高园本教研活动对教师的吸引力。

在探寻项目式园本教研运用资源库之场地资源时，可以从幼儿园周边逐步往外扩展，寻找出行方便、有利用价值且可用于园本教研的场地，包括美术馆、博物馆、科技馆、图书馆、绘本馆等不同功能型场馆资源，自然类公园、人文类公园、休闲类公园等不同主题性公园资源，花卉市场、小商品市场、工艺美术市场等不同物品汇集的市场型资源等。场地资源库的建立既促进了教研活动中环境对教师的影响，也促进了教研活动形式的多元化。

（三）信息资源

无论是发现问题还是解决问题的园本教研活动，所需要的知识与经验就是信息，而在园本教研活动中解决问题的过程就是信息传递与运用的过程。当今，科技迅速发展，信息传播的速度日益提高，信息传播的广度也在扩展。如何在教研活动中找到最前沿、最适宜于园所的教研信息，是项目式园本教研信息资源库建立的关键所在。

在建立信息资源库时，要将从书籍、杂志、网络等方面寻找到的信息，根据不同类别进行归类。基于理论层面的信息可以分为专业知识、课程知识、通识性知识等类别；基于实践层面的信息可以分为活动组织、师幼互动、环境创设、材料制作等类别。

各类信息资源库的建立，可供我们在教研活动开展前选择问题的解决途径，可以通过园所研究形成问题的解决策略，还可以通过借鉴专家、同行已形成的经验找到问题解决的方法，突破教研活动对问题解决的无效性研究。

各类信息资源库的建立还给组织者及参与者在寻找问题的答案时提供专业性支持。

（四）媒介资源

在网络技术普遍应用到教育和教学中的今天，随着我国现代远程教育事业高速且蓬勃地发展，远程教育催生了大量的网络课程，各类与幼儿园教师成长相关的线上课堂和线上讲座如雨后春笋般涌现，集中并运用好这些资源，促进园本教研活动的开展，也是项目式园本教研运用资源库建立的内容之一。

在建立媒介资源库时，主要是发现电子资源并进行整理归类，这些资源大多是一些专题或专业讲座，如公益性讲座、教育主管部门开展的专业讲座，以及教师集体认为有价值的讲座等。这些资源有的是固定的，有的是阶段性存在的。对于长期固定的资源，可以将网站、内容整理并在内网公布；而对于阶段性的资源，则提前公布并将其及时运用到相应的教研活动之中。

三、整理形成项目式园本教研总结资源体系

每一个项目式教研中的单一教研活动都涵盖六个核心要素，每一要素都会产生相关的文字、数据、物品等。这些教研活动的成果物既是教研活动的开展记录，也是教研活动完成后的经验总结，这些经验为课程建构、教师发展，以及后续的教研活动、教学活动的开展提供了非常好的依据。

项目式园本教研总结资源体系分为两级，第一级资源是所有项目式教研的名称，第二级资源是独立项目中有关六要素的资源。每一个独立的教研项目资源包又由三级组成（见图3-2）。

独立教研项目中的第一级资源是相关项目由来的文字阐述，并附有相关的问卷调查资料、访谈问题资料，以及资料回收后所产生的研究结果，可以通过这些资料清晰地看到教研项目主题的产生过程，了解这一项目如何从教师群体而来。

第二级资源是每一个独立的项目式园本教研活动制定的总目标，为实现总目标而预设的各个内容，以及落实这些内容的相关计划。

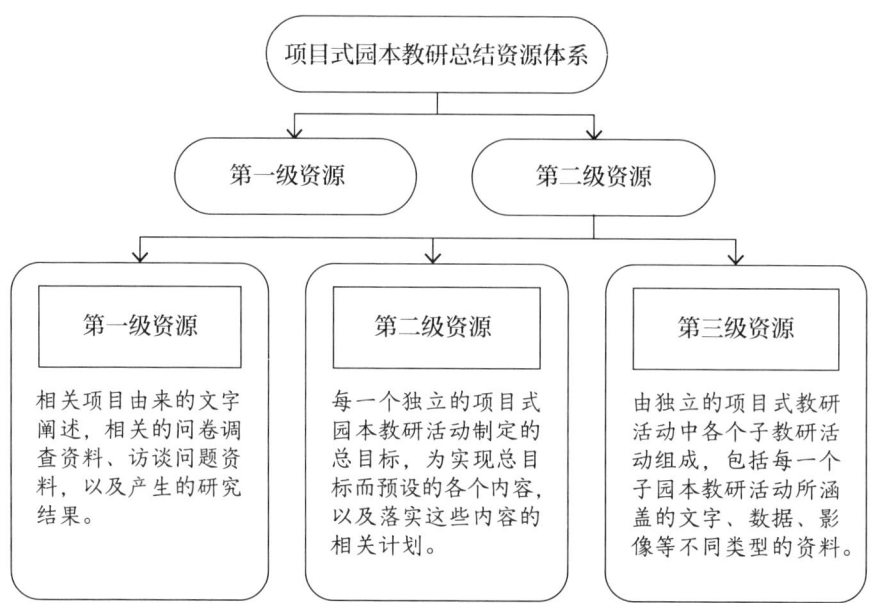

图 3-2 项目式园本教研总结资源体系

第三级资源由独立的项目式教研活动中各个子教研活动组成，包括每一个子园本教研活动所涵盖的文字、数据、影像等不同类型的资料。其中文字资料包括教研活动的目标，实现目标的具体教研准备资料与活动内容，每一次教研活动开展的计划，以及教研活动后的评价和后期的发展动向等；数据资料包括开展教研活动前、结束活动后的调查与分析，引导教师参与活动准备的资料与活动成效分析数据等；影像资料则包括各类照片、摄像、幻灯片等电子信息资源方面的资料。

资源体系的建立不是一劳永逸的，在每次开展教研活动后，根据教研活动中资源的运用，需要调整、完善、优化资源库中原有的资源，需要隔一段时间梳理一下资源库。对于前期使用时无用、无效或空置的资源，可以进行删减，而发现新的优质资源时可以增加，优化升级资源库中的已有资源，让教研资源适应时代发展和教师成长的需求。

第四章
项目式园本教研的价值与意义

作为一名刚入职的新手教师，每次教研时我都很努力地参与，可是我的专业能力好像跟不上教研的进度……

导图 4-1　新手教师的困惑

教育部颁布的《纲要》的终极目标是创造高质量的幼儿教育，而《纲要》所追求的教育理想必须通过教师的创造性工作来实现。《纲要》中明确指出"幼儿园应为幼儿提供健康、丰富的生活和活动环境，满足他们多方面发展的需要，使他们在快乐的童年生活中获得有益于身心发展的经验"。这明确地将课程设计、课程实施、课程评价等课程建构与实施中的相关工作，由原来高校、科研机构、学前教育专家等主体从事的研究工作，转移为由幼儿园教学管理人员和幼儿园一线教师等相关人员承担的工作。2012 年，教育部颁布了《幼儿园教师专业标准（试行）》，其中对幼儿园教师的专业理念与师德、专业知识和专业能力都提出了相应的要求。因此，教师的专业发展成为贯彻落实《纲要》的精神和实现其目标的关键所在。在专业成长的历程中，教师不仅需要自身内在的成长动力，更需要来自外在的强有力的系统支持。

第一节　新型教研为教师专业发展搭支架

幼儿园园本教研的目的在于以不同的研究形式解决幼儿园教师在教学工作中面临的实际问题，实现问题在教学中的实践转化、教师的专业发展与幼儿园课程的完善。

一、园本教研与教师专业发展现状分析

为了进一步推动我国学前教育事业的发展，中共中央、国务院于 2018 年 11 月 7 日印发的《关于学前教育深化改革规范发展的若干意见》中提出了要求："认真落实立德树人根本任务，遵循学前教育规律，牢牢把握学前教育正确发展方向，完善学前教育体制机制，健全学前教育政策保障体系，推进学前教育普及普惠安全优质发展，满足人民群众对幼有所育的美好期盼，为培养德智体美劳全面发展的社会主义建设者和接班人奠定坚实基础。"

在国家的政策背景下，为了提升幼儿园的保教质量，"园本教研"逐渐进入人们的视野，并成为提升教师专业能力的重要途径。基于我国幼儿园教师的专业能力参差不齐，幼儿园教师的专业发展应受到广泛的重视。通过问卷调查、走访和访谈以及数据分析我们了解到，目前园本教研与教师专业发展的现状如下。

（一）追求短期效果、忽视终极价值

在走访中，我们发现当下许多幼儿园的教研活动出现各种舍本逐末的现象。目前在许多幼儿园里开展的园本教研，重视理论学习，忽视教师的专业核心——教学实践能力的提升，甚至教研活动与园内的教育和教学严重脱节，教研方式重"被动教授"，轻"个体专业推动"，教研活动的设计者留恋于形式，只是注重形式的"高大上"，延误教师专业发展的进程，忽视了教师团队构建学习共同体的整体成长。

（二）缺乏主动发展、自主教研意识

众所周知，幼儿园的园本教研能够帮助教师提升在日常教学中研究问题、分析问题、解决问题的能力，有效的园本教研活动是提升教师自我教学能力的渠道，在教师的专业和深度发展中起着必不可少的作用。

在调研中，我们发现很多教师在教研问题上缺乏研究的意识与研究的方法，自主教研意识不够。有一部分教师认为，教研是幼儿园教学负责人该操心的事情，是专家的事情，与自己无关；也有一部分教师认为，以往的教研活动都是让大家学习"高大上"的国内外前沿理论知识，对于实际教学没有

多大的用处；还有一部分年轻教师提出，每次的教研活动确实令他们学到了不少专业知识，但是他们不知道如何将教研所获与实践相结合。在对一所幼儿园的教师进行访谈时，调查者记录了几段话。

教师 A：作为一名刚踏入学前教育领域的新人，每次教研活动时我都会认真学习、做好笔记，并且很想将学到的知识运用到实践工作中，但是每一次都不尽如人意，感觉学习的理论总是高高在上，无法与我每天的工作相匹配……

教师 B：我是入职两年的年轻教师，幼儿园里的每一次教研活动都对我很有帮助。但是，我总觉得自己是年轻教师，实践经验不足，每到讨论环节就紧张，感觉自己发表的意见不一定有用，因此没有必要参与具体的教学调研与教学讨论……

教师 C：我已经有5年的教龄了，在园本教研中，我认为应该以一个学习者的姿态多学习、多吸收前辈或优秀教育者的教学方式、教学理念、教学思路以及解决问题的经验，至于形式和内容则不是我们思考的事情……

教师 D：我是一名班主任，对于每次的园本教研活动，我都很喜欢参与探索与研讨，但是我个人觉得平时的班级工作实在太琐碎了，园本教研活动的主持人还是由教研组长或园长担任吧……

从访谈中不难看出，目前在幼儿园里无论是刚入职的青年教师还是有经验的班主任，都对教研工作并不重视，从根本上保留着在带好班、完成本职工作、只管好自己的"一亩三分地"的陈旧观念，缺乏自主发展、自主教研的意识。

（三）自我管理滞后，评价机制缺乏

园本教研中的教师还存在自我管理意识滞后的问题，在教研中他们长期依赖教研组长和相关的教育专家，这种心理使得部分教师对自身能力缺乏充分的认知，长此以往在教研活动中出现了被动学习的现象。在需要教师为主开展的园本教研管理活动中，他们多是能推就推、能靠就靠，这在一定程度上制约着教师的专业自主发展。此外，园本教研评价机制也令多数教师难以

发挥自主意识，固化的幼儿园管理机制难以调动教师以主人翁的角色参与教研活动，幼儿园对教师参与园本教研活动的频次和质量都缺乏合理、科学的评价机制，种种原因都在一定程度上限制了教师参与园本教研的主动性与积极性。

二、园本教研在教师专业发展中的优势

专业的教师队伍才能有高质量的课程与教学。《幼儿园教师专业标准（试行）》中提出："幼儿园教师是履行幼儿园教育教学工作职责的专业人员，需要经过严格的培养与培训，具有良好的职业道德，掌握系统的专业知识和专业技能。"而深圳市莲花二村幼儿园在长期探索园本教研的过程中，关注园本教研与教师发展的关系，以教师为主体形成的项目式园本教研模式在幼儿园师资队伍建设中起着举足轻重的作用，在保证园本课程有效实施的同时，对教师的专业发展也有非常显著的促进作用。

（一）坚持以幼儿园可持续发展为出发点

项目式园本教研是幼儿园教师专业发展培训的重要组成部分，园本是指以"园"为本，以幼儿园的实际情况为基础，依托幼儿园自身的资源优势和特色进行与教育和教学相关的策略研究，着力于解决幼儿园所面临的实际问题以及课程建设中可持续发展的问题。这种以项目为基点的教研活动厘清了教研与教师之间相互关联、相互促进的关系，坚持以教研和教师为本（以教研为本，提升办园质量；以教师为本，使教师真正得以成长）形成相互促进、良性发展的态势。这种教研模式能有效缓解教学矛盾，降低培训成本，提高培训的针对性和实效性，是促进教师专业成长的重要手段，能让教师、教研组、幼儿园得到更好的发展。

（二）坚持以教师专业发展为目的

园本教研与幼儿园教师专业发展是相辅相成的。项目式园本教研打破固化的培训方式，坚持以教师专业发展为目的，在教研活动中进行了系列的改革与创新：第一，强调以全体教师为研究主体，以实际问题为研究对象，在提升教师专业技能的前提下，强调教师对通识性知识的学习，在拓宽教师视野的同时加强其文化底蕴；第二，教研管理者转变培训观念，能够清楚地意识到园本教研推动教师的专业发展，教师的专业发展反过来又能促进园本教研质量的提升，只有坚持以教师专业发展为目的，才能有效地提升教师教学科研、沟通合作、自我反思、自我学习和终身学习的能力；第三，建立园本教研的激励保障机制，具有创新性地开展各项教研活动，形成研究与培训一体化的园本教研模式，让园本教研成为幼儿园可持续发展的必由之路。

（三）坚持以"草根化教研"为主要形式

项目式园本教研的内容更多强调的是教研的实用与高效。首先，教研内容去除了"华丽"的外表，多数来自教师在专业发展中面临的实际问题，如课程实施中的主题活动开展、活动区材料的开发、环境创设、一日流程中的某一环节、家长沟通、幼儿发展等。教研项目的内容涉及师德师风建设、班主任工作、幼儿观察与评价、信息化技术提升、课程可持续发展等方面。其次，教研活动的形式有所调整，改变了"一人讲多人听"的局面，强调在每一个研究项目中，全体教师共同参与、互助合作、自我反思、专业引领等实践性行动研究，共同寻求最适宜的解决方案。最后，教研中关注教师个体的专业优势与特长，加强园本教研团队的建设，让每一位教师的潜能达到最大化发挥，创造不同的机会让教师站到讲台上自信地分享自己多年的经验与特长，使其成为教研活动的主持人与培训者，收获来自同伴的肯定以及在研讨中专业经验的分享，这些对于提升幼儿园教师的专业发展能力意义重大，能够使他们在专业上迅速地获得成长。

三、项目式园本教研中的新型教研方法体系

开展园本教研活动的本质是解决教师在教学中遇到的问题，并在活动中围绕问题开展研究。园本教研活动中对问题的深入研究，容易使活动呈现出学术与专业的严肃性及严谨性，使园本教研活动不能很好地吸引教师参与。园本教研活动应该既"有意义"，又"有意思"，让教师在项目式教研活动中既能感受专业的严谨，又能体验轻松与愉悦，激发教师参与教研的兴趣。在项目式园本教研模式建立的过程中，需要探索从园本教研的各个组成部分寻找突破口，特别是对园本教研方式进行深入研究，采用会场式教研、情境式教研、剧场式教研、故事式教研、茶馆式教研、辩论式教研、沙龙式教研等多种不同的项目式园本教研方式，并运用不同的方式有针对性地解决不同类

型的教研问题[1]（见图4-1）。

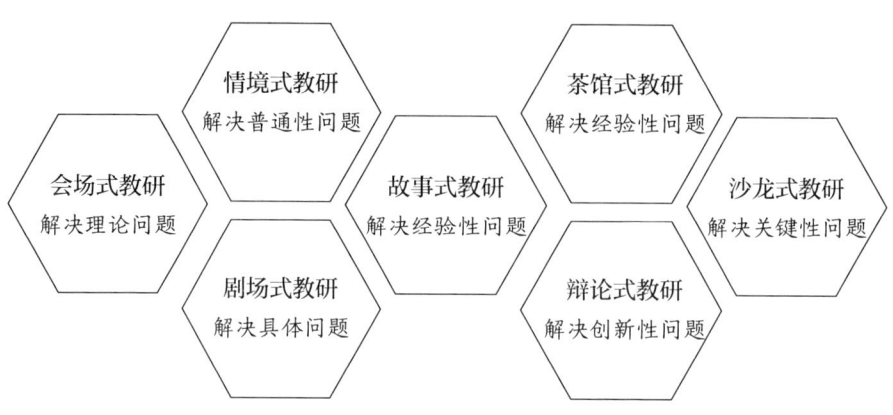

图4-1　不同的项目式园本教研方式

（一）会场式教研

在项目式园本教研要解决的系列问题中，有一部分是理论方面的问题。这些问题基本都需要教师借助于某方面的理论来解决，而对于教师的理论提升，需要外请专家或有一定理论背景的人进行引领。会场式教研就是针对这一方面的问题而产生的。

会场式教研如果依然按传统方式开展，就会降低教研活动对教师的吸引力，在开展会场式教研时，组织者应在请专家解析相关的理论或专业知识外，调查和分析教师群体的想法，找到教师群体对理论或专业知识的兴奋点，通过兴奋点开展专家－教师互动、现场答疑等活动，调动教师的学习热情，通过互动让当次活动的内容得到回顾与巩固，最重要的是教研活动不再是自上而下的理论讲述，突破了原来会议式教研的枯燥与单调，提高了教师的活动参与度，激发了教师学习理论的热情。

（二）情境式教研

对于教师在教学实践中遇到的普遍性问题，可以将园本教研活动放在真实的教学现场开展，这种浸泡在现场情境中的教研活动，会使教师因身临其境而较快地进入问题的核心，也容易在这种熟悉的现场中打开心扉。随着教

---

[1] 邱丞骏，何红漫.项目式园本教研的探索与创新［J］.新班主任，2021（14）：15-16.

研活动的推进，教师在真实情境中联想自己曾经的教学经历，回顾自己过往所积累的问题解决经验与方法。这样很容易让教师在真实的情境中反思、总结并输出自己的一些优质方法，引发他们在教研活动的研讨中表达的愿望，这种愿望会让教研活动现场呈现出畅所欲言的状态，同时在教师群体的发言中众筹出许多问题的解决方法。情境式教研通过现场汇集和提升，形成更科学、更高层次的新教学方法，有效地提升了园内教师的教学水平。

（三）剧场式教研

情境式教研可以解决一线教学的具体问题，但是很多幼儿园教学现场出现问题的情境，在教师的教育或教学过程中是转瞬即逝的，而且这种教学问题是无法在真实的教学现场中进行模拟或复制的。对于这些教师无法通过自身突破的问题，以及对教师成长、课程提升或教学开展有一定阻碍性的问题，在项目式园本教研中，可以利用剧场"重现生活，再现生活"这一特点，将这些典型事件或重点问题重现于教师眼前，在复现中运用戏剧手段，更聚焦并凸显问题中心或事件核心，让参与教研的教师从当时的场景中得到更强的冲击，并在观看过程中更深刻地了解当时的情况，激发其解决问题的意愿。剧场式教研所呈现的问题更多的是教育和教学中出现的问题，而且基于实践层面，这样的问题通过剧场式教研来解决，效果更佳。剧场式教研能很好地帮助教师进入情境，主动参与，并形成问题解决的方案，达成新的共识，提升教师群体的教育和教学实践能力。

（四）故事式教研

园本教研的本质是解决问题，但其根本目的是在解决问题的过程中让教师积累经验，提升专业素养。在开展园本教研的过程中，不同的教师会基于个人的学习能力、理解速度、特长等形成不同的经验。这些在教研活动中产生并积累的不同类型的经验再次输出，并被运用于教学实践之中或被其他教师借鉴，可以更多、更好地解决教学中的问题，也使教研活动真正成为教师成长的平台。以经验输出为内容的教研是项目式园本教研涉及的主题之一。在开展这类园本教研活动时，故事式教研成为最佳选择。在故事式教研活动中，以问题为核心而形成的教师经验类故事，通过园本教研平台得以输出，教师在倾听彼此的故事中，捕捉自己需要的信息、收获他人的经验，在轻松的教研氛围中更好地与其他参与者形成共鸣，实现优质经验共生共享。

（五）茶馆式教研

在项目式园本教研的开展过程中，不是每一个问题都是所有教师需要解决的主体问题，也不是每一位教师当前最紧要的需求都能得到满足。虽然项目式园本教研的主题是通过民主调研产生的，但这一主题只是相对具有普遍性。这样，在园本教研活动中势必会有个别教师的问题被边缘化，虽然只是个别问题被忽略，但它的存在会成为教育和教学顺利前行的障碍。这些问题也需要通过教研活动来帮助解决。为此，茶馆式教研在项目式园本教研的建构过程中就应运而生了。在采用这种方式的教研活动中，不需要设定教研活动的中心话题，但需要在一个大的教育和教学范畴中确定交流内容，因为只有在一定的范围内开展交流，才能确保教研活动成为专业交流平台。在活动的开展过程中，参与教研活动的教师自助组合，聊一聊自己在这一范畴内的困惑与问题，相互交流经验与对策，在和谐、宽松与愉悦的氛围中互助解决个人问题。在开展茶馆式教研时，因为这一教研形式相对松散，所以需要有一个专业程度较高的主持人，在现场进行观察与引导，以免教研活动中的教师间谈话偏离活动范围。在开展茶馆式教研活动时，主持人一般由教研员、年级长、学科带头人承担，以保证活动主线的不偏离，确保教研活动目的的达成。

（六）辩论式教研

在幼儿园教师对事物或理念的认知中，并不是所有教师都能形成统一的认识。每位教师在教育和教学生涯中形成自己正确而独特的观点是非常有必要的，这样不同的教师可以形成自己不一样的风格，探索出多样化的教学形式，让园本课程在不同的班级、不同的教师身上呈现出百花齐放的样态。

但在有的教育观、儿童观、课程观等理念的认知过程中，幼儿园园长、教师需要保持正确而严谨的理念，才能使教师的行为与政策及上级行政部门提出的要求保持一致，符合国家要求的教师行为标准。教师团队在某些需要达成统一理念的方面有分歧时，需要通过园本教研去解决这些问题。辩论式教研经过探索与不断实践，在项目式园本教研模式中逐渐出现并达到成熟。正如俗话所说，"真理越辩越明"。教师参加辩论式教研，在活动前为了在辩论中战胜对方,需要提前储备多方面的知识与能力,通过这一过程,教师的各方面知识得以完善,他们的知识结构也更加完备。而通过辩论中的唇枪舌剑,教师的思辨能力与应变能力都有所加强与提升。辩论式教研活动提供了教师们学会分析问题、提高辨别能力、明晰理念与理论的平台,为他们后面的有效实践与行动奠定了基础。

(七) 沙龙式教研

"沙龙"这一方式产生于 17 世纪的巴黎,因为它给人无拘无束、平等自由的氛围,能使参加者广泛地拓展思维、各抒己见,所以它被广泛地运用到各个领域。在探索与完善项目式教研模式的过程中,我们通过借鉴沙龙这一活动方式,将之改变、优化,而形成基于"沙龙"又超越"沙龙"的沙龙式教研方式。

在进行沙龙式教研时,组织者会像采用其他教研方式一样提前将中心话题通过园内各类平台预告教师,并提出教师在教研活动前围绕中心话题所需要完成的任务及要求,如准备自由发言的稿子、自由发言时间等。教师提前准备以方便在教研活动中能在有限的时间里有备而来,高效准确、有理有据地表达自己对中心话题的感悟与思考或在这方面的反思与经验。提前发布任务,给出充裕时间让教师准备,能够帮助教师在教研活动现场因表述的想法成熟、方法恰当,围绕中心话题有条理地讲述,而用胸有成竹、畅所欲言的状态与气质来展示自我,从而提升自信心、专业能力及综合素质。

在沙龙式教研活动中,教师的发言顺序可以根据教师自己的心态来决定,因而每位发言教师的知识储备和心理储备都会处在最佳状态。这种有备而来、彰显自由个性的沙龙式教研,既能够营造出深入交流与探讨的氛围,也因成熟且有价值的互动使整个教研现场呈现出愿意交流、乐于展示的输出气氛,更呈现出一种静心倾听、自发吸收的输入状态,真正使教研活动成为教师专业发展的优质平台。

第二节 顶层设计助力教师完善知识体系

导图 4-2　顶层设计助力教师专业成长

以项目式教研为主体的幼儿园园本教研作为学龄前教育阶段改革的产物，在教师专业发展空间上有广阔的发展前景与值得探讨的丰富内容。幼儿园管理者作为教师专业规划的顶层设计人员，在构建本园"项目式园本教研"的过程中，应该通过对幼儿园的园本教研活动进行观察、记录，审视性地分析幼儿园教师专业发展的轨迹，从本质问题出发，探究园本教研在教师专业发展中所起到的促进作用。

一、顶层设计对教师专业成长的重要性

"顶层设计"源自系统工程学的概念，当下已经被运用到不同的领域中。这一概念强调的是一项工程的"整体理念"的具体化。本节中的"顶层设计"指的是，如果将幼儿园教师的专业成长比喻成一项大的整体工程，那么园本教研将是整体工程中的核心工程。幼儿园领导以及教学管理人员在对此工程进行"顶层设计"时，一定要从全局视角出发，牢牢把握好"园本课程"的核心教育理念，高屋建瓴、系统思考，整体规划好具体、可行的教师培训方案。从目的、内容、方法上解决好"培养什么样的教师""用什么培训教师"和"怎样培训教师"的问题，培训体系中包含教师专业发展终极目标、各层级教师培训时间轴、阶段性教师培训内容、园本教研实施路径等。

在实施顶层设计的过程中，所有的教学管理人员需要理念一致、功能协

调、结构统一、资源共享,各项目培训的负责人需要遵循顶层设计的要求,细化每一个培训项目的过程,设计出具体、周密、行之有效的培训方案,使所有受训教师的专业能力得到稳步提升。

二、园本教研中教师专业能力分层标准

教师的职业非常神圣,经常被形容为"出淤泥而不染,濯清涟而不妖"。如果将教师的专业成长过程比喻成莲子的生长过程,那么它需要经历莲子发芽、长出莲叶、开出莲花、抽出莲蓬及结出莲子五个阶段,教师在自身的专业发展过程中也需要经历这五个阶段(见图4-2),无一遗漏,缺一不可。

教师在每一个成长阶段都有不同的困难与障碍,有不同的发展目标和要求,也面临着不同的专业挑战。在幼儿园教师团队中,因工作年限、教龄长短、实践经验、文化水平各不相同,在交互式工作中教师们表现出不一样的专业特征,从而出现了不同层级的园本教研项目内容[1]。

(一)莲子发芽——新手适应期

此层级的教师一般是指刚由学生转换为教师身份的新手教师,他们处于专业发展的困难期。这些教师的实践工作经验几乎为零,当他们的身份转换后,其专业能力仅停留在学校所学的幼儿教育理论层面,对幼儿园各方面的情况了解甚少,在幼儿园的实际工作中会出现各种各样的困难,例如:缺乏带班过程中跟工作密切相关的专业知识,经验和技能掌握不多,不能灵活运用在学校里所学的教育和教学专业知识,对教师这个职业角色的要求和规范认知不够,不能保质保量地完成幼儿园常规教学工作,不知如何应对家长工作,以及面对陌生的职业和工作环境,容易产生心理上的各种不适应和压力等。

对于这一层级的教师,项目式园本教研通常会采取"师徒制"的方式开展新手教师培训,这种方式其实是一种新手教师学技术的过程。"师徒制"是一种常见的教师教育模式,是指"采用新手教师与资深教师合作的形式,使

---

[1] 王微丽,霍力岩. 支架儿童的主动学习——经历 经验 经典[M]. 北京:北京师范大学出版社,2016:15.

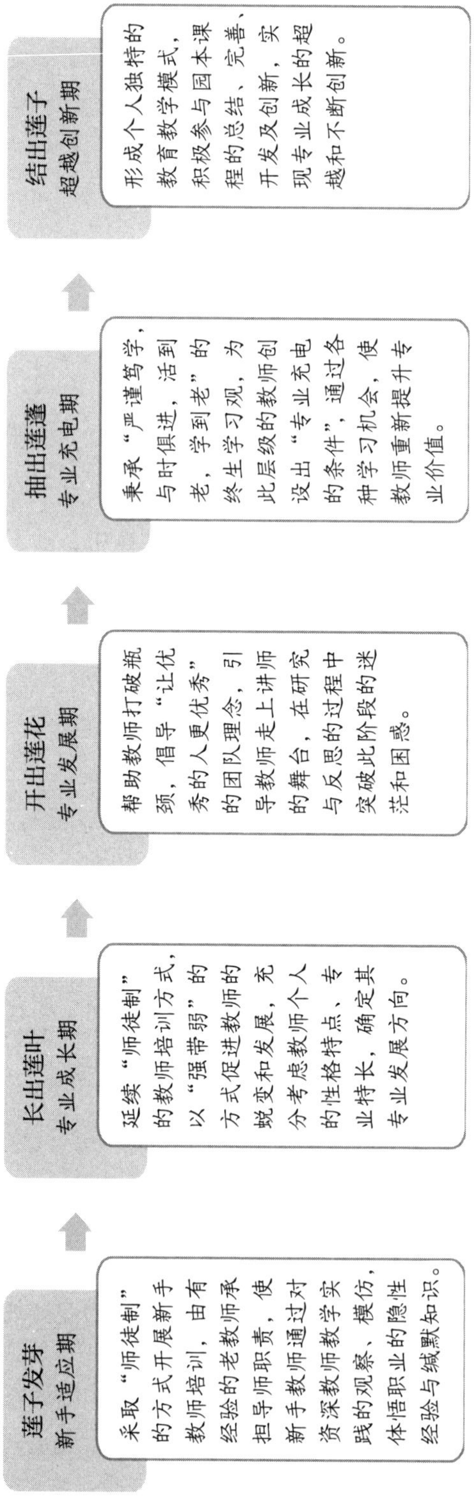

莲子发芽 新手适应期

采取"师徒制"的方式开展新手教师培训，由有经验的老教师承担导师职责，使新手教师通过对资深教师教学实践的观察、模仿，体悟职业的隐性经验与缄默知识。

长出莲叶 专业成长期

延续"师徒制"的教师培训方式，以"强带弱"的方式促进教师的蜕变和发展，充分考虑教师个人的性格特点，确定其专业发展方向。

开出莲花 专业发展期

帮助教师打破瓶颈，倡导"让优秀的人更优秀"的团队理念，引导教师走上讲师的舞台，在研究与反思的过程中突破此阶段的迷茫和困惑。

抽出莲蓬 专业充电期

秉承"严谨笃学，与时俱进，学到老"的终生学习观，为此层级的教师创设出"专业充电"的条件，通过各种学习机会，使教师重新提升专业价值。

结出莲子 超越创新期

形成个人独特的教育教学模式，积极参与园本课程的总结、完善、开发及创新，实现专业成长的超越和不断创新。

图 4-2 教师成长五阶段

新手教师通过对资深教师教学实践的观察、模仿和资深教师的具体指导，逐渐体悟职业的隐性经验与缄默知识，不断提升专业技能和智慧的一种新手教师培训方法[1]"。新手教师进班后与班级内经验丰富的教师结对，有经验的"老教师"担负起新手教师的导师的责任，在一日活动中跟踪观察新手教师的教学行为，从幼儿的年龄特点、带班技巧、活动设计、活动组织指导、活动反思等方面全方位地对新手教师进行指导，在手把手地传、帮、带的过程中全面提升新手教师的保教水平。

（二）长出莲叶——专业成长期

此层级的教师一般是指工作时间为 3~5 年的教师，此阶段的教师经过"老带新"的结对学习后，已经具备了基本的保育与教育专业能力，慢慢地由青涩变得成熟，在带班过程中能做到"轻车熟路"，也能在教学现场中驾驭自如。这一层级的教师随着专业知识的丰富、教学技能的提升，刚入职的压力和各种不适已经逐渐消失，在专业自信中形成了自己具有特色的教学风格和教学模式。

面对成长期的教师，项目式园本教研依然会延续"师徒制"的教师培训方式，通常会以"强带弱"的方式促进教师的蜕变和发展。管理者会充分考虑年轻教师的性格特点、专业特长，考虑对年轻教师进行某些更高级的专业素养的培养，确定其专业发展方向，有意识地根据年轻教师的特长与优势在园内找到相匹配的骨干教师，处于成长期的教师通过与经验丰富、方法得当的优秀教师、骨干教师结对，在合作中潜移默化地进行学习，逐步成为反思型、研究型教师。

（三）开出莲花——专业发展期

此层级的教师一般是指工作时间为 5~10 年的教师，这个层级的教师对幼儿园的课程体系有了比较全面的认识，对班级中的各项工作有了扎实的基本功，但是由于长年累月地面对固定的教学模式及一成不变的教育教学情境，这些教师在工作中进入了维持和定式状态，已经失去了对职业的热情与专业的探究，在专业发展的道路上进入了瓶颈期。

---

[1] 杨显彪. "师徒制"：新手教师专业成长的必经之路［J］. 中小学教师培训，2006（3）：13-14.

为了帮助此层级的教师打破瓶颈，让他们长期处于发展的状态，在项目式园本教研中，管理者倡导"让优秀的人更优秀"的团队理念，为这些教师打造平台，引导他们走上讲师的舞台，通过自身多年的课程理解、反思课程实施的经验，为年轻教师传道、授业和解惑。这种反思与研究并存的专业研讨过程不仅突破了此阶段教师专业发展的迷茫和困惑，还能够带领这支队伍打破瓶颈，朝着智慧型、研究型、专家型教师发展。

（四）抽出莲蓬——专业充电期

每一所幼儿园都会有一批工作经验丰富的老教师，这个层级的教师的教龄一般在10年以上，他们带班经验丰富、工作能力很强、具有较强的责任感与事业心。虽然这些教师具备较强的实战经验，但是因前期受教育水平的限制，面对信息发达的时代和行业之间的竞争，其有限的理论、通识性知识和陈旧的教学手段都不足以满足当今的教育需求。

"严谨笃学，与时俱进，活到老，学到老"是新世纪教师应有的终身学习观。项目式园本教研为此层级的教师创设出"专业充电"的条件，鼓励老教师积极参加专业继续教育，通过对现代信息技术、通识性知识和专家的专业讲座等不同内容的学习，提升自身的理论水平、科研水平、管理水平及教学实践能力，冲破旧理念的束缚，学会反思已有的教育理念和方法，学会自我超越，在超越中重新提升自身的专业价值。

（五）结出莲子——超越创新期

本层级的教师泛指教龄在15年以上的成熟型教师。这批教师具有资深的工作经历、较高的教学水平和较为扎实的理论功底，在工作中努力钻研、积极参与各项教学和科研任务，个人的专业发展表现出稳定的特征。

在项目式园本教研中，这批教师承担着将课程"落地—生根—发芽"的重大职责，在专业成长的道路上超越自我、不断创新。具体表现为：在课程实施中形成个人独特的教育和教学模式；积极参与园本课程总结，将自身的教育经验进行提炼并形成文字，从一个培训者的角度推广课程，传递自己多年的优秀经验。此外，此层级的教师还会结合自身特点和教育发展的要求，参与园本课程的完善、开发及创新，努力让自己成为行业的领军人物。

三、园本教研中教师知识体系完善路径

目前的新教育导向提倡用科学的方法启迪和开发幼儿的智力，培养幼儿健康的体质、良好的生活习惯与较强烈的求知欲望。这就意味着新时期对幼儿园教师的素质提出了更高的要求，幼儿园教师除了应树立了解幼儿、尊重和信任幼儿、关心和激励幼儿的素质教育观念外，更重要的一点是必须具备多元、合理的知识结构，要有更为前瞻的创新素质与改革精神。

（一）幼儿园教师需具备的知识结构体系

教师的知识结构体系是否完善，严重影响和制约着教师知识水平的发挥和专业发展的步伐。在个人的专业成长过程中，随着知识的不断积累与沉淀，个人的专业素养才能得以提升。一般来说，幼儿园教师的知识结构体系由普通文化知识、幼儿教育学科知识、幼儿教育专业知识、幼儿教育技能知识和幼儿教育实践知识五方面构成。普通文化知识和幼儿教育专业知识是幼儿园教师的基础性必备知识，幼儿教育学科知识、幼儿教育技能知识和幼儿教育实践知识是幼儿园教师的标志性必备知识。

从教师的分级层面来看，不同专业发展阶段的教师的知识结构都有自身的优势与特殊性。以成熟型教师、发展型教师、新手型教师为例，成熟型教师的个人实践知识丰富，能够灵活自如地开展教学工作，但因毕业时间长，普通文化知识和幼儿教育专业知识陈旧落后，亟须尽快更新和完善人文学科知识以及前沿的专业理论知识。发展型教师的各类知识基本可以满足个人的专业发展需要，一般教学法知识和学科教学法知识基本够用，但需要与时俱进，随时更新和弥补个人的知识体系。新手型教师的幼儿教育实践知识是短板，亟须用各种方法尽快补足，他们虽然在学校里了解了不少前沿的教育和教学知识，但仍须不断积累普通文化知识和幼儿教育学科知识，满足学前教育高速发展的需要。

（二）园本教研有助于完善教师知识结构

园本教研中的教师知识结构完善可以分为三大板块。第一板块为有针对性的理论学习，即当发现实践中需要解决的问题时，教师寻找相关的理论加以学习，从理论中寻求答案。第二板块为教育和教学方法论的系统学习，即随着理论学习的逐步深入，在实践中发现教育和教学方法中的缺失，以专题

讲座、现场教研等多种形式实现学习的目标。第三板块为通识性知识的补充，即通过调查了解、查漏补缺，发现整个教师团队的共性问题，尊重教师的需求，确定不同阶段通识性学习的内容。三大板块的学习有助于教师完善自身的知识结构。

首先，将理论学习作为一个项目，做到理论学习与实践问题紧密结合。理论学习通常有两条路径：一条是为学理论而学理论；另一条是从理论到实践，再从实践到理论，即学习理论是为了解释实践、总结实践经验，从而进一步丰富、完善理论。项目式园本教研中的理论学习选择的是后一种学习方式，学习的理论专题从问题中来，在理论中寻求答案，将理论运用到实践工作中。

其次，将教育和教学方法论的系统学习作为一个项目。管理者通过教学现场发现教师在带班过程中出现的问题，精准地确定教师需要学习的内容，并设计出不同的学习方式，让教师在园本教研活动中围绕不同的主题进行学习，帮助教师提升教育和教学能力，这种学习有利于提高幼儿园教研活动的质量。

最后，通识性知识的补充也可作为一个项目式教研活动的内容来开展。教师的知识学习和幼儿一样，以直接感知和亲身体验为主。通识性知识涉及的领域多，知识面广，因此，教师在学习的过程中应该多看、多听、多说、多做、多思、多写。所谓"看"，是指多阅读人文科学或哲学类书籍，多观察实践中的现象，同时将阅读、观察与思考结合起来，思考"我从书中学到了什么方法""这种知识适合运用到工作中的哪一个方面，能解决什么问题"。所谓"听"，是指多听名家论坛，多为自己积累通识类知识经验。所谓"说"，是指同事、朋友间多进行跨领域交流与学习，如在教师中开设"文化大讲堂"，通过同伴间的互相分享了解古今中外的传奇、传统文化、地域风情等。"做"与"写"则是将思考与实践相联系，尝试将自己的所思所想写出来（比如写读书笔记、活动感言），这个过程是教研主体不断开展批判性反思，并在反思中不断提高和丰富自身的通识性知识经验，不断推动自己的专业成长的过程。

第三节 问题导向推动教师打破传统思维

既然园本教研的重点在于解决教师在日常工作中面临的困难与专业成长中遇到的真问题,那么"以问题为导向"的园本教研如何帮助教师打破传统思维,建构完整的知识结构呢?

导图 4–3 问题式园本教研的作用

园本教研的重点在于解决教师在日常工作中面临的困难与专业成长中遇到的真问题,那么针对这些来自教师自身的教学现场、专业技能、知识结构等诸多问题,就需要将这些切切实实的问题作为一个个专项进行研究,以"问题为导向"开展项目式园本研讨活动,在问题的引领下与教师共同探寻,找到解决的方法,让教师打破传统思维,使教师在知识结构、教研反思能力、自我学习能力方面得以提升。

一、问题导向的基本概念及典型特征

简而言之,"问题导向"就是以解决问题为方向。问题解决的过程是一个开放的、螺旋式上升的学习发展过程。

"问题导向"的教研模式具备以下典型特征:第一,管理者提倡在每一次学习研讨中,教师能够主动提出问题;第二,在每一次教研活动前,教师需要事先针对问题做好充分的准备,围绕教研主题广泛地查阅资料;第三,在教育活动中,所有教师带着自身的思考走进园本教研现场,与同事共同分享和交流,在思维碰撞的过程中获得新的经验。通俗地讲,这样的学习模式以发现新问题作为新一轮学习的开始,在问题连续体中形成一个良性循环,不仅注重教师的主动发展意识的养成,还突出问题驱动、研训一体和可持续性特征。

二、问题导向中知识结构的建构路径

"学而不思则罔，教而不研则浅"，所谓问题的发现，往往是科学研究的起点，是推动实践发展的契机。当在实际工作中发现因自身知识结构中的不足而导致无法解决教学中的各种难题时，教师应该以一种积极的应对状态，将所有的问题进行归纳、梳理，还应该以一种辩证的思维方式，分析产生问题的主客观原因，积极探寻解决问题的方法。因此，在教研活动中需强化"问题意识"，鼓励教师将问题作为导向，以"问题连续体"的形式开展基于问题的专项学习研讨活动，在问题式研讨中促使教师吸收不同领域的知识，同时获得自身知识结构的完善与提升。

（一）在理论知识学习中提升教研效能

丰富和完善幼儿园教师的教学技能及理论知识对于全面发展教师的职业技能有良好的促进作用。教师的职业发展应基于教师对内在自我主动发展的意识，即对教育本身的热爱，在热爱的基础上诞生教育理性与教育信念。所以，促进教师内在的问题意识、解决问题的能力、创造性思维能力是提高教师教学素养与教育质量的关键。

对于教师的教学理论知识的发展，要提倡教师自主学习、自主教研、自我完善、自我发展。作为教育工作者，教师要发挥自觉主动性。幼儿园要为教师创造相对宽松的学习氛围，把教研工作融入教师的繁忙工作流程之内，不添加额外的工作负担对教师的时间节约与精神释放是一种鼓励。法国哲学家萨特在谈人的成长时提到，个人的学习往往依赖内在动力的驱使，这一点提醒我们，教师要根据自身的实际情况在自主教研的道路上找到自我诉求的出发点，有目的、有动力地进行教研。另外，要提倡群体性学习，人是社会性动物，对于群体有从众性的趋向。教师需要转变"沉默的工作模式"，转向相互交流、对话，在团体中教研，在团体中碰撞思想的火花、激荡深邃的思想，相互影响、相互碰撞，这在启迪人的新知和新见方面有出奇的效果。如，针对具体的教研工作，可以由教研组长带头成立与各自从事的工作密切相关的艺术组、后勤组等小团体，以周期性的群组模式创设奖励机制，共学、共读、共勉。

（二）在项目研究中激发学习潜能

幼儿园教师的教研能力是决定具体的教学工作实践水平与办学质量的关键，教学、教研与自我学习潜能作为具体的素养，与科学教研的能力密不可分，拥有良好的教研能力是教师保持高水平持续专业发展的基础。在教研过程中，教师会对以往的整个教学过程进行审视，产生独立的见解与观点，这种具有批判性的、持续性的、独立性的观点与见解，恰恰是构建教师的学习和发展所必需的发现问题、解决问题的重要前提。所以讨论问题、探究问题的教研过程能够使教师产生一种基于"学者心态"的思维习惯，而成为一个教学研究者能够在整体上提升幼儿园教师的研究能力。

英国著名课程理论专家斯腾豪斯曾指出，教师的发展决定着教育的客观发展水平，而教师的发展在很大程度上依赖研究能力的提升。提升研究能力首先需要促使教师认识到研究的重要性。作为激发幼儿园教师教学研究与教学学习潜能的具体措施，可以在教师进行教研时使其首先发现自己感兴趣的问题，其次是注意多记录。记录的内容包括：幼儿的反应、自我突发的灵感、学习到的理念知识。然后教师在此基础上进入分析、梳理笔记阶段，分析教学活动中问题频出的原因，找到直击根源的解决方法，运用研究式的教研方式激发幼儿园教师群体的研究动力与潜力。

（三）在自主教研中促进自身发展

"自主"是"被动"的反义词，"自主学习"就是改变以往的教师"被动"接受学习、"被动"接收信息的弊端，激发他们的内在驱动力，适应新时代学习的新理念。在这个过程中，教师通过自我意识的觉醒，唤起主体意识，有效地调动自信心与客观地审视自己在教学实践过程中的教育行为。在相关的幼儿园教师专业发展理论的引导下，教师应树立自信的教研态度，利用园本教研中的展示机会，在自主教研、自主发展之路上扬长避短，正视自身的问题与不足，提升自己的专业自主发展理念。

此外，教师应通过主动学习提高专业自主发展能力。幼儿园教师在自主发展、自主教研的过程中可能会产生态度懈怠、没有内在目标的驱动等现实问题，重要的是贵在坚持，只有在坚持中审慎地进行自我反思、自我总结，在积累实际教学经验的过程中保持独立思考、独立探索的良好习惯，才能在园本教研的道路上走得更远。同时，要注重与其他教师的经验分享与交流，形成良好的同伴学习氛围，这些对教师的学习也有助益。

（四）多元的园本教研有助于创新思维

幼儿园是幼儿教育的主场地，同时是园本教研的主场地。在进行相关的园本教研时，要充分考虑教师的个性与差异性问题。每位教师的特长、兴趣、爱好是有区别的，幼儿园教研管理者需要在尊重教师个性差异的基础上，彻底摆脱固定模式的束缚，促进教学研究氛围的营造。在多元化教研模式的探索之上，可以将其作为主体教研模式的一种辅助模式，发挥不同模式的教研优势。例如，通过问题式教研、学习型教研、网络教研及伙伴式教研来达到解决实际问题的目的。针对上文所提及的多元化教研模式类型，下文是相对应的教研模式优缺点的简述，可供研究者参考。

1. 问题式教研

这是一种以"问题"引发的教研形式，主要由教学负责人根据教师在班级授课中的问题，遵循实践型研究的程序和范式，以"是什么""为什么""怎么办"这种发现和解决问题的研究路径对该问题展开研究，提出解决问题的意见，在真实的环境中发现教师团队的共性问题，倡导教师共同思考并寻求解决方法。这种教研活动也可称为教育实践"智慧研究"，能够促进教师的迅速成长。

2. 学习型教研

这种教研形式以补充专业理论知识及通识性知识为主。通过邀请专家或学者进行专业知识讲座，提升教师的专业理论知识水平；通过一些专业外书籍的阅读、人文素养方面的培训，增强教师的通识性知识，让教师成为真正意义上的"文化人"和"专业人"。

3. 网络教研

网络教研以网络的方式开展，这种教研打破了地域、时间与互动模式在现实世界中的限制，根据教师喜欢在网络上浏览相关的学习、娱乐信息这一特点，通过网络教研的方式更好地实现了知识共享、同行互动、经验交流。例如，让教师书写相关的教学日志，关注同事的朋友圈、视频圈，在发帖、回帖中相互学习。

4.伙伴式教研

由于幼儿园教师的工作环境相对单纯,所以我们提倡教师根据教学需要及自身专业发展的意向,以年级组、教研组、学科组、主题组等形式自主组成合作型团队,团队成员针对某一问题共同研究、相互借鉴、取长补短。这种教研活动模式能够有效地促进课程改革中教师团队的凝聚力,促进团队在课改道路上的整体前行。

总而言之,多元化教研模式的创建,能够加强教师之间的对话、协作、互助,有利于园本教研的持续开展与深入,更有利于教师的专业发展。

第四节 角色更新促进教师专业多元发展

古人云"授人以鱼,不如授人以渔",园本教研也应该基于这样的理念。在园本教研活动中,合理、科学的教师角色定位能够在很大程度上调动教师参与教研的积极性。

作为幼儿园管理者,如何改善陈旧的教研活动管理模式,为教师搭建多层次教研平台,为其多提供展示自我的机会,增加教师参与教研活动设计、主持的频率,这些举措不仅能激发教师专业成长的内在需求,还有利于教师专业多元发展。

导图4-4 园本教研中教师角色的定位

一、园本教研中教师角色的定位

传统意义上所指的"研究"被认为是教授、学者或专家的工作,教师只需要被动地接受已有的现成知识,不必要也没有能力做专业研究,只需要按部就班地带好班、上好课即可,但是长此以往就会造成研究与实践之间的脱节，造成传统的理论脱离教学现场的现象，只剩下高深的、教师无法接受的专业研究术语，这种现象不能被教师接受，从而造成培训效果不佳。前些年，著名教育专家朱永新在《基础教育改革的十大趋势》中指出："新的教育具有科学化、人文化、综合化的趋势。"这一理念对教师的专业素养提出了更高的要求，在幼儿园的课程建设中，应该形成教育和科研一体化的局面，教师即教育实践的执行者，应该承担一部分园本课程的研究任务。幼儿园教师不仅需要实践工作能力，还需要一定的专业探究精神。

教研组织者在园本教研活动中角色意识的改变，是改变传统园本教研活动"自上而下""一堂言"等不足的关键因素。在转变过程中，首先要从项目式园本教研组织架构中的组成人员开始，让他们从传统园本教研活动中的管理者和组织者，转变为园本教研活动中教师的引导者、合作者与支持者。他们通过发现、调研、聚焦教师队伍中的核心问题，寻找、设计适合教师且教师喜欢的教研方式，通过教研过程中的引领与合作，支架教师在项目式园本教研系列活动中的专业成长。其次要转变活动中教师的角色意识，通过各种讲解和宣传让教师真正地理解教研平台是他们专业成长的平台，这个平台的建设并不只是管理者的责任，也是每一个参与活动的教师的责任。平台的适宜性直接影响教师参与活动的兴趣，只有主动地加入平台建设过程，积极地参与平台活动，才能在园本教研活动中实现真正的发展与提升。教研组织者要通过解释、宣传吸引教师参与园本教研活动的设计、组织，让园本教研活动更符合当代教师的特点，从而有效地激发教师参与园本教研活动的兴趣，提高活动的有效性。

（一）组织者（教研人员）的角色转变

在园本教研活动中，最基本和最常态化的组成人员主要是组织策划者与参与者。在建构新的园本教研方式（项目式园本教研）的过程中，人员在教研活动中的不同角色定位有所改变，不同人员在园本教研中的角色意识也有所改变。在组织者的角色转变中，原来园本教研中的组织者从管理者逐渐转变为园本教研开展不同阶段中的引导者、支持者与指导者。

1. 准备阶段的引导者

传统的园本教研活动具有很大的随意性——目标随意、内容随意、结果随意，长此以往，幼儿园内开展的教研活动缺乏系统性及有效的针对性。科学利用园本教研这一教师专业成长平台，引导教师找出目前的核心问题，确定教研项目，引导教研组制定教研目标与教研计划，通过项目式教研帮助教师解决他们遇到的实际问题，引导他们找到解决问题的对策，都需要在开展园本教研活动前进行适宜的引导。在准备阶段承担引导者这一角色的主要是课程中心的组成人员。课程中心进行的这种引导不是单向决策，不是自上而下的决定，而是引导教研组成员发现近期教学现场中难以解决的问题，引导教师开展问卷调查来发现课程推进中出现的瓶颈问题，引导教师申报自身亟须解决的问题。课程中心在综合、分析与评估多种途径汇集的问题，聚焦当前教师亟须解决的问题及当前阻碍课程顺利开展的核心问题后，需要引导教研组成员确定项目式园本教研的主题，并制定出项目式园本教研的活动目标，协同教研组一起商议园本教研项目的预设网络及开展计划，以及过程中各子活动的目标与内容。

2. 开展过程的支持者

项目式园本教研活动的开展具有稳定性与灵活性。稳定性是指活动预设适合教师的发展方向，完全符合教师的发展需要，这时的活动按照预设的计划向前发展。但若是活动在开展的过程中出现了不适宜性，或教师有新的迫切需要，这时就要对活动进行一定的灵活调整。在调整活动时，并不是盲目地调整教研活动内容，要根据当次活动中的问题、当前的相关数据进行分析与评价。而这些评价需要通过科学的分析来获得，这些相关的活动都需要课程中心作为实施活动的支持者开展相关的工作，运用一定的理论和严谨的教育评价方式来进行科学诊断，形成较为准确的发展数据，以支持后续活动的开展。

开展过程中的支持还表现在教研活动的另外两个方面。第一个方面，推进项目式园本教研过程的具体负责者是组织架构中的教研组成员及特长组教师，虽然在推进项目式教研的过程中，教研组成员并不是教研活动的组织者，也不是活动的观察与分析者，但他们是项目推进过程中的支持者，是具体负责组成员的支持者。第二个方面，教研组成员在活动开展中为教师提供的是教研互动活动平台，在这种互动中，教研组成员能够为教师创造更多的展现机会，让教师站到教研活动的前台，他们则退到活动的幕后，成为教师活动的支持者。在开展某些主题相对松散的子项目教研活动时，要为教师提供一种自由式的教研平台，这时教师们研讨的问题会因内容相对宽泛而需要专业程度高的组织者，课程中心的人员一定要在活动中进行全程支持，随时了解活动动态，维持活动主题的稳定性。

3. 反思提升的指导者

每次的园本教研都会形成解决问题的方法和对策，这些方法和对策只有被运用到教学现场中，用实践去检阅其有效性，教研活动的开展才有实际意义。这些活动后的成果需要教师到实践中运用并检验。教师有没有到实践中运用教研结果，运用的效果怎么样，需要教研组织者在教研活动后进入教学现场去观察、指导，甚至督促。同时，在每次教研活动开展后，教师都需要针对教研活动的参与情况写出自己的感悟与反思，这些感悟与反思是教师对问题解决程度的真实反映。教研组织者需要通过对这些文字资料进行了解，发现解决不够彻底的问题，并在后续的教学中进行相应的指导，帮助教师更好地在实践中突破问题。

转变"项目式"园本教研活动中的组织者角色时，虽然对不同阶段的组织者角色有一定的定位，但这三种角色并不是完全单一地存在于某一阶段中，它们在每个阶段有主体角色的存在，也会兼顾其他角色。例如，组织者的角色以支持者为主，但他们也是活动中的合作者，角色的共同存在能够使教研活动取得更好的效果。

（二）参与者（教师）的角色转变

如果从"以人为本"来看教研活动，那么"本"应该是参与者（教师），因而应该清楚地认识到教研活动的主体是教师。园本教研活动的角色转变，并不局限在管理与组织层面，还需要更多地从参与者（教师）这一角度进行改变。要把园本教研的平台还给教师，鼓励教师参与园本教研的决策、组织，让活动更符合他们的需要。

1. 活动前的建议者

在一般的教研活动中，当考虑教师的参与度时，我们会看重活动过程中的参与，而在项目式教研活动中，活动前在项目的设计过程中就要考虑到教师的参与。教研活动的内容源于教师的真正需要,教研活动的方式是教师最喜欢的方式,是促进教研活动真正发挥最大作用的因素,而这些能提高教师在活动中参与兴趣的因素,并不是单靠组织者的决策就能够实现的。从教师的角度去发现与挖掘这些问题的答案,是促进教研活动有效开展的根本之道。在项目式教研活动项目的建立过程中,经过不断探索,从转变教师在教研活动中的角色定位着手,建立教师在教研活动中的主人翁意识,鼓励教师从教研项目主题确定、内容制定、方法选择等方面,都积极地通过各种渠道提出自己的建议和意见。组织者在尊重教师的建议和意见与做出选择中调整和优化园本教研项目的各个因素,使园本教研真正成为组织者与教师共同策划的专业活动,成为教师学习与成长的专业平台。

2. 活动中的合作者

传统教研活动中存在的弊端之一是"教师主体的缺乏"。造成这一问题的原因有:园本教研活动长期是自上而下的,活动内容不是教师真正需要的,教师无法真正参与活动并被活动内容吸引。还有一个重要原因是教研活动中教师的角色定位不明确,很多时候管理者只是为了完成预设的教研活动内容,将教师看成教研活动中的参与者及接受者,在这种被动的、灌输式的活动中,教师根本无法融入教研活动。

园本教研平台是教师成长的专业平台,教师是平台的真正主体。打破平台的"教学模式",形成一种"互动式""合作式"教研平台,则可改变教师在园本教研活动中的角色定位,将他们从原来的参与接受者转变为合作创新者。在项目式园本教研活动的新模式建构中,需要深入思考和研究如何将教师转变为活动的合作者,在突破教研活动内容的适宜性这一方面之外,重点需要进行教研活动开展方式的探索,通过丰富的园本教研活动形式,增加教研方式的趣味性与新颖性,激发教师的参与主动性。通过创建形式中不同环节的互动、合作环节,教师成为教研活动中问题解决方法的思考者、提供者以及决定者,真正成为教研活动过程中的合作者,这提升了教师在教研活动中的主人翁意识,让他们更加珍惜教研活动这一成长平台。

3. 活动后的检验者

项目式园本教研活动是由数个子园本教研活动组成的教研活动体,也是基于不同的独立问题组织的问题连续体。在一个项目式教研活动中，每一个子教研活动中的问题都与前后活动中的问题有一定的联系，这种联系使教研活动中的后一个问题的探索需要建立在前一个问题得到解决的基础上。而在教研活动中，组织者与教师共同合作研讨，会形成当次问题的解决答案，它也是实践问题的突破方案。在这些教研活动中达成的共识，在教研的活动现场只是停留在理念层面，是否能真正解决实践中的问题，还需要将方案运用到教学现场，在教学的真实情境中解决问题并进行检验。

教师在园本教研的延续活动中就承担了活动后的检验者这一角色。在园本教研活动中形成的共识需要教师在教学现场中加以运用，更需要教师通过教学现场中的运用来检验，这些方案的优劣以及问题突破的程度都是教师在检验时需要思考的方面，教师通过检验后的反馈信息与数据都是项目式教研后续开展与调整的依据。同时将教师转变为教研活动后的检验者，也是通过教研现场与教学现场的连接，让教师实现学习理论与实践的有效结合，促进他们的专业知识、专业能力共同提升。

二、园本教研中教师的多重身份

在项目式园本教研的过程中，管理者认为，幼儿园教师每天都生活在教育和教学一线，每天都面临专业发展中的各种需求与困难，能够提出研究中的各种问题。只有鼓励教师形成自己的专业足迹，用自己能理解的专业知识改进教学，才能建构出适宜幼儿成长、教师专业发展的良性工作生态环境。基于此原因，管理者提出了让教师成为幸福的实践者与研究者的思考。

（一）让教师成为园本教研的发起人

幼儿园开展教研活动的目的是让每一位参与者都能通过集体学习与深度反思，实现专业发展。在园本教研活动中，经常会出现一种尴尬的局面：当执教者在培训完毕后对教师提出问题时，整个活动现场陷入一片茫然、寂静，教师在回答问题时要么文不对题，要么就表现出慌张和不知所措……

面对这种尴尬的局面，管理者应该摒弃跟着一个核心人物沿着一个思路前进的模式，尝试调换主持人的角色，鼓励所有教师由一个学习者变成活动的主持人，大家围绕一个明确的研究问题，自发推出多个引领性人物。在这种模式中，教师随着角色的变化在专业成长中又迎来了一次专业挑战。

- 活动的策划者。作为一名发起人，应该对所负责的教研活动做出一系列思考，针对活动主题做一个缜密、周全的活动方案。
- 现场气氛的调节者。作为一名发起人，应该对活动现场的气氛和内容进行及时调控，同时需要有控场意识，在确保活动现场有序的前提下，及时调节好教师的情绪，保证研究场面的有序及高效。
- 研究问题的聚焦者。发起人在园本教研的过程中，应该具有因势利导、机智对待的生成性智慧，对教师们现场提出的问题要有意识地收集、归纳和分类整理，聚焦教师最为关注的问题，及时进行点拨和指导，保证本次教研主题明确、重点突出、生成新问题。主持人同时成了问题解决策略及新问题的生成者，在提升自身专业技能的同时为园本教研做出了一份贡献。

（二）让教师成为园本教研的合作者

教育专家张丽萍以"个体唤醒"为园本教研活动研究的切入点，提倡园本教研的"思想对话"与"知识共享"，注重"心灵体验"。项目式园本教研提倡让每位教师都在互动合作中成长，要求教师之间加强合作，提升团队的整体研讨意识，在团结协作中共同提高。教研活动中应该经常举行主题式专业论坛及项目式专题研讨，通过集体备课、教学观摩、教学研究、案例分析、现场诊断、专题分享、教研沙龙、讲述教育故事、读书分享等形式，加强教师间的教学切磋，加强教师间的交流与合作，这样不仅可以使教师的教学实践经验不断完善，还可以使教学资源得到有效利用，既促进教师的团队意识有所提升，又促使教师的专业能力迅速提高。

（三）让教师成为园本教研的学习者与反思者

在项目式园本教研中，教师们共同在理论与实践碰撞中解决问题、总结经验、建立理论体系、形成反复且循环的生态化研究与实践过程。教师要适应这一新过程，在园本教研中成为主动的学习者和反思者，在研究过程中虚心学习和实事求是。例如：在现场教学活动的观摩教研活动中，作为一名观摩者，应该用专业的眼光观察现场教师的行为与活动质量，科学地考量教学目标达成与否，同时实事求是地向执教教师反馈个人的意见和建议。作为一名执教者，应该虚心听取同事对教学的不同建议与意见，积极采纳同事的建议，在同伴的帮助下深入交流、研究、探讨，在积极的反思中调整教育策略，积累教学经验，从而提升自己的专业素养。

因此，只有在园本教研中敢于创新，勇于打破陈旧的教研观念，才能真正实现园本教研立足于园本实际、从实践中发起、在实践中提升的目标。这种新型的园本教研模式能够构建出与教研机制、管理体系、教研活动相符合的园本教研整体内容体系，最终实现教师在教育实践与理论设计之间的互相助益，从根本上实现教师专业能力的提升。

实践篇

第五章　项目式园本教研各类型案例

第六章　项目式园本教研完整型案例

第七章　项目式园本教研课程阶段案例

第五章
项目式园本教研各类型案例

单次教研活动是达成单次教研活动目标、完成单次教研活动内容的重要载体。在项目式教研中,教研活动的内容是由各类问题构成的。这些问题有的是教师在理论层面遇到的,有的则可能是教师在实践层面遇到的。不同类型的问题需要不同形式的教研方式来支持活动有效地开展。在多年的园本教研活动中,我们发现用严谨的活动方式来研讨基于理论方面的问题能使教研达到更好的效果,而用轻松一点的活动方式来研讨基于实践方面的问题更能达成教研的目的。

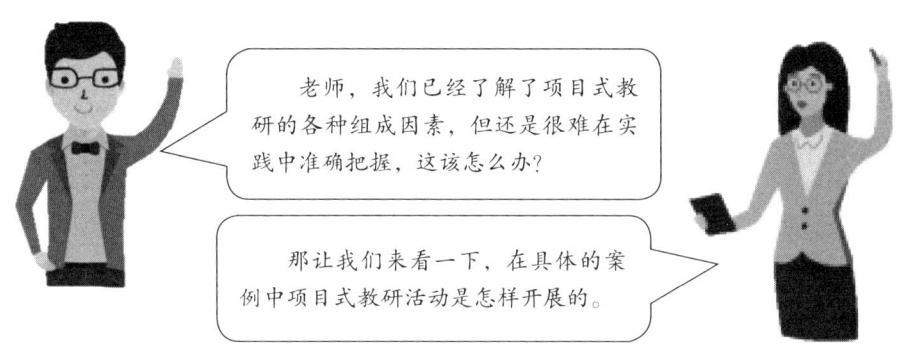

导图 5-1　明确教研的困惑

通过多年经验的积累,深圳市莲花二村幼儿园形成了项目式教研活动方法体系,该体系涵盖会场式教研、情境式教研、剧场式教研、故事式教研、茶馆式教研、辩论式教研、沙龙式教研等多种类型的教研方式。这些方式的由来、特点等在本书的前面章节已有所阐述,在本章我们将通过呈现具体且经典的活动案例,揭示每一种教研方式的实施路径与组成部分,为读者在开展教研实践活动时提供启示。我们在项目式教研中探索与总结的每一种典型方式,既可以单独使用,也可以组合使用。方法是为目标和内容服务的,在选择方法时一定要基于教研目标和内容进行有目的的选择，促进教研活动效果最大化。

第一节　项目研究之会场式教研

随着现代社会的发展，传统的学习方式和学习方法已经无法满足当下教师的自我成长，无法适应教育大时代发展的要求。各种知识信息的获得非常容易，但是教师一味地简单复制并不能真正在专业领域得到高效的成长。如何正确地判断，如何融合应用，如何将纷繁复杂的信息和知识编入自己的内核存储，才是教师学习的根本。如今科技发展日新月异，信息技术的应用已经遍布我们生活中的每一个角落，QQ[1]、微信、淘宝、滴滴、共享单车、网络课堂等每一个新生事物的诞生，都改善了人们的生产和生活，改变了人们的思维方式。信息时代的到来，使我们跨越了时间和空间的维度，实现了很多曾经不可逾越的联结。那么我们教研的会场地点是否可以不再局限于会议室，会议时间是否可以不再局限于定时定点，参会人员是否可以不再受数量的约束？于是我们将会议室转移到线上，让教研活动的受众面更广、时间更灵活、信息更丰富、互动更有效。

活动实例：《指南》与教学实践如何知行合一？

（一）前期回顾

《指南》从健康、语言、社会、科学、艺术五个领域描述了幼儿学习与发展，分别对 3—4 岁、4—5 岁、5—6 岁三个年龄段末期幼儿应该知道什么、能做什么，以及可达到的发展水平提出了合理期望。

对于《指南》的学习、理解与运用是幼儿园教师日常教学的有效抓手。为此，我园为每位教师都购置了《指南》，同时组织教师开展了阅读及分享读后感悟的活动。但是教研管理者发现，教师在幼儿一日生活、师幼互动、环境创设、教学过程中仍然存在大量的以固有认知、原始经验为主导驱动的现

---

[1] 是一款基于互联网的即时通信软件。

象,虽然大家的脑中有《指南》的影像,但未能将其投注于心中,驱动行为的转变。那么如何引导教师将《指南》的精神、要求与实践相结合?如何找到《指南》在日常的教学活动中有效落地的途径?如何将对《指南》的理解与教师们达成共识?这些内容是我们接下来需要面对的重要的教研项目。

(二)设计意图

纲领性文件、书籍的站位较高,集中了大量的专业术语以及简洁、精准的文字,如果让教师自主阅读,从理解与应用的层面上他们会有一定的困难,但这些权威的信息与要求又是每一位教师必须了解和掌握的基本内容。通过以"诵读"促"研"的方式开展书籍阅读,可帮助教师在完成诵读的过程中,迈出学习理论、掌握权威信息的第一步。寒暑假是教师学习、充电的好时机,在此期间学习时间安排灵活,所以教师有更充分的时间思考、反思。以在线互动的形式开展集体研讨,每个人隔着屏幕可以自由、坦率地发表自己的观点,进行思想上的碰撞,逐步养成批判性思维,提升学习研究的良好素养,从而形成好学习、能理解、会应用的良性闭环。

(三)活动目标

(1)通过教研学习活动,进一步加强教师对《指南》内容的学习与理解。

(2)在线上互动的过程中,搭建教师思想碰撞的平台,全园教师在教育观、儿童观、教学法方面形成基本的共识,提升专业素养。

(3)通过教师活动中的输出,教学部门梳理并总结《指南》与教学实践相结合的有效途径。

(四)活动准备

1. 组织准备

(1)因是利用假期时间,需要提前将本次教研的主题内容、活动时间与形式、每场参与朗诵的教师名单及内容等信息告知教师,以便教师做好假期安排。另外,需要在每天正式开展活动前发布温馨提示。

(2)提前对教师进行信息技术方面的培训,以帮助教师在教研活动中更好地运用智能技术完成相应的教研任务。

(3)以全园教师的数量为基数,将《指南》的内容平均分为若干部分,制定活动时间表(见表5-1),并提前公布。

表 5-1　深圳市莲花二村幼儿园《指南》学习教研安排表

日期	主播教师	指南内容
2019 年 7 月 16 日	张老师	说明 pp. 1-3
2019 年 7 月 17 日	杨老师	健康（一）身心状况　目标 1
2019 年 7 月 18 日	李老师	健康（一）身心状况　目标 2
2019 年 7 月 19 日	秦老师	健康（一）身心状况　目标 3
2019 年 7 月 20 日	黄老师	健康（一）动作发展　目标 1
2019 年 7 月 21 日	傅老师	健康（一）动作发展　目标 2

2. 教师准备

下载"小黑板"[1]，熟练掌握相应的使用方法。

3. 物品准备

每位教师一本《指南》。

（五）活动过程

1. 开始部分：介绍活动要求

（1）因为此项活动在假期开展，所以教师的日常安排比较灵活，故需要在教研活动当天早上再次发布通知，提醒教师做好准备，准时参加。

（2）组织者先在"小黑板"上开启线上虚拟会场，营造教研氛围，然后介绍本次活动的目的，详细解说虚拟会场中的发言者与参与者的具体活动要求，让教师熟知本次教研活动的实施方法（公告内容见资源整理）。

2. 基本部分：诵读《指南》内容

（1）上传音频。朗诵者在教研日的指定时间上传提前录制好的诵读音频，并时刻关注平台上其他教师的评论与反馈，积极与大家进行互动交流和讨论。对教师所上传的诵读音频要求清晰无杂音、发音准确、速度适中，朗诵者对语气和语调需要精心揣摩，重点语句需要慢速且着重地表达，同时诵读音频可适当加入背景音乐，使听众更感兴趣，在聆听时更专注。

（2）聆听思考。其他教师不需要在统一时间参与，可根据自己的假期日常安排，在当天规定的时间段内完成线上聆听以及互动即可。教师在聆听

---

[1] 一款安装在智能手机上的软件。

《指南》诵读音频时，要思考自己对此内容在实践运用中的经验或困惑，如：可以回顾自己在日常教学中对这一部分的内容是如何理解的；从环境支持、活动设计、师生互动等方面，可以通过怎样的活动方式和策略来解决问题和落实文件的精神。在反思中积极表达自己在工作中遇到的问题，寻找问题的根源与解决方法，最后用文字的方式进行记录和总结。

（3）发帖评论。所有教师将自己在实践中的优秀经验或困惑梳理成文字并在"小黑板"上发帖，阅读其他教师的评论内容并与大家交流和互动。通过线上交流的方式，大家在面对问题与困惑的讨论时，避免了面对面的尴尬，当发表自己对问题的意见与建议时不会被他人的发言打断，可以更清晰、完整、大胆地表达自己的观点，同时可以从他人的评论中，捕捉和学习许多优秀的实践经验与亮点，彼此鼓励，相互认可。

（4）活动回顾。最后由组织者提炼当天教师在交流互动中的话题焦点，发布总结性、引领性的文字内容，在理论上为教师提供支持和指导。在当天教研活动后，组织者鼓励教师时常回顾大家交流和互动的文字，不断反思，随着自身认知的更新，结合自己的教育思想再跟帖，持续促进自我的专业化发展。

3. 结束部分：提取和总结经验

（1）组织者需要在数天的会场式教研结束后，汇总教师们在发帖与跟帖互动中呈现出的优秀经验信息，提炼典型经验并分类整理，同时搜集和分析教师们现阶段存在的困惑与问题。

（2）组织者将在开学初与全体教师共享本次教研活动中形成的经验成果，进一步学习并在实践中落实。

（3）课程中心针对教师的问题与困惑制订新学期的教研计划，采取有效的教研措施，帮助教师在日常教学实践过程中更好地运用《指南》。

4. 教研小任务

在教研活动结束后，教师在新学期基于不同的领域组建成若干小组，以班级区域材料设置为抓手，各组教师将区域材料与《指南》内容做对应梳理，形成园内《区域设置实操手册》，真正提高教师的教学实践与总结能力。

（六）活动反思

通过会场式线上教研以非固定的时间进行线上文字互动，教师们彼此分享对《指南》内容的认识、理解，实现了有效的学习与探究，搭建了新的研究型学习平台。教师通过诵读《指南》，上传音频，开展精准、循环式线上会场学习，每一位参与者都成了活动的组织者，教师能够牢记阅读内容，学习平时难以自主阅读的书籍，实现对专业领域权威信息的掌握。通过开学后分组研讨，教师能够寻找到理论联系实践的有效途径，形成量化的实践经验与策略体系，并且能够在日常的教学实践中加以应用。

（七）后续调整

因为有了电子信息技术的介入，所以教师的学习时间更加灵活，学习方式更加便捷，学习交流更加可视化，学习成果更加易于整理与分享。基于问题进行线下阅读，线上聆听导读者的内容解读，再开展以问题为核心的共同研讨，更易于培养教师将理论信息转化为日常教学实践的能力，从而提升教师的学习品质。开学后可继续加强教师在日常工作中对《区域设置实操手册》的使用，以及继续梳理与《指南》内容对应的其他内容（如一日生活的安排、学习环境的设置等）。

后期可用此方式继续深入研习《纲要》《规程》等纲领性文件，以及专业类的理论性书籍。在园本课程的不同发展阶段，都会出现需要通过专业书籍或文件突破的问题，为此可采用更高阶的"选读"促"研"的方式开展教研，让教师们以同一主题为范畴，自由选择有针对性的阅读内容，线下自主阅读，线上书籍自荐，商议与评价选读书籍对本次专题的突破价值。这种立体式的研究型学习，既提高了教师发现问题、判断问题、解决问题的实践能力，也为幼儿园的课程建设整合了适宜的学习资源，实现了教师与课程的一体化发展。

（八）资源整理

（1）收集本次教研活动中的所有视频和音频资料，整理网上的文字资料，汇总后纳入整体教研资源库。

（2）形成以《指南》为背景的运用型《区域设置实操手册》。

（3）收集汇总通知及温馨提示资料。

①资料一：活动通知。

本次假期，我们将采取线上系列会议方式，共同研习《指南》。

活动方式：每一场次的活动由一位教师定时在"小黑板"上发布高质量的诵读音频（吐字清晰，语气、语调适宜，可增加背景音乐、音效等），其他教师在当天非固定时间段内（下一位教师发表前）聆听，在"小黑板"上发表自己对这一部分内容的认识、理解，以及在日常教学中的做法与经验等，大家在互动中学习彼此的经验与亮点，也可以提出质疑，相互探究，生成新的经验总结。

②资料二：温馨提示。

明天的朗读者为××老师，请于明日上午9:00准时上传诵读音频，各位教师请在明天下午6:00前选择任意时间在平台上发表对相应内容的理解、实践策略或疑惑，期待大家的积极互动。

第二节　项目研究之情境式教研

情境式教研常触发于教学现场，教师在教学过程中常常遇到各种各样的问题，有些问题是自己能够察觉的，有些问题则需要站在客观的角度才能发现，因此要将教研活动放在真实的教学情境中，同时借助于照相机、录像机等设备，让参与教研的教师能够在现场发现问题，并聚焦问题的核心。情境式教研往往由四部分——情境观察、问题聚焦、聚力调整、分享小结——组成。

情境观察是指参与教研的教师通过对教学现场或借助于视频和音像进行观察，在观察中记录下所发现的问题。

问题聚焦是指参与教研的教师将自己发现的问题进行表述，教研组织者整合并厘清问题的共性与个性，将共性问题设置为本次教研合力解决的问题。

聚力调整是指教师通过独立或分组的方式将问题重新设计或者实操调整，真实地解决问题。

分享小结是指将实践经验转化为理论经验的重要时刻，教师阐述自己的实操方法或重新设计步骤内容及经验运用策略等，教研组织者根据本次教研的核心内容进行归纳和总结，提出建议，再对下一次教研的问题进行预设，并帮助教师明确自己的经验准备。

活动实例：材料呈现方式是否影响幼儿的探索行为？

（一）前期回顾

本案例来自深圳市莲花二村幼儿园集团中的新建园，园所教师队伍主要由应届毕业生和少数有3~5年教龄的青年教师组成。基于园所的特殊情况，开园初期重点以新课程推进为主要内容来展开教研，具体涉及区域材料设置的理论依据、区域设置原理、区域材料制作等系列研讨。然后该园以"教师如何将课程理论落实到教学现场"为主要内容，通过教学现场研讨教研如何在实践层面推进课程。最后该园通过解决课程现场的共性及焦点问题，调整和提升课程。目前，该园根据学期教研计划、常规教学管理中的发现以及教师个人上报的问题，综合分析发现目前班级教师在园所课程的重要组成部分，即区域课程的核心要素——材料方面有亟须解决的问题，针对问题进行了研讨并做出了调整，如：通过对单一材料在材料柜中呈现方式的研讨，提升整体材料在区域环境中的呈现效果，从视觉上提升幼儿对材料的兴趣，实现环境的优化与美化。

（二）设计意图

本次教研活动所涉及的问题"材料呈现方式是否影响幼儿的探索行为？"，是从近期的问题中发现的亟须解决的问题，也是教研项目系列问题中的初始问题。本次教研的重点在于探究材料的规范与美观呈现是否与幼儿对材料的兴趣相关，通过教研中的共同交流与研究，发现并找到如何从美学角度呈现一份完整材料的适宜策略，实现环境中的每一份材料"各美其美，美美与共"，让美的环境支持幼儿主动投入对材料的探索，也支持幼儿对美好事物的追求。

（三）活动目标

（1）通过情境式教研活动，引导教师观察和发现材料的呈现方式对幼儿探索行为的影响与作用，优化区域材料的呈现策略并形成优质经验。

（2）通过观摩、分析和讨论活动，激发教师参与活动的主动性，增强教师在现场发现问题、在教研中解决问题的教研意识。

（四）活动准备

1. 组织准备

（1）寻找适宜开展本次教研活动的班级，提前通知班级教师准备教研接待。

（2）制订详细计划，确定观察重点，设计记录表等。

2. 教师准备

了解本次教研活动的内容，提前做好参与准备。

3. 物品准备

（1）区域活动观察记录表（见表5-2）。

表5-2　幼儿园区域活动观察记录表

记录人：	记录时间：	观察地点：
材料名称		
材料照片	（可后续补录）	
幼儿活动实录		
反思与建议		
研讨记录		

（2）照相机、投影仪等。

（五）活动过程

1. 开始部分

（1）教师按时到预定的教研场地，主持人将观察记录表发放给教师。

（2）主持人："今天的教研活动主题是探讨一份材料的呈现对幼儿探索行为的影响。今天的活动需要每位教师认真观察一份材料，首先记录材料呈现的原始状态，然后在活动中观察今天是否有孩子操作这份材料、互动情况如何，最后将你对这份材料呈现方式的分析与思考写下来……区域活动结束后我们进行交流与讨论。"

2. 基本部分

（1）情境观察。

①在观摩过程中，每位教师重点对一名幼儿探索材料的行为进行观察，

发现幼儿的探索行为与材料的呈现方式之间的关系（见图5-1）。

图5-1 观摩区域活动

②组织者可根据现场情况捕捉有价值的教育信息，为后期的研讨收集资源。

（2）问题聚焦。

①主持人："今天是第一次进行班级区域活动的现场观摩活动，我们每个人都有不一样的看法和思考，在接下来的'问题聚焦'环节，我们首先请执教教师进行回顾和反思，然后请观摩教师逐个分享，最后大家对今天的核心问题进行研讨，达成共识。"

②教师陈述发现。

执教教师："大部分幼儿拿到材料后能认真探索，个别幼儿拿到材料后没有认真探索就放回柜子里，我发现个别孩子对材料没有探究兴趣。结合今天的教研主题，请大家帮我分析到底材料在呈现上有哪些不适宜的地方。"

观摩教师A："我观察了一名幼儿，他能自主参与区域活动并快速地选择材料。但在活动的过程中，我发现他取到材料后又将材料放回去，对材料的兴趣不足。我个人的理解是，材料在托盘内的无秩序摆放使材料内容不明确，而且材料的零乱无法使材料的外形吸引幼儿，所以导致幼儿失去探索兴趣。"

观摩教师B："我在观察中发现有一份材料是观察对象不感兴趣的。通过对材料的研究，我在思考材料的数量及盛放工具是否适宜。是否由于这份材料的组成部分的呈现方式不够清晰，幼儿需要大量的时间来对组成材料进行分类，然后发现不同部件之间的关系。混乱的摆放可能让幼儿对材料产生了畏难情绪，因而幼儿会放弃探索。"

……

主持人总结："从教师们的分享与思考中，可以发现共性的问题在于，很多区域材料盘中的材料数量大、种类多，散乱地放在托盘中，幼儿取到材料后，由于材料零散，容易对幼儿的操作产生误导。单份材料如何有秩序地呈现在托盘中，减少材料零散对幼儿的干扰，支持幼儿更快地进入状态呢？"

（3）聚力调整。

①教师对当天观摩中存在问题的区域材料进行调整，寻找其他材料和方式来补充和完善现有材料，并把调整前和调整后的材料用照片的形式记录下来，然后对其进行对比。

②每位教师将材料调整前和调整后的照片进行投屏，并讲解调整心得（见图 5-2）。

图 5-2 教师分享调整心得

3. 结束部分

（1）分享小结。主持人："今天我们根据现场观摩发现了幼儿在区域活动时出现的问题，通过共同商讨策略，现场调整区域材料的呈现方式，总结出两个收纳技巧和一个提升经验。收纳技巧一——添加适宜的小容器（小盒子、碟子等），将零散材料分类收纳。收纳技巧二——添加工具（夹子、皮筋等），将卡片、小棒等平面或长条类材料分类收纳。提升经验——认识到区域活动材料在托盘中美观、整齐、有序呈现的重要性，这有助于幼儿的秩序感、专注力等学习品质的形成。"

4. 教研小任务

主持人："教研活动结束后，每两位教师一起对班级区域材料开展自查，并对材料的有序性呈现进行调整。当大家后期在收纳技巧上有新发现时可继续共享经验，让更多班级的幼儿受益。"

（六）活动反思

通过教师在实际情境中观察幼儿在选择材料的过程中出现的问题，本次教研活动聚焦于材料呈现这一方面，教师能够找到对幼儿产生干扰的问题的背后原因，在与同事进行思维碰撞后，理清思路并制定解决方案，现场对区域材料在托盘中的呈现方式进行调整，再将新的策略与心得提炼成理论经验。本教研的价值还体现在所达成的共识上，有利于提升材料对幼儿实际操作的支持，并提高教师在实践中发现问题和解决问题的能力。在本次教研中所呈现出的问题是共性问题，还需要针对班级内的个性化问题进行下一步的小范围研讨。

（七）后续调整

基于本次教研形成的成果和经验，各位班级教师对自己的班级区域材料进行检查并调整。调整后将再一次进行动态观摩活动，观察调整策略能否有效解决教研活动所聚焦的问题。

（八）资源整理

（1）收集和整理每一次教研中区域材料呈现的照片，并将前后照片进行序列呈现，可供后续在新教师教研的过程中运用。

（2）将本次教研活动的经验进行梳理，逐步形成园所新教师教研资源体系。

第三节　项目研究之剧场式教研

戏剧指的是集语言文学、表演、美术、音乐、舞蹈等形式于一体的综合艺术。它涵盖观众、演员、表演空间，以及娱乐性、宣传性与教育性等多方面的特点。生活即剧本，教室即舞台，剧场式教研运用戏剧所提供的假想情境，引发集体共同参与，通过角色扮演推动戏剧情境向前发展，参与者体验并亲历类似的事件过程，体会与感悟人物及事件的发展变化，引导教师参与思考并进行分享，提升教师的辨识能力及共情能力，达成教育的共识，形成正确的教育观和儿童观。

剧场式教研活动能够激发教师用自身的教育理念、经验为戏剧中的人物遇到的问题寻找解决方案。通过亲身体验、直接感知、实际操作，教师能够对故事中人物的内心感受有更深的理解与认知，活动不仅可以使教师通过"入戏"展现真我，还可以与其日常生活和工作建立联系。教师将自己与孩子们的所思所想相结合，更有利于他们去倾听、理解孩子。

活动实例：如何从共情的角度解决幼儿之间的冲突？

（一）前期回顾

在一日活动中，幼儿之间常常发生冲突，这是教师常常需要面对的难题。我们一般会看到教师对解决幼儿的冲突缺乏方法，要么简单粗暴地喝令或惩罚，对幼儿进行控制，要么简单冷漠地直接告诉孩子怎么解决和结束冲突。如果教师采用传统的冲突解决方法，那么幼儿将得不到理解，不被接纳与尊重，并不利于幼儿的健康发展，也没有真正有效地解决问题。教师之所以会做出这样的行为，主要是因为他们不了解幼儿，不清楚幼儿需要什么。

在半日活动的常规巡视时，幼儿园管理者发现在某班级的区域活动中，两名幼儿因对活动方式不能达成统一意见而引发了矛盾且逐渐升级，班级教师立刻选择直接介入、"迅速扑火"的方法，并且认为自己的方法直接有效，在最短的时间内解决了现场问题。

（二）设计意图

为了让教师学会理解、接纳幼儿，在师幼互动中能正确运用共情策略，提高解决游戏冲突的能力，课程中心尝试开展剧场式教研活动。通过剧场中的戏剧表演，将巡查中发现的问题运用舞台的方式进行真实且直观的呈现，引导教师设身处地地理解自我、他人与社会的关系，并从不同的关系中发现问题，学会在友好、平等等不同关系中了解幼儿真正的需求，积极地接纳每一名独特的幼儿。此次剧场式教研活动还能提高教师敏锐的洞察能力、共情能力等，教师能够在此基础上学会运用正面的、具有激励性的、有情感的语言引导和支持幼儿。

(三) 活动目标

（1）通过剧场式教研，鼓励教师积极参与，真实地表达自己的感受与想法。

（2）引导教师在角色扮演的情境下换位思考，体验他人的内心情感，提升教师的共情能力，使其掌握解决幼儿冲突的有效方法。

(四) 活动准备

1. 组织准备

（1）编写故事剧本。"在幼儿园里，有一天，小雄和小粤在玩大型搭建积木。小雄如厕回来后，发现自己的积木少了，认为是小粤拿走了他的积木，于是两人开始争抢积木……"

（2）画笔、硬卡纸、积木若干。

2. 教师准备

（1）预知本次教研活动的主题：如何从共情的角度解决幼儿之间的冲突？

（2）资料查阅：了解什么是共情，有哪些解决幼儿冲突的策略。

3. 场地准备

（1）多功能教室。

（2）搭建好的供教师表演的舞台。

(五) 活动过程

1. 活动开始：走进故事，搭建"舞台"

（1）走进故事，感受境遇。

主持人讲述故事的开头，提示大家注意故事细节，如"相同的积木两组，不同的积木一组"，引导教师理解故事中的境遇，从而在故事逻辑中进行思考。

（2）理解故事，构建舞台。

主持人引导教师在理解故事的基础上展开想象，并运用场地内的物品或现场制作一些关键物品来布置戏剧场景，共同构建舞台。

（3）深入故事，优化舞台。

主持人参与到教师共同搭建"舞台"的活动中，使大家更深刻地理解角色所处的环境，使每一个人都积极地表达自己的想法并与大家共同协商，最后达成共识。

2. 基本活动：分配角色，沉浸戏剧

（1）主持人将剧本发给教师，教师根据故事场景自由组合，并进行申报。

（2）教师戏剧小组根据所选择的内容现场排练戏剧。组织者进行协调和引导。

①教师以自选的方式进入戏剧场景，自由分配角色（有的扮演小雄，有的扮演小粤，有的扮演其他小朋友），并熟悉台词。

②教师以角色的身份进入情境，开始排戏、入戏。教师积极地参与戏剧表演。

（3）戏剧表演。

①第一幕："争抢玩具"。

两个"小朋友"激烈地争抢，表达着"这本来就是我的""是我先拿到的""我上厕所回来后就不见了，肯定是你拿的""哇哇哇"……教师们在剧场中越演越入戏，抛却了原有的教师角色，流露出好胜心（见图5-3）。

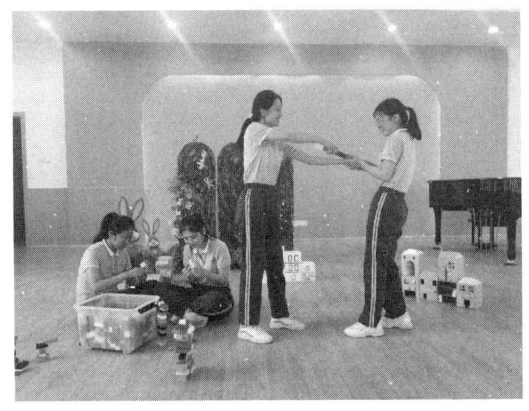

图5-3 剧情"争抢玩具"

②第二幕："老师来了"。

两个孩子边抢玩具边吵，这时教师来了。A教师跑过去，一把抢过他们手中的玩具说:"都别抢了,你们都别玩了!"两个小朋友愣了一下,一脸不服气,又继续吵起来。一个小朋友说:"这个玩具是我的!"另一个小朋友说:"这本来就是我的,你趁我上厕所时抢走了!"两个孩子越吵越大声,抱成一团,打了起来。A 教师说:"吵吵吵,就知道吵!站一边去,不许玩了!"她一边说着,一边把两个孩子扯开,各拉到墙角一边。这时,小粤"哇"地哭了起来,哭声越来越大。B 教师听见了,急忙跑过来,把两个孩子轻轻地拉到一起,为小粤擦眼泪,并蹲下来问:"怎么了?"小雄靠近 B 教师,把事情的经过说了一遍。此时,B 教师一边认真地听小雄描述并点头,一边抚摸着正在擦眼泪的小粤(见图 5-4)……

图 5-4 剧情"老师来了"

(4)共同讨论。

①第一幕讨论结果记录。

很多教师认为,中班幼儿已经完全适应幼儿园集体生活,他们在逐渐从"自我中心"过渡到"去中心化",自我意识逐渐增强,开始有初步的是非观念,但辨识能力较弱,对物品的归属不清晰,缺乏自我解决问题的能力。有的教师认为,幼儿的自控能力弱,此时与同伴发生冲突可能引发伤害;有的教师认为,两个孩子争抢积木的行为是可以理解的。

通过分组讨论(见图 5-5),教师们认为幼儿发生冲突的原因与其性格、心理特征及所处环境氛围密切相关,并能站在孩子的角度进行思考,认为应给予孩子更多的理解和包容。在现实中,我们经常会遇到这样的场景,但是真正能够静心分析，进而理解与包容孩子的时候并不多。通过这一场景的剧场式教研，教师能够明白在教育活动中理解幼儿的重要性，以及这份理解对促进幼儿健康发展的重要性。

图 5-5　分组讨论

②第二幕讨论结果记录。

主持人带领教师们讨论"刚刚发生了什么事？""两个孩子为什么吵得打起来？""小粤为什么哭？""A 教师的做法，你赞同吗？为什么？""B 教师是怎么做的？孩子们有哪些变化？"，还请小粤和小雄的扮演者谈了谈感受。

经过讨论教师们认为，幼儿对 A 教师的做法很失望，很恐惧，很想逃离。A 教师简单粗暴的行为，没有从根本上解决幼儿的问题，反而激起了他们更愤恨的情绪。B 教师通过细微的动作（如轻拉、蹲下、擦眼泪、点头、抚摩等），让孩子很有安全感，一句"怎么了"让孩子愿意冷静地表达自己的内心感受。B 教师的认真倾听让孩子感到舒服和被接纳。这些讨论引导教师们换位思考，走进孩子的内心世界并了解其感受，懂得当孩子发生冲突或出现不良情绪时，接纳孩子的情绪，倾听孩子的表达，通过捕捉信息了解孩子的内心感受和需求，从而为找到良好的应对策略做铺垫。

（5）共同表演。

①主持人："在倾听孩子的描述后，我们可以怎么说？"主持人引导每位教师想出一句与孩子互动的话。

②教师在现场分别与扮演抢玩具的两个"小朋友"互动。

③讨论互动。主持人："哪位教师说的话让幼儿感受到被接纳、被爱与温暖？"主持人引导教师共同想办法解决问题，让教师对接纳幼儿、理解幼儿、尊重幼儿有深入的思考和理解，并意识到教师的语言艺术及共情能力对孩子的健康发展有重要作用。

3. 结束部分：教师出戏，总结梳理

（1）主持人引导教师从角色中抽离，回顾角色和事件，回到教研中的理性思考。

（2）主持人引导教师在回顾与分析中摆脱固有的思维模式，理性地分析每个角色，理解不同的观点以及这些观点背后的原因。

（3）教研总结，形成共识：每个孩子都值得被尊重，教师需要耐心地倾听他们的心声。当孩子发生冲突时，教师应该给予孩子一个安全和温暖的环境，为孩子创造平等和开放的空间，让孩子敢于表达、善于沟通，在温馨、快乐的环境中健康成长（见图5-6）。

图 5-6　总结梳理

4. 教研小任务

在教研活动结束后的一周里，每位教师在班级里观察是否有幼儿在活动中与同伴发生冲突，教师选择适宜的介入时机，尝试运用共情的方式解决幼儿之间的冲突，并进行记录和分析，然后将其梳理成案例。

（六）活动反思

在搭建舞台、入戏扮演、出戏对话、共同探讨等教研过程中，教师对剧中的人物与事件及其所处的境遇进行了深入的思考与讨论，从而更深刻地理解自我、他人与社会的关系，接纳幼儿的情绪，更好地理解并尊重他们。此外，把戏剧引入教研活动使教师能够以更生动的方式解决实践中的难题。

通过本次教研，教师懂得结合工作实践，与孩子共情，反思自己的语言与行为，同时梳理和总结出解决幼儿游戏冲突的四步法（见表5-3）。

表5-3　幼儿游戏冲突解决四步法

接纳	无条件地接纳孩子的情绪
了解	观察，了解原因，蹲下来，看着孩子，问："怎么了？"
感受	启发孩子表达感受："你有什么感受？"
解决	与孩子共同讨论，总结经验，想办法解决问题

（七）后续调整

本次教研活动在开始环节让教师们自己布置戏剧场景，共同构建舞台，是为了让教师们更好地理解故事、走进故事，切身体验戏剧中的场景，更好地"入戏"，感受境遇。但是教师们太沉浸于舞台布置，未能较好地把握本环节的时间，出现拖延的状态。因此，可在活动前先做好准备，把"舞台"布置好，教师们直接进入场景，把更多的时间留到表演环节，更深切地体验和感受孩子的境遇。

（八）资源整理

（1）整理教研现场排练的故事剧本，以及解决幼儿冲突的共情策略的文字资料。

（2）将教研活动录像和剧本小视频等资料存入教研资源库。

第四节　项目研究之故事式教研

当今中国社会迈入高速发展的阶段，工作、生活与学习的内在联系性大大提高，人们会自发地对感兴趣的知识展开探索与研究。为了顺应这样的求知趋势，在互联网时代中涌现了一大批以形象化学科体系作为内容卖点的知识传播者，这些内容无疑降低了许多学科的准入门槛，但也对接收者的思维模式产生了冲击。在这种背景下，我们需要根据新时代教师的思维特点对教研活动的实施方式进行升级，在某些阶段中引入不同的组织形式来为教师提供更好的学习与交流体验。

在本节中，我们将阐述项目研究之故事式教研这一形式，在这种教研活动中，教师将进入一个轻松的氛围中，倾听其他教师分享的由教学经验形成的故事。在这个过程中，作为听众的教师既可以自由地捕捉并吸收所需要的信息，将他人的经验化为己用，又可以在故事展开的过程中，因人而异地、经由不同的思维路径产生不同的解读结果。整个教研活动在教师相互的逻辑碰撞之间，在不同类型的经验输出之间，以及在不同的思维交融之间，促进在场教师的专业成长，从而为他们以后所遇到的问题提供更多的解决策略，实现优质经验共生共享。下面我们将通过一个解决有关常规方案问题的教研案例，为读者具体呈现故事式教研这一活动方式。

活动实例：如何将常规巧妙地渗透在日常活动中？

（一）前期回顾

班级常规是教师在日常教学中常抓与必抓的内容之一。为了促进班级幼儿建立良好的各项常规，在前期的系列教研活动中，我们组织教师进行了"班级常规观摩研讨"的情境式教研活动，通过观察和了解不同班级的一日生活常规来发现各班常规的差异和优劣。随后，我们以会场式教研方式分别组织教师开展基于纲领性文件学习与理解的教研活动——读懂《纲要》、解析《指南》以及《广东省幼儿园一日活动指引（试行）》（以下简称《指引》），从一日生活流程、幼儿行为规范等方面进行系列教研活动。

至此，我们已经基于促进班级良好常规的建设，从实践与理论两个方面分别引领教师进行学习和探究。后期通过再一次的研讨与调研，课程中心总结发现，当前教师最迫切的需要是将理论与实践进行融合，以进一步促进教师的深入理解并使其真正地掌握建立常规的相关策略。

（二）设计意图

幼儿园教育的实质就是，在一日活动中通过不同的活动培养幼儿在各方面形成良好的习惯和常规，为他们的后续学习和终身发展奠基。因而，关注幼儿在园一日生活常规的培养途径与方法非常重要。良好常规的建立不仅能维持班级活动的秩序，还能帮助幼儿适应幼儿园环境、活动，以及在集体中生活、建立良好的社会行为规则意识并形成良好的社会行为习惯。

在教育幼儿时，我们知道同伴作用的重要性，在教师群体中同伴的引领作用也是巨大的。在本次教研活动中，我们引入故事式教研这一方式，鼓励教师们通过研究教育和教学过程中的真实案例，寻找不同故事中的人物反应的个性和共性，并在这个过程中逐渐建立一套符合教师行为的理论基础，帮助他们解决在教学实践中所遇到的问题。另外，"故事讲述"既是教研活动的方式，也是教研活动的内容，当思考如何清晰地整合事情的起因、经过、结果时，在反思和进行叙述的过程中，教师的思维能力和语言表达能力以及专业能力与素养都会有所提升。

（三）活动目标

（1）通过教研活动进一步提高教师建立良好的班级常规的意识，使其掌握关于常规建立的方法，获得常规建立的优质经验。

（2）打造教师专业成长与综合能力提升的平台，让每一位有所成就的教师都走上教研活动的讲台，帮助他们从普通教师逐步成长为专业讲师。

（3）通过教研活动发现教师中的人才，丰富项目式教研资源库中的人才资源。

（四）活动准备

1. 组织准备

（1）提前将本次教研活动的主题和内容通过园内平台告知教师，引导教师总结自己在工作中的经验，形成在教研时所要讲述的故事。

（2）分析教师上报的故事中的共性并为其寻找理论支撑，以帮助教师在教研活动中更好地呈现经验，更好地展现自我。

（3）将具有相同活动背景的教研故事编为一组（如生活常规组、游戏常规组、户外活动常规组等），并提前通知教师讲述故事的顺序。

2. 教师准备

准备讲述故事，可适当制作辅助讲述的幻灯片、视频或请同伴帮助表演。

3. 物品准备

卡纸、油性笔等。

（五）活动过程

（1）主持人简要介绍教研内容，导入活动。在班级观摩过程中，我们发现园内有些班级的常规非常好，幼儿形成了良好的各类习惯，在活动中自主、自立，班级内的各项活动井然有序。这些班级的教师如何在日常工作中建立和巩固常规呢？主持人邀请教师逐一上台，为大家讲述在班级中建立常规的故事。

（2）主持人邀请第一组讲述生活活动中常规故事的教师有序上台，讲述自己在建立幼儿生活常规时发生的故事，以及如何运用策略引导幼儿建立良好生活常规的故事（见图5-7）。如：在幼儿园小班的日常活动中，有一部分幼儿无法区分左和右，怎么办呢？A教师在幼儿集体上下楼梯前，在每名幼儿的右手上戴了一个红色的手环。教师在幼儿快下楼时，多次给出"请用你戴着红色手环的右手抓住你右边的扶手"的提示语，帮助幼儿建立和巩固"右"的概念。

图 5-7　教师讲述故事

（3）第一组教师完成讲述后，主持人组织在场的教师围绕第一组故事分享最感兴趣的故事碎片（比如吃饭常规或者午睡常规），说出个人对于该常规故事的想法或疑惑，并说出与该故事类似的场景，将其记录在一张卡纸上。如：B教师听完第一组A教师的故事后，认为可以在培养幼儿掌握左右概念的关键期，有意识地将贴纸统一贴于幼儿的右手背上，并且在日常生活中给予幼儿"用贴有贴纸的右手拿勺子""用贴有贴纸的右手扶把手上下楼梯"等提示语，帮助和引导幼儿清晰地认识左右。

（4）主持人先引导教师针对所讨论的生活常规建立方法进行思考并给出自己的意见或建议，然后围绕"如何完善与丰富这一生活常规的建立？"的问题，提出与故事中不同的方式和方法。如：C教师提出，在班级的日常活动中，通过为幼儿盖爱心印章，可以减少排队、换鞋等过渡环节所耗费的时间，那么我们可以将这个场景与A教师培养幼儿掌握左右概念的场景联系起来，同时引入B教师的思路，在特定的时期统一将图案画在幼儿的右手手背上，增加相应的提示语来促进幼儿顺利地掌握方位概念并形成良好的生活常规。

（5）主持人分别请户外常规故事组、游戏常规故事组教师上台讲述故事，按生活常规故事组的研讨环节开展相应活动，基于不同的活动环节、不同的活动内容，形成不一样的常规建立方法。

（6）各组教师完成故事讲述活动后，主持人请在场教师针对本场所有的故事分享和讨论，总结出共同点，分析出不同点，并根据共同点与不同点画出思维导图（见图5-8）。在此过程中主持人了解各组教师的活动情况，收集各组有价值的总结信息，为后续总结做准备。

图5-8　教师讨论和画图

（7）主持人结合思维导图进行总结发言，对所有已发生的故事及故事常规依据的理论、故事中未发生的场景和不同的方法进行梳理，让教师们明白理论与实践的内在联系，从而在实际的班级常规建立过程中更好地引导幼儿树立规则意识，形成良好的常规。

（8）主持人小结："今天我们收获了来自不同组别、不同教师分享的精彩故事，让我们先为这几位教师善于在教学过程中收集信息、反思信息的能力鼓掌！在讨论环节中，教师们将理论与不同的案例相结合并发现了故事中的相通点，也发现不同的班级对于同样的问题有不同的应对方式。每个故事中既有共同点，也有不同点，在教学实践中，我们不仅要借鉴这几位教师的经验，也要总结来自自己班级的经验，教师们要多将发生在本班的故事与其他故事进行对比和反思，提炼共性，发现个性，不断进步，不断成长。"

（9）教研小任务：主持人请教师在结束教研活动后的两周内，在实际工作中运用教研所总结和形成的经验，分析相应的故事情景是否适用于本班的日常活动，梳理和反思运用经验的结果，并进行文字总结。

（六）活动反思

在本次活动中，教师团队倾听了同伴互相分享的常规故事，并对其他教师处理班级常规问题的解决方案有了一个初步了解。意大利教育家蒙台梭利说："我听了，我忘记了；我看了，我知道了；我做了，我理解了。"

故事式教研活动不只是解决教育和教学问题的平台，更是教师专业成长的平台。在本次教研活动中，教师们通过将自己的经验以故事讲述的形式输出，不同的教师呈现出不同的个人特质。有的教师在讲述时沉稳，理论功底扎实，用自己的专业折服了在场的听众；有的教师生动、幽默，深入浅出地将理论与实践进行有机结合，用诙谐的语言打动了现场的教师；还有的教师表现得轻松、表达流畅，不疾不徐，娓娓道来，用宁静和平和吸引了全场的听众。通过这样的故事式教研，一批具有不同特点的讲师涌现出来，他们的成长为项目式教研人才资源库增加了新的人才资源，为后续开展园内教研或承担园外教研提供了新型人才。

（七）后续调整

虽然通过教研活动，各位教师对他人的经验有所了解，但如果不将本次活动中的经验落实到实践中，那么这些经验就会被遗忘。在将这些经验运用到实际的教育和教学中时，因为班级情况的不同、教师个人专业能力的不同，一点点偏差都可能导致结果南辕北辙，所以我们需要针对班级中的个性问题对具体的实例展开进一步研究。

另外，各班教师在学习本次园本教研形成的优质经验时，可根据不同班级中的幼儿情况，继续加强和调整班级常规的建立与培养，并形成契合自己班级幼儿的常规经验，后期通过相关的教研活动，把班级的个性化常规建立方式提炼出来，将班级在不同的情况中建立的常规路径和方式与本次教研中已知和已呈现的共性常规经验相结合，自发形成一套针对特殊情况的具有不同处理方式的常规培养方案。

（八）资源整理

（1）收集本次活动中的录像资料和所有文字、方案资料，并将资料归类和收入教研总结资源库。

（2）将本次教研后续实践环节的经验进行文字总结，并将其归类和收入教研总结资源库。

第五节　项目研究之茶馆式教研

我国已经有蕴藏了几千年深厚历史的茶馆文化，茶馆中轻松、闲逸、自由的氛围是我们现在所追求的教研氛围。茶馆式教研是创设茶馆式的环境与氛围，引导教师在教研活动中如在茶馆中闲聊，轻松、自由地交流彼此的想法，并创造"三五成群"的小茶桌，对部分或个别教师的问题与困惑，开展焦点话题交流，通过茶馆馆长（教研组长）的带动，引导话题的深入探讨。茶馆文化给现有的教研模式带来了新的启示，是高结构、严谨性教研活动的补充，激发了教师的教研积极性，提高了他们的参与度，满足了不同教师的个性化需要。通过茶馆式教研大家容易形成共同话题，激发群体的有效研讨，坦诚、开放、积极、互助的氛围有助于教研深入且持续地进行。

活动实例：幼儿园有效晨间锻炼活动的组织策略有哪些？

（一）前期回顾

户外体育活动是幼儿园健康教育领域的重要组成部分，幼儿园户外体育活动的开展情况直接影响着幼儿的身心健康发展。为充分利用户外体育活动资源，有效开展幼儿户外体育活动，深圳市莲花二村幼儿园成功地申报了"幼儿园户外体育活动资源的开发与研究"的研究课题。课程中心引领教师先后开展了"幼儿园户外体育活动环境创设""幼儿园户外体育与活动器械的运用""幼儿园户外体育活动的有效组织"等系列教研活动，"幼儿园户外体育活动资源的开发与研究"项目已取得了阶段性成果。幼儿晨间锻炼活动是户外体育活动的组成部分，有个别新教师和年轻教师对幼儿晨间锻炼活动的认识和实践能力较弱，针对这一情况，我们将对晨间锻炼活动的意义、组织策略和资源应用等做进一步的研究。

（二）设计意图

晨间锻炼活动作为幼儿入园后户外活动的重要组成部分，是幼儿新的一天的学习生活的开始，对幼儿的健康发展起着重要的推动作用。个别新入职教师和年轻教师组织幼儿晨间锻炼活动的能力弱，不能科学地运用各项体育锻炼器材，在组织幼儿开展晨间锻炼活动时没有"章法"，幼儿的活动秩序混乱。为提升这些教师的专业技能，课程中心设计了本次茶馆式教研活动，创设轻松愉悦的教研氛围，有针对性地解决教师的个性化问题，从而优化幼儿园的整体晨间锻炼活动，促进幼儿的健康发展。

（三）活动目标

（1）在轻松、自由的教研氛围中，引导教师开发和利用晨间锻炼活动资源，优化晨间锻炼活动形式与质量。

（2）丰富教师晨间锻炼活动的组织策略，提高教师组织和开展晨间锻炼活动的能力。

（四）活动准备

1. 组织准备

（1）围绕"幼儿晨间锻炼活动的困惑"的话题对教师进行访谈，并整理出教师问题集（见表5-4）。

表5-4　晨间锻炼活动教师问题集

问　题　集
（1）怎样利用幼儿园的整体环境开发不同性质的晨间锻炼活动？ （2）对于每种体育器械，幼儿要获得的核心经验是什么？ （3）怎样开发家长资源并使其融入幼儿的晨间锻炼活动？ （4）怎样申报微课题，研究幼儿晨间锻炼活动资源的开发和利用？ （5）每种体育器械的玩法怎么做到多样化，做到一物多玩？ （6）怎样激发幼儿参与晨间锻炼活动的兴趣和积极性？ （7）如何有序地组织和开展幼儿晨间锻炼活动，提高幼儿的规则意识，减少安全事故的发生？ （8）在晨间锻炼活动中，教师有效的指导语言和肢体语言有哪些？ ……

（2）录制某小班幼儿的晨间锻炼录像片段。

2. 教师准备

（1）梳理出自己对晨间锻炼活动的困惑，以便在活动中有针对性地交流。

（2）查阅文献，了解晨间锻炼活动的相关资料，为参与活动储备专业知识。

3. 会场准备

（1）从教研资源库中选择适宜的园所外活动场地，开展茶馆式教研。

（2）与茶馆方面协商，准备适合教研活动的舒缓的背景音乐。

（3）布置教研场地，在活动圆桌上备好茶具、茶叶以及纸张、文具等。

（五）活动过程

1. 外出到茶馆

参与本次教研的教师按约定时间在指定地点集合，集体前往园所附近的茶馆。茶馆工作人员在预约时间前播放舒缓的轻音乐，教师在轻松愉悦的氛围中来到教研现场。

2. 引出问题

（1）教师自由组合在圆桌边坐下，与同伴一边喝茶，一边交流，营造轻松愉悦的教研环境。

（2）主持人导入活动："开展丰富多样、生动有趣、适合幼儿年龄特点的体育活动是增强幼儿体质、增进幼儿健康的积极手段和重要途径。幼儿晨间锻炼活动是幼儿户外体育活动的重要组成部分。开发晨间锻炼活动资源，有效组织晨间锻炼活动，对促进幼儿的身体机能和身心愉悦会起到重要作用。但在活动中，教师们存在很多困惑。今天，我们就利用教研活动来解决这些问题。"

3. 交流解决问题

教师自由结伴，边喝茶边交流，对于前期调查中亟须解决的问题——幼儿晨间锻炼活动的组织策略和幼儿基本动作的要求标准，大家在相互交流与互辩中答疑解惑。

（1）教研主持人作为"茶馆馆长"，在过程中巧妙而随机地引导新教师和年轻教师（作为新的"茶馆馆员"）聊一聊自己在组织晨间锻炼活动时出现的困惑和问题（见图5-9）。

图 5-9 教师自由结伴交流

（2）"茶馆馆长"引导"新馆员"围绕"幼儿晨间锻炼活动的困惑"这一话题提出"在晨间锻炼活动中，教师有效的指导语言和肢体语言有哪些？""怎样科学地摆放体育器械以满足不同发展水平幼儿的需要？"等问题。同时，"茶馆馆长"鼓励茶馆"资深馆员"由问题牵线与"新馆员"自由结对交流，分享已有经验，给出有效的意见和建议。

（3）"茶馆馆长"自由与"新馆员"交谈，请他们讲述与"资深馆员"结对交流后学习到的优秀经验和解决问题的新策略，肯定和鼓励"新馆员"的态度和感悟（见图 5-10）。

图 5-10　茶馆馆长收集感悟

4. 实际运用经验

（1）教师观看某小班幼儿晨间锻炼活动的录像片段，结合当日收获，围绕以下问题自由分组讨论并解决问题。

问题一：在组织幼儿晨间锻炼活动的过程中，教师摆放器械的位置、教师的站位和身体语言是否合理？

问题二：在录像活动中，幼儿的跳跃和钻爬动作是否符合和达到了小班幼儿年龄阶段的基本动作要求？

问题三：小班幼儿在跳跃和钻爬时所要获得的核心经验有哪些？

（2）各组根据选择的问题，以组为单位围坐在一起，自由发表自己的见解，最后选派一名代表，将小组讨论的结果与大家分享。每一名小组代表陈述后，其他小组的教师可即时提出问题，本小组成员进行补充解答，以此方式增进学习和交流的氛围与质量。

（3）主持人为每个小组做简要点评，并对大家的发言进行梳理和提升，鼓励教师在活动结束后，对感兴趣的问题做进一步的深入思考和研究。

5. 教师所感所悟

（1）在舒缓的背景音乐中，"馆长"引导教师回顾刚才畅谈的话题和过程，静静地思考自己的所感所悟。

（2）"馆长"将提前准备好的爱心卡纸分发给每一位参与的教师，大家在心形纸上写自己的感悟（见图 5-11、图 5-12）。

图 5-11　教师书写感悟

图 5-12　教师展示感悟

6. 活动总结提升

主持人小结："针对几位年轻教师提出的幼儿晨间锻炼活动的组织方法和幼儿的基本动作要求，今天我们开展了自由、开放的交流和研讨，共同帮助几位新教师厘清思路和掌握科学且适宜的组织活动方法。感谢老教师为年轻教师答疑解惑，相信这几位年轻教师会把学习和掌握的新经验应用到实践中，期待你们与我们分享不一样的实践体会和感悟。"

7. 教研小任务

主持人请几位年轻教师将获得的新经验运用到幼儿晨间锻炼活动的组织中，提升自己的教学实践能力，并拍摄一段本班幼儿晨间锻炼活动的录像，以供对比研究。

（六）活动反思

本次活动主要通过茶馆式教研，组建有共同话题的交流小组，组成"成长共同体"，借助于和谐轻松、闲适的环境，让教师在轻松愉悦的氛围中畅所欲言，针对教学实践中遇到的问题，持续、深入地开展交流。教研管理者在教研活动中发现，教师不了解幼儿在晨间锻炼活动中可以获得哪些核心经验，所以盲目地从形式上开展活动，没有充分发挥晨间锻炼活动的教育功能。通过本次茶馆式教研活动，教师能够了解多种体育器械的正确使用方法、如何合理摆放和选择符合不同年龄幼儿特点的体育器械和体育游戏，以及教师的正确站位等，提高晨间锻炼活动的组织能力并优化晨间锻炼活动的质量。

（七）后续调整

通过茶馆式教研活动的开展，我们发现每位教师都蕴藏着无限的潜能，都渴望有展示自己的机会和平台。这种轻松愉悦的教研方式能够给予教师自主参与教研活动和展示自己的平台，同时引领他们做到自主学习、自主研究、主动发现问题和解决问题，在学习共同体中取长补短，共同进步。随着"茶馆式教研"活动的深入开展，对焦点问题的研讨也持续向深层次推进。基于我们在本次教研活动中发现的问题，下次教研活动的内容将聚焦于幼儿通过晨间锻炼活动应掌握的核心经验，我们将邀请专家作为茶馆式教研的引领者，通过自主交流、课例观摩、智慧分享、专业引领等方式促进教师掌握健康领域的核心经验，梳理每个锻炼项目的目标，提升教师的领域专业知识水平和体育活动设计能力。

（八）资源整理

（1）收集本次教研活动中教师交流和分享的文字记录及幼儿晨间锻炼活动的案例录像资料。

（2）整理关于幼儿晨间锻炼的访谈中教师提出的问题的信息。

第六节　项目研究之辩论式教研

当今园本教研的现状多是"一人说，众人听"，呈现出集体被动式学习研讨的局面，这显然不能满足新时代教师专业发展的需要。我们需要为教师建立多渠道教研模式，扩大教师敢于发声、愿意发声的平台，激活每位教师的潜力，让他们发出自己的专业声音，成为教研的主体。

辩论式教研是由小组或全体教师围绕特定的论题辩驳问题，各抒己见，相互学习，在辩论中主动获取知识、提高专业素养的一种教研活动方式。教师通过一辩一论，表达对儿童的解读，表述对教育的思考，在语言与思维的碰撞中，有效地激发教师参与的积极性。教师在教研过程中对教育观念和教学行为中模棱两可的观点展开有效梳理，促进逻辑思维、语言表达、灵活应变等综合能力的提升，最终厘清和提炼出团队在辩论中所认同的理论观点和教学行为策略，从而提高幼儿园教学质量。

活动实例：幼儿园活动中规则与自主哪个更重要？

（一）前期回顾

前期教师们已开展了关于《纲要》《指南》《指引》等文件的学习，从生活活动、学习活动、游戏活动和户外体育活动的各个环节，分别围绕"幼儿园一日生活各环节的核心要点是什么？""如何优化幼儿园一日生活组织的方法与流程？""一日生活实施中有哪些经验锦囊与策略？"等问题开展了系列教研活动。针对幼儿在一日生活中的不同环节，教师们进行了系统的学习和梳理，从而对幼儿园一日活动的组织有了更深层次的理解。

（二）设计意图

幼儿园一日活动是落实整体课程的重要载体，也是整体课程实施的具体表现。通过前期对"如何高质量地组织一日生活"进行研讨，教师对"幼儿园活动中规则与自主哪个更重要？"产生了不同的声音和疑问。课程中心立足教育实践，为教师创造一个学习、研讨和交流的平台，准备以辩题为切入点，开展一场主题为"幼儿园活动中规则与自主哪个更重要？"的辩论会，促进教师对问题开展进一步研究，希望通过辩论式教研促进教师的积极参与，碰撞出不同的思想火花，让教师不仅知其然，更知其所以然，用坚实的理论指导日常教学工作，不断提高教育和教学质量。

（三）活动目标

（1）通过辩论的形式，引导教师辨析幼儿园活动中"规则"与"自主"的核心概念，厘清二者之间的关系，在教育实践中优化教育行为，达到知行合一。

（2）鼓励教师坚持自己的立场与观点并大胆阐述，提高临场应变能力、表述能力以及思维能力。

（四）活动准备

1. 组织准备

（1）制定辩论活动的规则，发布辩论的主题内容。

（2）制作活动幻灯片、带有辩手名字的台卡和投票小花等材料。

2. 教师准备

（1）查找关于幼儿园活动中"规则"与"自主"的核心概念以及理论基础的资料。

（2）组队分工：组队完成后，每个组长根据组员的特点进行分工。如：观点新颖的教师负责一辩，能言善辩的教师负责归纳总结，擅长信息技术的教师及时搜集网络资料……

3. 场地准备

将活动现场布置成两部分，台上是主辩席位，台下是教师座位（见图5-13）。

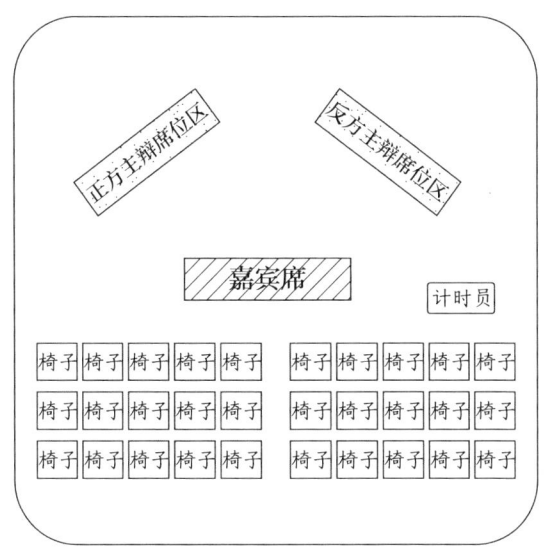

图5-13 辩论式教研会场图示

（五）活动过程

1. 双方辩友上场

（1）主持人向在场教师简要介绍活动主题、出席嘉宾和计时员。

（2）主持人介绍辩手教师并请双方辩手上场。主持人："今天的辩论赛即将开始，有请双方队员上场。首先入场的是意气风发的正方辩友，他们认为幼儿园活动中规则更重要。现在入场的是信心十足的反方辩友，他们认为幼儿园活动中自主更重要。"

2. 活动规则与评分标准

（1）主持人介绍活动规则。

①在辩论环节中，当每方剩余时间为30秒时，计时员会举牌示意，30秒后计时器会发出声响，辩手必须停止发言。

②在辩论时，不要随意打断别人的话，不能进行人身攻击。

③在辩论中，辩手可以使用简单的道具和物品来辅助和强化自己的陈述。

（2）主持人解说评分标准。

①明晰论点：论据充足，引证恰当，分析透彻。

②敏捷反应：迅速抓住对方的观点及失误，驳论精到，切中要害。

③清晰表达：层次清楚，逻辑严密，应对能力强。

④协作友善：团队合作，尊重评委、观众及对方辩友。

3."针锋相对"时刻

（1）立论陈词阶段。

①主持人："有请正方一辩开始立论陈词，限时3分钟。"

②正方："我方坚持'幼儿园活动中规则更重要'。'无规矩不成方圆'，幼儿期是萌生规则意识和确立初步规则的重要时期。《纲要》提出，教师要帮助幼儿从小理解和遵守生活、学习、活动的各项常规，养成遵守规则的良好态度和习惯。因此，可以使幼儿成为规则的制定者，从而促使他们自觉、主动地遵守规则。"

③主持人："下面请反方一辩进行立论陈词。"

④反方："我方坚持'幼儿园活动中自主更重要'。《纲要》明确指出，幼儿园的常规要求应有利于引发、支持幼儿的游戏和各种探索活动，有利于引发、支持幼儿与周围环境的相互作用。规则会过多地干预幼儿的自主活动，把固定的游戏玩法强加给幼儿，使幼儿在活动中必须依照规则的制约来行事，无法实现真正意义上的'自主'，而变成了规则对游戏的控制。"

……

（2）补充驳论阶段。

①主持人："有请双方二辩在反驳对方观点的同时对本方观点进行补充陈词，时间为3分钟。"

②正方:"意大利教育家蒙台梭利认为'儿童的本性是有序的',而且'有一个很重要和神秘的时期是儿童对秩序极端敏感的时期',即幼儿秩序的敏感期和关键期。这一时期通常在2—4岁,如果儿童错过了这个对秩序的敏感期,那么映入其眼帘的那种紊乱就会成为其发展中的一个障碍。所以,我方认为幼儿园活动中的规则对幼儿的发展极为重要。"

③反方:"《纲要》在健康、语言、社会、科学和艺术五个领域都涉及了有关自由的表述,如'提供自由活动的机会,支持幼儿自主地选择、计划活动''提供自由表现的机会,鼓励幼儿用不同艺术形式大胆地表达自己的情感、理解和想象'等,这些内容充分地体现了'以幼儿为本'的现代教育思想。因此,我方认为幼儿园活动中的自主对幼儿的发展更为重要。"

……

(3)法庭式盘问阶段。

①主持人:"下面请双方就对方的观点及漏洞进行法庭式盘问,时间为3分钟。"

②正方:"请问反方辩友,如果幼儿园的活动都顺应孩子的本性,让孩子为所欲为、成为'自由天使',那么由此会导致幼儿过于以自我为中心,形成诸多不良的行为习惯,他们日后该如何适应社会生活?社会的良好运作依靠的是法律法规,幼儿园就是一个微缩型社会,如果没有良好的规则与常规,如何保证幼儿的活动和人身安全?"

③反方:"请问正方辩友,如果一味地强调规则,那么培养出的幼儿只会遵从规则做事,缺少灵活性和创造性,而未来的社会发展不只需要工匠型人才,更需要创造型人才。教育的目标是培养身心健康且具备个性化发展的人才,而在统一规则下的传统教育只能刻画出一批符合'模型'的儿童,请问该如何落实我们的教育目标呢?"

……

(4)自由辩论阶段。

①主持人:"下面请双方三辩进行自由辩论,时间为5分钟。"(见图5-14)

图 5-14 自由辩论唇枪舌剑

②正方:"虽然时代不断发展,但是教师的职责并未改变,那就是要建立良好的一日常规,保障幼儿在园生活的有序、安全,观察幼儿的行为表现和了解幼儿的发展需求,提供能满足幼儿智力、道德和社会性需求的活动与环境,更好地培养和激发幼儿自身的潜在能力,促进幼儿的身心全面、和谐发展。因此,良好的规范行为和习惯是幼儿可持续发展的重要前提,在幼儿园活动中强调规则具有必要性和重要性。"

③反方:"著名教育家蒙台梭利曾强调自由在儿童发展中的重要性。教师不应用规则强制、管制和限制幼儿的学习与生活。在规则的束缚下,幼儿只能被动地参与,不能真正地投入,更不可能实现通过活动获得愉悦的体验。所以,教师应顺应幼儿的天性,为幼儿创设宽松、自由的环境和氛围,让他们自由、主动地与周围环境、对象和事物进行互动、建立联系,以此促进幼儿的身心健康发展。"

……

(5)总结陈词阶段。

①主持人:"有请正反双方四辩做最后的总结陈词,时间为 3 分钟。"

②正方:"幼儿园活动的开展需要建立在良好的常规基础上,幼儿园的一日生活常规的培养需要长期坚持,创设有序的环境是促进幼儿主动遵守各种规则的有效途径。幼儿园中的规则包含教师的语言要求、动作提示,环境中

标识的提醒，材料的操作引导等。教师应该按照幼儿的不同年龄及其对规则的不同理解水平，对规则做出不同的调整和要求，从而使幼儿在遵循良好常规的前提下，最大限度地通过直接感知、实际操作和亲身体验来获取各种活动经验，形成独立、自信、自律、自足以及自我管理的良好活动习惯……"

③反方："21世纪强调科技与人才的竞争，其核心是创造型人才的竞争。幼儿是新时代的主人，而我们最终的教育目的是对幼儿进行创新思维的培养。因此，我们强调幼儿园活动中的自主，充分利用幼儿的自发性和主动性，激发幼儿的内在潜能，培养幼儿从小积极探索、独立自主的学习精神，让幼儿在自主的教育环境中得到整体、全面、和谐的发展。因此，强调幼儿园活动中的自主教育是有意义的……"

4. *投票与点评*

（1）评选最佳辩手。

主持人："请现场的所有教师依据辩论会开场前所介绍的评选标准，结合今天辩手们的现场表现，分别从明晰论点、敏捷反应、清晰表达和协作友善这四个方面为教师进行综合评分，选出自己心目中的最佳辩手，然后将手中的小花贴到该教师的名字台卡上，最后小花数最多的四位教师将成为本场辩论活动的最佳辩手。"

（2）嘉宾点评。

王园长："在今天的辩论会中，老师们表现得非常出色。这样的交流让我们清楚地认识到教育不仅需要倾听，还需要质疑和思考，教研不仅需要思考，还需要发出自己的声音。在辩论式教研活动中，正反双方围绕'幼儿园活动中规则与自主哪个更重要'的辩题，坚持'和而不同'的原则，在阐明立场、反驳对方观点时追求真理，从不同的角度张扬优点、指出缺点，基于问题提出有效的解决策略，探寻教学真谛，真正达到了'以辩促研'的教研目的。"

5. *颁证与小结*

（1）颁发证书。

主持人："祝贺四位表现出色的最佳辩手，请出席今天活动的嘉宾王园长为获奖教师颁发证书和小奖品。"（见图5-15）

图 5-15 最佳辩手

（2）活动小结。

主持人："今天的辩论会与其说是一场赛事，不如说是一次全园教师的理论交流和智慧碰撞。'规则'与'自主'既有独立的教育含义，又有一定的关联性。以单一的角度来看待每个观点是片面的，容易偏离科学性，因此，需要将辩证的哲学思维应用到教育中。陈鹤琴先生曾说过，'做中教，做中学，做中求进步'，教研也是如此。在没有主动参与、深入研究前，大家对问题与困惑倍感迷茫，觉得辩论很难，但只要坚持钻研、团队合作，最终就能感受到破茧成蝶的愉悦。在今天的精彩博弈中，我们收获的不仅是理论水平的提升，更是团队精神的塑造，辩论式教研活动让我们彼此走得更近，携手共同成长。"

6. 教研小任务

主持人："请教师带着今天的辩题关键词——'规则'与'自主'，反思自己的教育行为的不适宜性以及未来计划如何调整，将其梳理成文字资料并交到课程中心。"

（六）活动反思

辩论式教研的目的是基于教学实践中的模糊和胶着问题，教师以辩论的方式，通过寻找论据、厘清辩论问题的过程，将理论与实践相结合，同时在同伴互助的情况下，促进自身的自主学习和发展。本次辩论式教研活动达到了预期目的，辩手们在前期做了充分准备，查找了大量资料（从《纲要》到《指南》，从名人名言到经典名人案例，从理论到实践经验），对本次辩题展开了深度的研讨。

到底幼儿园活动中规则与自主哪个更重要？大家在辩论的过程中思路逐渐清晰，就连未参与辩论的教师在发表感想时也表示："一开始我觉得自主更重要，但是当双方进行到第二轮辩论时，我发现其实规则和自主都很有道理，最后理解了二者是相辅相成的关系。"通过本次辩论式教研，大家勇于发声并为自己的持方进行辩驳，真正体现了对教育的执着和钻研精神，同时为如何高质量地组织幼儿的一日生活带来了新的思考。

（七）后续调整

本次教研活动现场气氛热烈，效果显著。通过辨析，教师改变了原来对"规则"与"自主"的片面认识，从另一个视角来理解这对矛盾体，很好地达成了本次教研活动的目的。如何针对不同的活动把握"规则"与"自主"是教师在下一阶段需要深入思考和讨论的重点，后续我们将调整活动，让教师在一日活动组织中，针对"规则"与"自主"，审视自己的教育行为是否适宜，如何做出调整和优化，以提升班级一日活动的质量。

（八）资源整理

（1）收集教师前期为辩论会准备的文字信息、分工方案以及照片资料等。

（2）将本次辩论式教研中的现场照片和录像资料整理打包。

第七节　项目研究之沙龙式教研

"沙龙"这一形式起源于17世纪的法国，最开始在沙龙中谈论的话题主要与文化（如绘画、音乐、诗歌等）有关，参与者针对共同感兴趣的各种问题促膝长谈，从高谈阔论中吸取不同的智慧。但随着时间的推移，目前沙龙式活动的形式更严谨，目的性更突出，话题也更聚焦，这样更有利于活动目标的达成。同时为了使沙龙的研讨话题更有内涵，大家会在沙龙活动中邀请一些有分量的嘉宾，通过与嘉宾对话及嘉宾对话题的引导，拓展话题的深度，从而更好地提升参与者的思想高度。在教研活动中引入沙龙这一方式，能通过沙龙活动中的自由、平等氛围，让参与教师放松身心，敞开心扉地投入活动，增加教师在教研活动中"说"的分量，更好地体现教研活动"研"的成分。

活动实例：为什么校园文化应随着教师发展动态调整？

（一）前期回顾

深圳市莲花二村幼儿园在课程中国化的道路上，一直努力将传统文化融入区域课程，当中国共产党第十八次全国代表大会、中国共产党第十九次全国代表大会提出以"立德树人"为教育的根本任务后，我园更是将传统文化全面融入整体课程。通过调研与教师自我申报，我们以传统文化为抓手，开始了"如何将中国的传统文化融入幼儿园课程？"的系列项目式教研。但在开展系列教研时，我们发现并非所有教师的文化底蕴都能支持他们的专业发展。俗话说，"教师有一桶水，才能给学生一杯水"，课程中心通过研究专业书籍、分析社会背景，发现影响教师专业成长的因素有：专业知识（包括普通文化知识、专业学科知识、一般教学法知识、学科教学法知识和个人实践知识等几个方面）[1]，以及教师资格证考试中涉及的通识性知识。各方资料进一步证实提高教师团队的文化素养既是时代的要求，也是促进教师成长的重要途径之一。为此，课程中心开始了更有针对性的"如何提升教师的中华优秀文化涵养？"项目式教研。在本项目的推进过程中，课程中心发现既要提高教师的传统文化底蕴，又要让教师关注身边的文化因素（校园文化对教师的工作状态、风格和效率具有重要的影响）。通过了解校园文化的形成背景、发展历程，教师能够让身边的文化更好地浸润心灵，引领他们的行为。

（二）设计意图

校园文化是幼儿园的灵魂，是幼儿园可持续发展的动力之源，更是幼儿园整体面貌的体现。多年来，深圳市莲花二村幼儿园将不同阶段的工作目标及工作策略，以理念的方式呈现并传达，以利于教师内化于心，外显于行，

---

[1] 霍力岩. 幼儿园课程开发与教师专业发展——比较研究的视角［M］. 北京：教育科学出版社，2006：5.

形成习惯，注入气质，塑造团队的精神形象。在发展初期，我园对教师提出了"工作着、学习着、研究着、交流着"的工作理念，促进团队的协作能力，提升团队的整体合力。在成熟期，我园进一步调整并提出了新的校园文化理念——"严谨、精致、高品、卓越"，激励教师不断求索，不断追求，不断奋斗，建构高品质课程、高质量幼儿园。在课程与教师团队迈向优秀的阶段，我园更是从人文的角度提出了校园的核心文化理念——"开放、包容、关爱、感恩的生活态度；严谨、精致、高品、卓越的工作风格"，鼓励教师不断追求更好、更高的目标，打开胸襟，放宽视野，关爱他人，用与时俱进的教育理念引领教师的精神与行动，保证园所的可持续发展。

在校园文化动态化调整与优化的过程中，虽然校园文化一直指引着教师的行为，塑造着教师的精神，但并不是每一位教师都能清楚地理解它与自己的关系，或者明确文化在校园中的引导作用。在课程、教师与幼儿园遇到瓶颈期时，为了再次提升校园文化的引导作用，凝聚教师团队的合力，我们设计和开展了"为什么校园文化应随着教师发展动态调整？"这次教研活动，旨在通过活动让文化真正走入教师的内心，提升文化的效用，用文化影响走过校园的每一个人，整体推进教师的工作作风，实现课程与园所的进一步提升。

（三）活动目标

（1）通过教研，进一步加深教师对校园文化的理解，促进教师文化涵养以及专业素养的提升。

（2）总结基于校园文化来促进园所教育工作的事例，理解文化的促进作用，了解校园文化对园所发展及教师成长的引领作用，为课程与园所的后续发展奠定更好的基础。

（四）活动准备

1. 组织方面

（1）与园所中的校园文化主要提出者进行沟通，请负责人总结和梳理校园文化变迁的原因，以及校园文化对教师、课程及幼儿园发展的作用。

（2）主持人整理向负责人提出的问题，为引导教师的自由发言做准备。

（3）准备好教研活动场地所需要的电子设备，对话、思维导图记录资料等。

（4）布置沙龙式会场，尤其是布置主持人与负责人对话时的场地。

2.教师准备

提前发布教研活动的内容，并请教师收集自己在校园文化的影响下改变工作方式或调整工作状态等方面的感受、感悟或事例，将其梳理成教研活动中的发言内容，为参与教研活动做好前期的经验储备。

（五）活动过程

1.开始部分：专业对话，领悟校园文化真谛

（1）主持人："今天的教研主题是'为什么校园文化应随着教师发展动态调整？'。大家能说一说自己所知道的校园文化体系中的内容吗？"教师自由回顾并讲出自己所知道的校园文化的内容。主持人通过时间线索引导教师回顾幼儿园在不同时期的校园文化体系中的办园宗旨、办园目标、办园理念、培养目标，以及校园核心文化、课程建设与发展理念、幼儿园教育观、幼儿园教师观、幼儿园儿童观等理念。

（2）主持人："刚才我们在回顾我园的文化内容时，发现校园文化并不是一成不变的。那么为什么要调整校园文化，其作用是什么呢？现在有请我园校园文化的引领与设计者——王园长上台与大家分享。"

（3）主持人与王园长对话（见图5-16）。

图5-16 主持人与园长对话

主持人先后提出的问题有：

"首先想请问一下园长，幼儿园为什么要有自己的校园文化？

"幼儿园的校园文化是怎么生成的？是领导决定的吗？

"既然幼儿园有了自己的校园文化，那么为什么校园文化要伴随教师的成长进行动态调整？

"园长说文化的调整是为了顺应发展，不断以新的目标来激励教师，那么园长能举例说明一下吗？

"您刚才举例说明了校园文化对教师工作的激励作用，那么您能梳理一下我园几次校园文化变迁的缘由吗？您能通过梳理让教师们进一步明晰校园文化的发展路径吗？"

（4）主持人进行环节小结："感谢王园长为我们解析我园校园文化产生的背景和变迁的原因，以及不同阶段的校园文化对我园不同阶段的发展起到的作用，让教师们对我园校园文化的内容以及背后的意义有了更清楚的了解。"

2. 基本部分：自由发言，感悟校园文化作用

（1）主持人："刚才我们倾听了园长对校园文化的解析，她介绍了校园文化对我园发展、课程发展以及教师发展的作用和事例。园长是从顶层设计的角度来讲解校园文化的，而教师们在工作中一定有自己受校园文化影响并促进工作调整与改进的事例，下面请教师们自由讲述对校园文化的感受，也可以就自己对校园文化的疑惑向王园长提问。"

（2）主持人请教师分别自由讲述校园文化对自己的影响，以及在校园文化的影响下自己的感悟。主持人根据教师讲述内容涉及的其他人物，组织教师与教师、教师与主持人、教师与园长之间的交流和互动，激发教师们讲述的愿望，活跃沙龙的自由氛围，同时拓展话题的深度与广度（见图5-17）。会议记录人根据教师的发言内容，以思维导图的方式进行记录。

（3）主持人请教师就自己对校园文化中的疑惑向园长提问，园长现场答疑解惑，帮助并引领教师更清晰地理解校园文化的内涵及意义，为教师的后续工作与发展提出明晰的目标。会议记录人根据教师与园长之间的问答内容，以思维导图的方式进行记录（见图5-18、图5-19）。

图 5-17　教师自由发言

图 5-18　教师向王园长提问

图 5-19　王园长解答疑问

3. 结束部分：总结陈述，彻悟校园文化意义

（1）主持人出示本次活动中记录教师发言的思维导图，引导教师根据记录内容找到校园文化对教师工作及发展的促进作用，进一步理解校园文化产生、变化、发展的原因，更深层地理解校园文化的内容。

（2）主持人呈现教师因困惑与园长对话的思维导图，引导教师找出对校园文化有困惑的原因，以及园长解答的核心内容，再一次帮助教师找到校园文化困惑的突破点，提升教师对校园文化的理解程度。

（3）主持人请园长根据教师的讲述与提问进行总结与归纳，帮助并引导教师区分自我认知中的校园文化与真正的校园文化之间的差异，领悟校园文化在幼儿园各方面发展中的意义。

　　4. 教研小任务

　　（1）教师在本次教研活动后的两周时间内，再一次梳理本次教研活动前后校园文化是否对自己的教育和教学工作有所影响。

　　（2）教师在后续的工作中努力用校园文化所引领的方向与目标去开展教育和教学，并运用一个事例说明校园文化对其教育和教学工作起到的作用。

（六）活动反思

　　本次教研活动源于教师对校园文化影响的淡漠，以及对文化动态变迁的不理解。在园所发展的瓶颈期，课程中心组织这次沙龙式教研，并从两方面设计教研活动：一是通过与文化主要设计与推进人进行对话，让教师对文化背后的意义与作用有深入的了解；二是通过提前预告活动内容，让教师梳理、反思并总结文化曾经对自己的影响，将抽象的文化与具象的工作进行有机结合，并通过自己的行为、思想的变化来深层次地理解校园文化的作用。

　　在本次教研活动中，通过与专家对话、与自己对话、与同事对话等不同的自由表达与表述，教师了解到深圳市莲花二村幼儿园的文化是在"民主参与，动态调整"中形成的，在不断完善的过程中确保各项文化的优质生成与有效存在。而在推进文化的过程中，我园注重文化的人性化实施与推进，保证文化的有效浸染及与时俱进，以适应幼儿园不同发展时期的工作要求，调动教师的工作积极性，拓展他们开展教学工作的高度和深度，实现校园文化在幼儿园发展和教师成长中的引领作用。

　　本次教研活动的开展正值"如何提升教师的中华优秀文化涵养？"项目式教研高潮活动开始至整个项目式教研活动结束期间。通过这次活动，我们想通过校园文化点燃教师对身边文化的兴趣，后期我们将从多方面进行系列调研，也会请教师申报自己有兴趣深入研究的文化内容，再经过综合审议，确定后续基于文化提升的相关教研活动。

（七）资源整理

　　（1）收集本次活动中的专业对话问题集（见表5–5），以及本次教研活动过程中记录教师发言的文字资料。

　　（2）形成本次活动的完整资源包，并将所有资源归类到教研资源体系中。

表 5-5　教师与园长对话问题集

问　题　集
（1）幼儿园为什么要有自己的校园文化？ （2）幼儿园的校园文化是如何生成的？ （3）为什么校园文化要伴随教师的成长进行动态调整？ （4）幼儿园文化变迁的缘由是什么？ （5）校园文化调整后，新目标的激励作用是什么？ ……

第六章
项目式园本教研完整型案例

当一种全新的课程模式进入幼儿园后，幼儿园教学人员往往会在新课程的探索和实施阶段中面临许多未曾想到的困难。这些困难会在园本课程的推进过程中逐步浮现，成为课程实施者推进课程时的阻碍，也成为教学管理者领航教学与教师前行中的阻碍。项目式园本教研的建构初衷与探索重点，就是尝试从困难中分解出亟待解决的问题，通过创新的项目式教研模式，全面而科学地解决这一系列问题，提升教师的专业素养，加速课程的推进，从而提升幼儿园教育和教学质量。

在前面几章的内容中，我们已经从项目式园本教研理念和教研模式的框架等不同角度，逐步解析了项目式园本教研的支撑骨架。在接下来的章节中，我们将从过往的经验中提取项目式园本教研活动实践运用成果，展示新教研模式中两种不同的项目式教研形式——横向型项目式教研和纵向型项目式教研的活动案例，以及在教研中形成的不同教研方式和这些方式在不同情境中、不同问题类别中的运用，从而解析项目式教研如何解决教育和教学中的"真问题"，如何促进课程发展，如何实现教师的专业提升。

第一节　横向型项目式教研

导图6-1　横向型项目式教研精简活动图

横向型项目式教研是从问题的广度方面去推进问题的解决。在这种形式的教研中，各个子教研活动以并列的关系存在，通过多个子教研活动，解决组成中心问题的子问题，从而实现中心问题的解决。横向型项目式教研在解决各问题的过程中逐步形成组合型的模块化解决方法，降低研究复杂问题的门槛，在不断积累问题答案、形成行动方案的过程中，循序渐进地促进教师的专业成长，以量变带动质变，最终促进教师专业知识的完整性建构。

在开展横向型项目式教研时，需要针对项目主题——中心问题进行分析和拆解，将中心问题分解成数个不同类型的分项问题，可以从内容难度上进行分解，也可以从实施方法的难度上进行分解，分解类型可以根据幼儿园的自身条件、教师的专业程度等多方因素进行判定。横向型项目式教研的目标分解法，能使教研活动目标更聚焦，也能使教研活动的内容更容易让教师感受"跳一跳，摘到果子"的成就感，从而提升教师参与教研活动的兴趣。

活动实例："如何优化幼儿一日活动环境？"

（一）确定教研问题

从课程发展的角度来看，深圳市莲花二村幼儿园的课程建构初期，以一种课程模式——区域课程为主体开展课程改革，重点为区域课程内容实施的时间安排、内容结构分量、开展方法、区域环境创设等方面。随着课程进入发展期，为使课程更多元和全面，主题活动、生活教育等内容的课程开始融入，课程发展面临如何有效规划生活环境、主题环境等问题。

从教师专业提升的角度来看，自园本课程改革以来，环境一直是课程内容中最重要的组成部分，环境既是课程开展的场所，也是教师实施课程的助手，更是课程推进中的有力抓手。随着课程进入成熟期，老教师进入模式化推进教学阶段，新教师不能深入地理解课程，教师开始出现对环境的教育作用视而不见的现象，并且出现对课程建构阶段提出的"有准备的环境""让环境成为幼儿的第三位教师"等理念遗忘的现象。

为突破课程发展的瓶颈，让教师重视环境的教育作用，强化教师的"有准备的环境"的课程理念，提升他们的环境创设能力，课程中心聚焦于日常教学管理中发现的有关环境的问题和教师自我申报的环境问题，以"如何优化幼儿一日活动环境？"为中心问题，整理出若干子问题，以问题为导向开展相关的系列教研活动：

（1）如何从多维角度思考主题活动空间的利用？
（2）适宜的区域环境能否促进幼儿活动的有效性？
（3）合理规划生活环境能否提升活动的有序性？
（4）组织不同过渡环节时的最佳空间在哪里？
（5）合理规划环境能否促进接送环节的顺畅？
（6）……

（二）聚焦问题分析

课程进入相对成熟的阶段后，如何通过有目的且有针对性的探索与研究，促进课程绿色且可持续地发展成了此发展阶段的重点。

基于"莲花课程"中"有准备的环境"这一要素，我们将教研主题确定为"优化幼儿一日活动环境"并开始新的研究。本次项目式教研是对环境的进一步提升，因此，以优化与提升班级环境为核心，围绕幼儿一日生活涉及的不同环境，我们选用横向型网状研究方式，探究区域活动环境创设、主题活动空间利用、生活活动环境创设、过渡环节环境运用等方面的问题，从不同类型的活动对环境的要求、对空间和物质等方面的要求入手，帮助教师进一步提升在环境中融入教育功能的规划能力。课程中心在教研活动中设计教师群体共同探索、研讨、发现等活动,促进教师进一步理解"莲花课程"中"有准备的环境""环境是幼儿的第三位教师"等理念。通过此次教研活动,课程中心引导教师重新梳理环境创建的优质经验,全园教师对如何通过环境实现教育的激励性达成共识,以此促进教师的专业成长,达到课程建构与教师专业成长一体化。

(三)制定教研方案

1. 教研活动总目标

(1)基于教师在教学中的问题,通过有效的项目式教研系列活动,探寻问题的解决方法,并形成创设适宜的班级环境的共识。

(2)从不同类别的活动如何有效地在环境中开展,引导教师主动思考不同活动的性质与环境之间的关系,理解良好的环境对活动的促进作用。

(3)通过在环境中科学地呈现不同的活动,既实现不同类型的活动过程的可视化,又提高环境的美化作用,从而促进教师提升规划环境的能力。

2. 教研活动预设网(见图6-1)

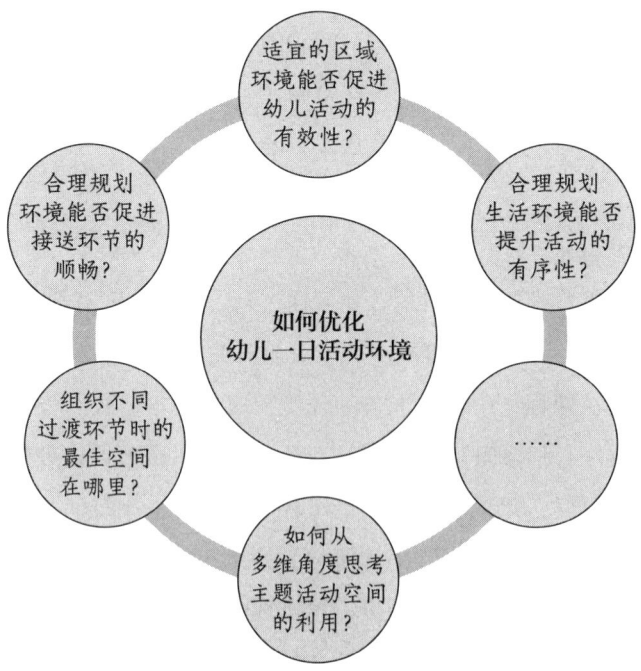

图6-1 教研活动预设网

（四）教研活动实施

活动一：如何从多维角度思考主题活动空间的利用？

1. 设计意图

在深圳市莲花二村幼儿园建构的园本课程——"莲花课程"中，主体课程探索结构分为主题集体探索与区域个别探索两大部分。区域活动中各个区域的围合式架构，使班级环境中的大块空间面积面临不足，这对主题集体探索所需要的环境提出了挑战。"如何从多维角度思考主题活动空间的利用？"就成了本次教研活动的首个主题问题。因为在前期的教学管理中，我们发现部分教师在主题环境研究中有一些闪光点，所以本次活动采用沙龙式教研的方式，期望通过轻松的教研方式，让每位教师放下包袱，大胆表现，用集体智慧研讨总结出主题空间利用的优质经验。

2. 活动目标

（1）通过教研解决教师在环境创设中对主题活动开展场地及主题活动开展过程中成果物呈现场地的疑惑，并初步形成问题解决方案。

（2）激发教师想倾诉、想展示、想表达的动力，让每一位教师在教研活动中既发扬个人的思维优势，又善于认同他人的成果，并发现群体思维的重要性。

3. 活动方式

主要运用沙龙式教研。

4. 活动准备

（1）组织准备。

①收集反映主题活动环境运用不足的照片或小录像，以及成果呈现不足的照片或小录像。

②运用照片和小录像制作反映主题活动环境中问题的数字化故事集。

③准备好教研活动场地所需要的电子设备并完成会场的布置等。

（2）教师准备。

提前发布教研活动内容，请教师收集本人在主题活动环境创设中的优质经验，并制作幻灯片或视频。

5. *活动过程*

（1）开始部分：发现问题。

①主持人："我们都知道今天的教研活动问题的焦点是'如何从多维角度思考主题活动空间的利用？'。针对主题活动的环境创设，本次教研活动将从两个维度展开：一是主题活动开展时环境的利用，二是主题活动过程中产生的成果物在环境中的展示。在活动前，我们一起看一个与主题活动环境相关的小故事，请老师们找一找这个小视频中呈现了哪些主题活动环境利用中的不足。"（见图6-2）

图6-2　主持人播放视频

②教师观看主持人提前制作的有关主题活动环境利用的视频。

③主持人引导教师讲述自己发现的问题，并将问题分别归类到"如何在开展主题活动时有效利用环境？"与"如何在呈现主题活动成果时有效利用环境？"两大类中，形成两大类问题集。

如：某教师以幼儿的视角高低为问题点，探讨了在"海洋"主题的环境创设中，如何将"蓝色""海洋生物"等主要内容和元素放在与幼儿视角平齐（甚至更低）的地方，以提升幼儿在主题活动中的参与积极性，以及如何将幼儿的部分成果物以墙面装饰与悬吊的方式呈现，营造班级主题良好的整体环境效果。

（2）基本部分：解决问题。

①主持人："刚才我们通过视频找出了我园在'主题活动环境的利用'中存在的一些问题。在本次教研活动前，我们也发布了教研活动主题内容，并

请大家收集和整理了自己在这方面的优质经验。今天,我们将以自由发言的形式,请大家来讲一讲各自在主题活动环境利用中的优势。"

②基于"如何在开展主题活动时有效利用环境?"这一问题,主持人请教师们自由发表自己的意见,并呈现有启发意义的幻灯片及小视频,通过语言讲述解决问题的方法,通过幻灯片及小视频的画面冲击进一步理解环境的有效利用,以及对主题活动顺利开展的促进作用。教研助理记录每一位教师的发言。

③基于"如何在呈现主题活动成果时有效利用环境?"这一问题,主持人请教师自由讲述自己的优质经验,并呈现可借鉴的幻灯片及小视频,通过语言描述及画面冲击,让现场的教师更好地吸收优质经验。

④主持人根据两方面问题的经验,引导教师自由发言,聊一聊自己觉得在已讲述的故事中有用的经验,并说一说这些经验可如何用于创设主题活动环境。

⑤主持人根据"如何在开展主题活动时有效利用环境?""如何在呈现主题活动成果时有效利用环境?"两个问题对教师进行分组,引导教师选择自己想进一步探究的问题,以小组为单位,教师围绕问题自由讲述自己的经验,也可以提出问题并进行论证(见图6-3)。

图6-3 教师分组取长补短

⑥收集两个问题的解决方案,达成全体教师相对认同的问题解决方案。

(3)结束部分:成果运用。

①主持人总结教师达成共识的问题解决方案。针对"如何在开展主题活动时有效利用环境?",主要是重视大块、空置环境的创设,便于在主题活动

中进行集体性合作探究，也方便幼儿合作完成主题成果物；针对"如何在呈现主题活动成果时有效利用环境？"，主要是重视平面墙的运用，重视空间悬挂的运用，还要重视公共柜面等中空位置，以呈现主体的立体成果，从多角度来挖掘教室空间的充分和灵活运用。

②教师自由讲述后续实践行动的初步设想。主持人提出方案在后续实践中落地的要求，结束教研活动。

（4）教研小任务。

所有教师将问题解决方案运用到教学实践中，并在过程中将遇到的问题进行汇总，形成文字反馈，为下一阶段的教研提供方向。

6. 活动反思

本次教研活动是根据教师申报的各类环境创设中有关主题活动环境的有效利用问题而设计的。在前期的调研及日常教学检查中，课程中心发现在主题活动环境的有效利用方面，教师们有不足的地方，也有做得好的地方，所以我们在活动前做了活动内容预告，请教师发现自己的优势并形成可视化资料。因为每位教师都有了准备，所以在开展教研活动时我们选用了体现民主氛围的沙龙式教研方式，让每位教师在平等和自由的教研活动形式中，在畅所欲言的环境中，一吐为快，主动而有准备地陈述并呈现自己的优质经验。这种方式不但能够提高教师参与教研活动的兴趣，也能够提升教师的讲述及表现能力。通过共享优质的教育和教学经验，教师能够形成具有系统性的经验，有效地促进幼儿园课程的发展。

7. 资源整理

（1）收集和整理本次活动中的所有幻灯片和小视频。

（2）收集和整理本次教研活动过程中教师发言的记录文字资料，及后期形成的有效利用主题活动环境的文字总结资料。

活动二：适宜的区域环境能否促进幼儿活动的有效性？

1. 设计意图

在探究本教研项目中的各个小主题时，根据当前教师的实践需要与教学管理、教学检查中的问题，课程中心有计划且有针对性地开展相关活动。在开展并完成关于主题活动空间的利用的教研活动后，根据深圳市莲花二村幼儿园的主体课程由主题活动与区域活动两大板块组成的现实情况，课程中心在随后的教研活动中选择以"区域活动环境的创设"为教研主题。区域活动在课程中已推进了较长时间，区域空间的创设也已形成了一定的经验。鉴于新的区域环境创建已不符合教研的要求，需要从已有的区域环境创建中寻找优势，在现场中呈现优质经验，通过教研活动来分享区域环境如何有效地促进活动的开展和幼儿的探索。因此，课程中心设计了在情境中共享优质的区域环境创设经验的教研活动。

2. *活动目标*

（1）通过教研活动使教师在现场情境中直观地了解区域活动环境创设的优质经验对课程和幼儿的促进作用。

（2）鼓励教师在教研活动中了解、学习他人的优质经验，通过反思和总结，引导他们借鉴他人的优质经验并改进自己在实践中的不足，促进教师专业能力的提升。

3. *活动方式*

主要运用情境式教研。

4. *活动准备*

（1）组织准备。

①活动前进行分析和评价，找出不同区域中环境创设最佳的班级，并与班级教师进行沟通，发现其区域环境创设对课程开展、幼儿发展的促进原因。

②与教师沟通教研活动的现场要求。

③设计教研活动观摩开放班级顺序。

④制定教研活动现场观摩表（见表6-1）。

表6-1 区域活动环境的适宜性创设现场观摩表

教研活动时间：　　　　　　　　　　记录人：

区域名称	区域位置	幼儿活动情况	你的发现
你对活动的反思与后续行动设想			

（2）教师准备。

提供教研现场的班级做好开放某区域活动的准备，教师归纳该区域环境的设置原因，以及地点或环境对课程开展和幼儿活动的积极作用。

5. *活动过程*

（1）开始部分：活动导入与激发。

①主持人召集教师，讲述本次教研活动的目的，提出本次教研活动的主题——探究区域环境设置与幼儿活动有效性之间的关系。

②主持人出示教研活动表格，引导教师根据表格内容有目的地进行教研活动。

（2）基本部分：发现、总结与反思。

①主持人根据教研活动的现场安排，组织教师到第一个班级进行参观，教师先集中观摩该班级展示的区域创设情况，再观察班级开放区域中幼儿的活动情况（见图6-4），分析和寻找两者之间的关系，发现优势与不足。

图 6-4　观摩幼儿活动情况

②在观摩结束后，全体教师听取班级教师介绍本班区域环境设置的原因，地点或环境对课程开展和幼儿活动的作用（见图6-5）。

第六章 项目式园本教研完整型案例

图6-5 听班级教师介绍

③观摩教学现场的教师与班级教师展开简短的交流，提出疑惑或建议。

④根据教研活动的安排，教师们依序观摩其他班级的区域环境、活动开展，并倾听班级教师的介绍。

⑤教师离开教学现场，再次集中。主持人引导教师围绕所参观的班级自发形成以个人兴趣与需求为中心的研讨小组，各组将现场中的优质经验进行总结与整理。

⑥各组分别展示通过本次观摩与教研所形成的改进经验，进而形成优质的经验，并形成全园教师的共识性专业经验。

（3）结束部分：拓展延伸与落地。

①主持人总结本次教研活动中形成的优质经验，再次明晰教师们对区域活动环境创设的共识：判别区域的动静性质，根据性质选择能促进幼儿探索的适宜地点；根据区域活动过程中幼儿对环境的某些特殊需要（如水、电的运用）来确定区域地点；根据区域活动中幼儿探索的需要，提供有助于幼儿深度探索的材料与各类物品……

②主持人提出本次教研活动的经验在后期实践中落地的要求，教师调整并完善本次活动观摩区域的环境，形成自己在区域环境创设中的优质经验。

（4）教研小任务。

教师以表6-1为模板对本班区域环境进行记录，至少从中提取两个亮点，对本班两个区域的设置提出改进意见，并形成文字总结。

6.活动反思

本次教研活动的目标在于提升教师规划本班区域环境的合理性，促进教师吸收其他教师的优质经验并提升自身的能力。在组织上，本次活动采用了情境式教研模式，让教师跳出成年人的思维桎梏，在真实的教学活动中展开对区域活动环境创设的思考和研究。

同时，教师在本次教研活动的后半段中可以根据需求形成兴趣小组，照护相同年龄幼儿或者有相似班级主题的教师能够互相交流与研讨，总结他人的优质经验，形成共识性专业经验，并在后续的展示中实现全园共享，达成园本课程知识库的优化提升。

7.资源整理

（1）收集本次教研活动所研究的区域环境的前期照片，以及调整与优化后的照片，并写出调整前后相关的总结文字。

（2）收集教师在活动中所填写的表格，整理并写出评价报告。

（3）将本次活动中的所有资料打包，形成完整的教研活动资源包。

活动三：合理规划生活环境能否提升活动的有序性？

1.设计意图

生活活动在幼儿园一日活动中的占比非常大。一方面表现为生活活动在幼儿园内重复的次数多，如进餐活动涉及早餐、中餐、午点等；另一方面表现为生活活动的内容多，如涉及进餐活动、午睡活动、换衣、喝水等不同内容的生活活动。生活活动环境创设与利用的研究在幼儿园内比较容易被忽视，但在环境中做好有利于开展生活活动的规划或重视在生活活动中对环境的有效利用，会提升幼儿在一日生活活动中的有序性及便利性，也有利于幼儿在生活活动中养成良好的生活习惯，提高自身的生活能力。为此，在环境研究中，我们特别加入了生活活动环境的规划这一教研活动，旨在通过活动引导教师重视环境对生活活动的作用，了解如何在生活活动中有效利用环境，如何发现对环境的不同使用方法，激发环境的教育效果，真正实现"环境是幼儿的第三位教师"的作用。

2.活动目标

（1）通过教研活动，促进教师进一步明晰生活活动的概念、要求与意义。

（2）在明晰生活活动各类概念的基础上，引导教师从生活活动与环境这一组关系中发现，优质环境的创设对生活活动的促进作用。

（3）运用教研活动中形成的共识，提升教师在实践中的行动能力，实现教师专业能力的提升。

3. 活动方式

主要运用会场式教研。

4. 活动准备

（1）组织准备。

①从教研人才库中选择并确定本次教研活动的主讲人，引导并支架主讲人聚焦本次活动的主题内容。

②各主讲人一起研究教研活动中教师的参与方式。

③发布本次教研活动的内容，引导教师整理自己在生活活动环境创设中的疑惑及问题。

④按本次活动的需要来布置教研活动场地，并准备录像设备。

⑤打印现场互动的研究资料——生活活动空间规划图（见图6-6）。

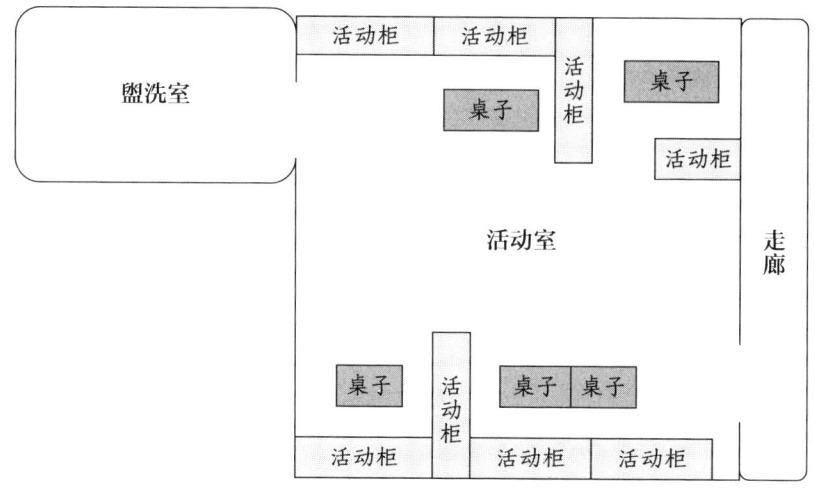

图6-6 生活活动空间规划图

（2）教师准备。

整理个人的优质经验，并形成幻灯片。

5. *活动过程*

（1）开始部分：引出活动主题与主讲人。

①主持人组织教师按教研活动的要求入座，导出本次教研活动的主题，以及活动中的要求。

②请出本次教研活动的主讲人，并介绍邀请原因，激发教师后期成为主讲人的动力。

（2）基本部分：主讲人讲述与主题呈现。

①主讲人根据自己整理的优质经验幻灯片，开始本次讲述。

②活动主要内容陈述。

a．生活活动的重要性：培养良好习惯，提高生活能力，形成良好规则……

b．生活活动的组成及不同生活活动的开展要求：进餐、午睡、换衣……

c．如何规划生活活动环境，促进活动顺利开展：从进餐、午睡等不同的角度规划……

d．如何利用环境中的因素促进幼儿各方面的发展：活动线路规划、环境中的标识……

③活动中主讲人与教师的互动。

a．根据不同的讲述内容，请教师利用生活活动空间规划图，开展研讨性互动交流活动。如，利用图6-6，在环境中规划进餐活动的相关路线，使进餐活动环节中的幼儿加饭、收碗碟等活动路线便捷，幼儿互不干扰等。

b．主讲人发现教师规划的优点，综合集体智慧，找出最佳方案。

④主讲人对教师前期收集的问题答疑。

a．主持人引导参与教研活动的教师提出自己在活动前收集的问题。

b．主讲人根据自己的经验为教师答疑解惑。

（3）结束部分：经验拓展与经验落地。

①主持人请参加教研活动的教师写出自己最有共鸣的收获。

②教师互相聊一聊如何将今日的收获运用到实践中并解决什么问题。

（4）教研小任务。

请教师自行选择教研活动中的一个问题进行实践研究，并在两周内反馈问题的解决情况、运用的方法策略、新问题的发现等，形成下一阶段的教研方向。

6. **活动反思**

本次活动既是一次园本教研活动，也是一次培养名师的行动。主讲人是有思想、有引领性的一线教师。根据平时在教学管理中的发现，课程中心引导该教师梳理她在生活活动中对环境有效利用的经验，在形成经验的基础上，帮助她提升经验，让她将经验进行框架性架构，指导她找到实践经验形成的理论依据，并根据园内教师的特点以及主讲人的个人特点，协助她找到适宜的讲述方式，找到与教师进行现场互动的方式。

经过前期非常充分的准备，本次教研活动在开展中因内容接地气、角度与教师相吻合而取得了非常好的效果，教师认真参与，互动非常积极。现场教师不仅从本次教研活动中获得了新的专业知识，也从同伴的成长中找到了自己努力的方向。

7. **资源整理**

（1）收集主讲人的幻灯片、文字资料及现场中的录像资料。

（2）将教师在现场完成的"生活活动空间规划图"结集成册并写出分析，以作为园本课程的总结资料。

（3）将本次活动中的所有资料进行整理和打包，将其整理为项目式教研活动整体储备资源包，将本次活动中表现突出的教师列入人才库，并对其进行培养。

活动四：组织不同过渡环节时的最佳空间在哪里？

1. **设计意图**

过渡环节相对自由、松散，有交错的各类小活动，因此，过渡环节的组织对教师（尤其是新教师）有一定的挑战。对过渡环节的研究在各所幼儿园里都受到了重视。但在研究过渡环节时，更多的幼儿园将重点放在过渡环节的组织顺序、过渡环节的要求、减少过渡环节中的无效等待等方面，而对过渡环节与环境的关系研究较少。我们设计了这一方面的园本教研活动，期望通过教研提高教师对环境的重视，帮助教师明晰如何规划环境，如何利用环境促进过渡环节有序、高效地开展。从进一步打造名师这一角度出发，在本次教研活动中,我们既着眼于解决教学问题,又着眼于促进教师的专业成长。通过提前让教师申报、总结自己在过渡环节中运用环境的经验,课程中心选拔优秀的教师,在教研平台中呈现教师的故事和事例,实现优质经验全园共享,进一步促进优秀教师的成长与成熟。

2. 活动目标

(1)引导教师总结自己在教学实践中的经验与故事,提高教师的反思和总结能力,以及他们的写作能力。

(2)提供教研活动展示平台,促进教师讲述、表现等能力的提升。

(3)通过教研活动中的优质经验共享,引导教师提升课程实践能力,促进园本课程进一步优化。

3. 活动方式

主要运用故事式教研。

4. 活动准备

(1)组织准备。

①提前发布教研活动内容,引导教师申报,选拔本次教研活动的讲师,并督促教师提前准备好幻灯片和讲述资料。

②参与教研的教师提前准备好自己在过渡环节中规划环境的困惑或问题。

③布置教研活动现场,安排活动中教师的讲述顺序。

(2)教师准备。

①每位教师发现并总结自己在过渡环节中有效创设和利用环境的优质经验,及时上报课程中心。

②制作幻灯片,提前将电子资料上传给课程中心。

5. 活动过程

(1)开始部分:导入活动,呈现主题。

①主持人向教师介绍教研活动开展的背景及主要内容,导入活动。

②主持人邀请讲师上台并进行介绍,激发其他教师成长的愿望。

(2)基本部分:名师讲堂,经验分享。

①确定故事讲述顺序,讲师准备好有关"过渡环境有效使用"的故事,并围绕下列内容展开讲述。

a. 不同过渡环节中运用哪一处环境能有效促进活动的开展？

如：从室内到室外活动的转换环节中教师如何利用环境特点进行合理分工？空间位置设置在哪里比较合适？怎样安排环境中幼儿的排队方向有利于外出？……某教师介绍，在此环节中幼儿需要关注生理需求、个人卫生等一系列内容。此时班级教师应合理分工、通力协作，教师的站位应分散于教室中位于三角形顶点的三个角落（班级正门、卫生间门口及活动区中），提高教师对幼儿的视线覆盖率，处于正门的教师负责组织幼儿排队，幼儿的队列应从门口排至班级内部，方便教师随时关注到其他幼儿的准备进度……

b. 如何规划过渡环节使环境有利于活动顺利开展？

如：针对幼儿从户外活动场地回到班级，如何规划环境能让流程更顺畅？挂衣架放在哪里方便幼儿操作？在哪里换室外鞋不影响其他幼儿……

c. 如何利用环境中的引导性标识促进活动有序开展？

如：在过渡环节中如何设置引导性标识（如排队方向的标识、排队人员间距的标识、挂衣架摆放位置的标识等）以减少教师指导？

②讲师通过图示、装扮等方式讲述自己在过渡环节中积累的经验故事（见图6-7、图6-8）。

图6-7　教师用图示讲故事　　　图6-8　教师在装扮中讲故事

③及时记录每一位讲师的经验，归纳并形成思维导图，导图分别从同一环节中不同活动空间的规划、教师的科学站位、环境标识的有效引导等方面汇集教师的优秀经验（见图6-9）。

图 6-9　形成思维导图

④讲述相同环节经验的讲师集体站到台上,现场其他教师向讲师提出自己前期收集和整理的实际问题,讲师现场为教师解答,并在思维导图上补充有价值的解答经验(见图 6-10)。

图 6-10　讲师现场答疑解惑

(3)结束部分:资源汇总,达成共识。

主持人引导讲师、现场教师汇集资源,梳理总结,达成以下共识。

①针对教师在环境中的科学站位,教师在所站位置上的视线范围应尽量

覆盖所有幼儿。主班教师应站在与下一环节衔接的主要位置，如：当幼儿从室内外出排队时，主班教师应站在室外的幼儿排队处，而副班教师则应在室内督促幼儿尽快出活动室……

②针对环境中标识的有效引导，教师们形成了通过有效利用标识引导幼儿自主完成过渡活动的共识。如：当幼儿在户外排队时，教师可利用地面的点和线，指引幼儿站队地点、排队方向，以及幼儿之间的间距；教师应注重标识清晰明了，在环境中一目了然，如灰蓝色地面适宜用对比明显的红色、黄色、橙色等颜色来做标识……

（4）教研小任务。

请教师们在活动结束后将经验运用到课程现场，并在下一次教研活动前，记录具体的实践过程以及探究心得，梳理成文字资料。

6. 活动反思

本次教研活动运用故事式教研的方式，将经验总结用故事的形式呈现，对参与的教师来说更通俗易懂，而讲师是大家熟悉的同事，所以在活动中教师的参与兴趣非常高，听得非常专注。大家努力从身边人的故事中获取自己所需要的答案，而活动中采用思维导图来记录并展示各位讲师的经验，又一次直观地将各位讲师的经验呈现在现场中，加深了教师对所需要的经验的回顾。

在教研活动的后半部分，名师解答环节将本次活动衍生为名师展现的平台，以及名师面对面的现场。答疑环节的设置，使个别没有在名师讲述的故事中找到问题解决方案的教师获得具有针对性的解决建议。在故事式教研中，虽然每位教师上台的时间短，但是展示的问题更聚焦，是过渡环节教研的最佳形式。

7. 资源整理

（1）打包教师的幻灯片。

（2）收集本次教研活动中的所有文字和图片资料（如思维导图、教师前期的问题集等）。

活动五：合理规划环境能否促进接送环节的顺畅？

1. 设计意图

对于家园互动，一般教师考虑较多的是家长会、家长半日活动开放等比较重要的活动，因而会采用教研活动来开展专题性研讨，甚至进行系列的深入研讨。动态的每天接送孩子期间的家园互动，静态的班级门口的家园互动栏，在幼儿园的教研活动中容易被忽视，对这两方面家园互动中环境因素的研讨更是少之又少。

教研管理者在日常巡查中发现，在离园环节中班级门口经常出现混乱现象：同一时间到达的家长焦急地拥堵在班级门口，教师与家长打招呼、叫孩子，还要关照其他孩子，孩子被家长挡住等。因此，通过关于"规划班级门口环境"的教研活动，引导教师有序开展入园和离园环节的活动是必要之选。另外，家园互动栏的位置规划不合理，并未获得家长的关注及发挥窗口宣传的预期作用，因此课程中心期望通过集体教研活动引导教师分析及解决以上问题。

2. 活动目标

（1）引导教师科学地规划班级门口环境及其在入园、离园环节中的合理运用。

（2）通过合理规划班级门口环境，理顺入园、离园环节中人流的有序性，提高家园互动窗口的利用价值。

（3）在戏剧式教研活动中，通过现场行动研究，提高教师在教研中的参与性与问题解决能力。

3. 活动方式

主要运用戏剧式教研。

4. 活动准备

（1）组织准备。

①根据教学管理中发现的问题，组织家长进行接送环节乱象的戏剧排练。

②在教研现场进行班级环境模拟。

③准备教研活动可能需要的制作类材料（如剪刀、即时贴等）。

④提前发布教研活动的内容，引导教师整理自己与本次教研相关的优质

经验，通知活动试点班级清理班级门口环境。

⑤活动录像的准备。

（2）教师准备。

①回顾和梳理自己与本次教研活动主题有关的优质经验。

②试点班级清理班级门口环境，做好教研前期准备。

5. *活动过程*

（1）开始部分：戏剧冲突，引发活动。

①主持人提醒教师维护教研活动会场的秩序，向教师简要介绍"观看戏剧找问题"的教研活动主题。

②以本次教研为主题的戏剧表演。如：在接送时间段，家长接到孩子后占据班级门口位置、堵塞接送通道的乱象；等待的家长与已接到孩子的家长共用一个通道的拥挤乱象；家长在门口等待，幼儿却从另一个出口离开的接送错位乱象……

（2）基本部分：现场研究，形成共识。

①主持人引导教师讲述自己看到的问题和得到的启示，并提出问题。如：A家长第一个到达，为什么等待3分钟后才接到孩子？A家长未能接到孩子，导致其后的B家长也迟迟未能接到孩子，该环节出现了什么问题？A家长在前门排队，可幼儿却到后门队伍处寻找家长，班级教师的离园指引出现了什么问题？几位教师之间的配合是否默契？……

②引导教师将现场问题进行分类，根据前期收集的经验，初步自由讲述问题的解决方法。如：可以在家长排队时提前收集家长的接送卡，根据接送卡顺序引导幼儿按序排队，提高离园环节的速度，同时避免幼儿因误排队伍发生错接的情况；另外可以在队伍侧面设置等待区，因特殊原因暂时无法接到幼儿的家长可以在此处稍做等待，以免影响其他家长接孩子……

③教师根据个人意愿加入不同类别的问题小组，以小组为单位找到接送环节问题的最佳解决方案以及家园互动栏的最佳位置，并根据方案现场编排出相应的小戏剧（见图6-11）。

图 6-11 现场编排戏剧

④各小组推选出一名组长,在组长的统筹、分工和组织下排练戏剧。如:A 小组从接送家长的视角,展示最适合布置家园联系栏的地点;B 小组从班级教师的视角,展示班级内良好且有序的接园准备环节;C 小组从幼儿的视角,展示如何让幼儿获得正确无误的指引信息……待各组戏剧排练初有成效后,主持人引导教师到试点班级门口,对现场进行简单布置(见图 6-12)。

图 6-12 准备物品,完成规划

⑤教师分组表演基于问题解决排练的戏剧,每一组表演结束后,主持人引导教师对戏剧呈现的方案进行评价。

(3)结束部分:整理方案,后续落地。

主持人梳理、总结本次教研活动的成果,再一次引导教师完善方案,最终形成全园教师对问题解决达成共识的可视化方案。

（4）教研小任务。

请教师们在教研活动后将教研活动成果应用到实践中，以班级为单位记录并总结实践经验和调整效果，并以文字资料的形式上交到课程中心。

6. 活动反思

本次教研活动采用戏剧式教研的方式开展，活动中的教师从戏剧观演者变为戏剧中的角色，这种参与式教研使教师一直沉浸在情境中思考与研究，极大地提升了教师主动探索、深度研究的学习品质。这一过程充分体现了教研活动现场就是教师成长的课堂，也表明了作为成人的教师需要满足其身心需求的学习方式、研究方式，以此激发他们在活动中主动、积极的态度，以及热情投入的行动，让教研活动充分体现平等、合作、交流的氛围，以便利用集团智慧使教研活动中需要解决的问题得到最佳的解决。

7. 资源整理

（1）收集并整理本次活动的录像资料。

（2）收集并整理本次教研活动中的所有文字资料及方案形成资料，如教研可视化成果（见图6-13）。

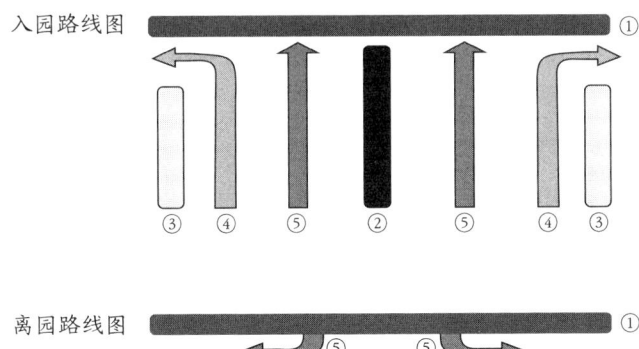

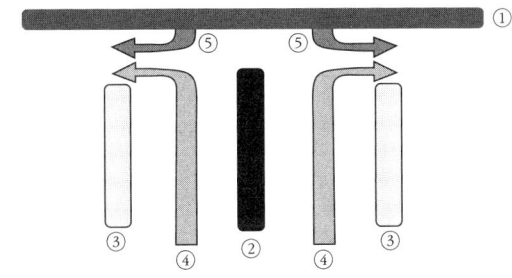

① 班级大门
② 分隔带
③ 防护栏
④ 家长行进路线
⑤ 幼儿行进路线

图6-13　教研可视化成果

活动六：幼儿一日生活环境问题知多少？

1. 设计意图

在项目教学中，当项目课程进行到最后阶段时，会有一个高潮活动，给孩子提供许多机会来发展和练习他们在项目教学中习得的经验或获得的能力。高潮活动也是一个展示的平台，是班级幼儿向园内其他人员展示项目成果的平台。项目式教研活动借鉴了项目教学的理论与方法，因此在活动结束时，也会有一个高潮活动，旨在通过这一活动让教师回顾、总结和巩固在教研项目中获得的经验，并通过这一平台拓展、丰富这些经验。

"幼儿一日生活环境问题知多少？"这一教研活动，是"如何优化幼儿一日活动环境？"的项目式教研系列活动中的最后一个活动。因为在本项目中的成果物是对各种环境的优化，这些活动后的成果不方便进行集中呈现，所以我们就通过设计本次教研活动，通过汇总教研活动中研讨过的问题、达成的共识，采用问题出现、寻找答案的竞赛形式，引导教师从理论理解、实践运用、经验获得等方面展示与分享他们所获得的经验。针对这几个方面的不同特性，我们分别设计不同的活动方式来促进教研活动的趣味性、参与性，使教研活动的效果最大化，帮助教师建构系统知识，提升专业水平。

2. 活动目标

（1）通过教研再次全面回顾前期环境研讨中的各类策略，巩固教师对环境创设相关理论的进一步认识。

（2）在教研平台的互动中，教师分享环境中的感受，提升创设环境的能力。

（3）在答疑解惑中，教师共享环境创设的实践经验，并构建后续环境创设的新思路。

3. 活动方式

主要运用沙龙式教研。

4. 活动准备

（1）组织准备。

①设计本次教研活动的流程，以及每一环节的作用和所涉及的具体内容，并向教师发布本次活动的主题及教师需要准备的经验等。

②准备活动环节需要的计分板、纸箱大骰子（不同面分别是"+10分""+20分""得分翻倍"等不同内容……）、奖状、各小组需要的白纸和笔等。

③教研活动场地所需要的电子设备。

④教研活动会场场地布置。

⑤从特长组成员中选择一位有组织能力的教师来担任本次活动的主持人。

（2）教师准备。

①带手机参加活动。

②根据发布的教研活动主题，回顾和梳理前几次教研活动的内容，以及自己参加教研活动后在实践中的运用经验。

5. *活动过程*

（1）开始部分：回顾前期的教研内容。

①主持人开场："我们前期分别针对主题环境、区域环境、生活环境等主题开展了不同活动形式的科学、有效利用环境的系列教研，在活动中我们解决了许多理念、实践中的问题，也通过教研达成了一定的共识，并将教研中所获得的策略运用到实践中。"

②主持人请教师回忆："在这一系列活动中你印象最深的地方是什么？你觉得最有益的经验是什么？教研活动后你做出了哪些对环境的改变？"

如：某教师回顾当观察某班幼儿在生活区制作食物时，发现幼儿在制作食物的过程中井然有序，自主性非常强。后来通过班级教师的介绍了解到，幼儿良好的活动常规与习惯得益于班级教师对生活区环境的科学规划——首先将生活区设置在离水、电较近的地方，同时在摆放各种食品、用具和材料时考虑它们与幼儿活动桌的距离，方便幼儿取放，这样既能使幼儿活动的有序性得到提高，也能提升区域活动的整体品质。

③主持人对以上环节进行简要小结，向教师介绍下一环节的游戏玩法。主持人："刚才我们回顾了大家在本项目式教研活动中收获的有关环境创设的经验。今天，我们将通过一种特殊的方式——竞赛活动，进行更多的经验分享与交流。在开展竞赛前，请老师们拿出手机，听到我喊'开始'，大家就在教研群中发送数字'1'。"教师们在主持人喊完"开始"后，发送数字"1"。

④主持人引导教师有序分组："请大家看群里自己发送信息的顺序，排在

前五名的教师为第一组，接下来的五名教师为第二组，依此类推，请所有教师按组别重新就座。"（见图6-14）

图6-14　小组中的教师们

（2）基本部分：展示和分享所获得的经验。

①必答部分，重点是理论理解。相关题目是：在创设主题环境时可以从哪些维度进行考虑？区域划分的原则有哪些？……

a. 主持人宣布开始，每组的代表在群里发自己组的序号，按序号回答对应的必答题。

b. 主持人按小组中教师的座位顺序逐一向教师进行提问，此环节只能自己回答，小组成员不能互相帮助，答对加10分，答错不记分（见图6-15）。

图6-15　主持人记分中

c. 全部问题答完后,主持人到记分牌前查分,并逐一宣布各组的得分。

教师参考答案:在创设主题环境时,可以考虑幼儿需要的场地、成果展示场地、主题墙面等;区域规划应遵循整体与部分相结合、开放与围合平衡、动态与静态制宜、长期与短期综合等原则……

②抢答部分,重点是实践运用。相关题目是:请看幻灯片上的画面,找出阅读区环境中有哪些不足,并提出自己的建议;观看小视频,当幼儿在过渡环节中排队外出时,请找出环境运用中存在的问题与不足,并提出解决方案……

a. 主持人念题目,当说出"请抢答"时,小组中的教师代表用手机发送本组序号到群中,最先发送成功者为获得抢答权的小组(见图6–16)。

图 6–16　获得抢答权的小组

b. 获得抢答权的小组进行答题,答对的小组获得 10 分,答错的小组倒扣 10 分。

c. 主持人与计分员统计各小组的分数,并逐一宣布经过两个环节后各小组的得分。

教师参考答案:在阅读区可增设一些尺寸合适的小沙发或地垫,营造舒适、温馨的阅读环境,促进幼儿在阅读时的专注性与持久性,在阅读区应提供照明灯具,以备光线不足时补充光源,保障幼儿的用眼卫生;过渡环节中幼儿所站的位置不利于教师的多角度观察,部分幼儿不在教师的视线中,可调整幼儿排队的方向，使教师可同时观察室外排队的幼儿和走廊内换鞋的幼儿，减少意外事故的发生……

③合作部分，重点是经验运用。相关题目是：请画出生活活动中喝水环节的环境规划；请根据就餐后幼儿的最佳自我清洁路线画出就餐环节的物品摆放图……

a. 主持人讲述本环节的答题方法与要求：主持人念完题目后，给出一定的时间，教师以小组合作的方式回答问题，答题正确的小组可以参与"幸运加分环节"。

b. 主持人给出题目，小组中的教师在规定时间内现场合作答题（见图6–17）。

图 6–17　小组合作答题

c. 答对题目的小组成员到台前，按答题完成时间的快慢，依次抛骰子，按骰子上的规则进行加分，如果抛到"+10分"，就加10分，如果抛到"得分翻倍"，该小组的得分就翻一倍。

d. 所有题目答完后，主持人宣布各组的最终得分。

e. 根据得分情况，主持人宣布本次活动的冠、亚军小组，并请教学管理人员为冠、亚军小组颁发奖状。

教师参考答案：喝水时排队的第一个人与饮水机之间保持1米的距离，

防止接水的幼儿被后面的幼儿碰到,排队的点与点之间形成一定的距离,减少幼儿在排队中的拥挤与推搡;就餐时各种物品的摆放要利于餐后幼儿在做自我清洁时不走重复的路线,减少室内幼儿的穿梭,避免加饭菜的幼儿与就餐完毕的幼儿发生碰撞……

(3)结束部分:分享后续的规划和畅想。

①再次请教师分小组自由交流对环境创设的后续想法。

②主持人总结和回顾本次活动,并对整个项目式教研活动进行回顾和总结。

(4)教研小任务。

①请每一位教师在活动后根据本次活动书写反思。

②请教师在四周内再次进行班级整体环境的改造,以班级为单位书写一份改造前后的对比心得(配图文),并形成幻灯片,以供后期的教研分享。

6. 活动反思

环境在"莲花课程"中起着重要的教育作用。《纲要》中明确指出,要"为幼儿的探究活动创造宽松的环境,让每个幼儿都有机会参与尝试"。教师应根据不同年龄幼儿的发展特点,以及不同活动的不同特性,合理安排适宜的环境,设计独特的空间布局,从而通过环境的作用促进幼儿健康且良好地发展,这既是教师的工作需要,也是教师提升专业能力的途径。

作为本项目式教研系列活动中的最后一个活动,我们在本次活动中通过开展综合性、回顾性教研活动,将前期活动中的核心经验进行归纳与提升,并以问题的形式呈现,让教师通过小组合作的方式,从问题出发来重温前期获得的经验,并在思考与解决问题的过程中运用和检核前期经验。

在本次教研活动中,课程中心不但从教师的专业提升方面进行了设计,还从现实的社会状态方面进行了设计。活动中既有个人作战,也有团队作战;既有努力答题所得分,也有幸运性得分(抛骰子)。通过活动,教师能够促进自身的专业成长,认清现实,用良好的心态来面对复杂且多变的社会,团队中的每一位成员都将成为身心健康的新时代教师。

7. 资源整理

(1)收集、整理本次活动中所有相关的文字资料(如有关环境的问题集)，电子资料（如幻灯片、电子版积分表等），照片（如现场活动照片、环境照片），小视频（如问题小视频、现场拍摄视频等）。

（2）将本次教研活动中的所有资料形成完整的资源包，同时将本次活动中的资源归类到教研资源体系中，方便后续活动参考与运用。

（五）教研活动总结

1. 教研活动生成网（见图6-18）

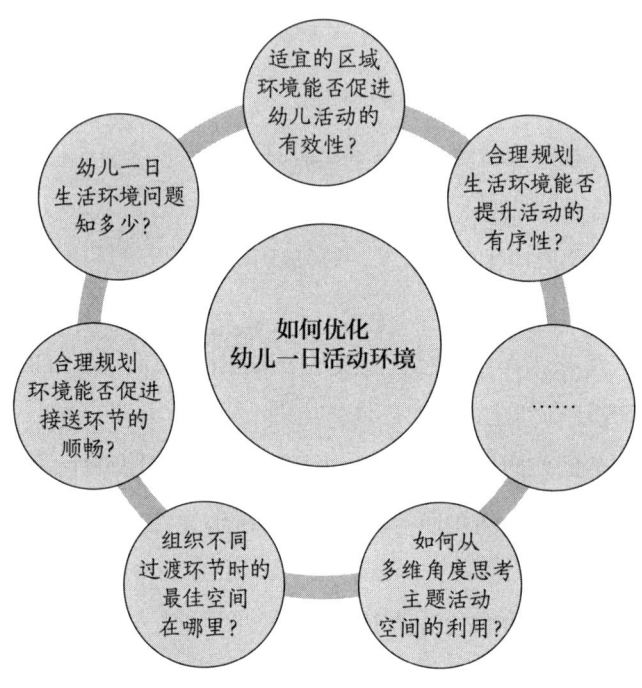

图6-18　教研活动生成网

2. 总结与反思

（1）成效检验。

马克思说："人创造了环境，同样环境也创造了人。"在教育领域中，瑞吉欧课程方案倡导"环境是幼儿的第三位教师"，蒙台梭利教育理念倡导"有准备的环境"这一概念。由此可以看出环境对人、教育和儿童的重要作用。

为提升项目式教研活动开展的有效性，我们做到了整体项目式教研有调研，基于调研的活动有结果，鼓励教师在后续的教学中有实践，使整体教研活动从教师中来，到教师中去。针对每一个子教研活动，我们努力做到教研活动产生于真实问题，在活动中形成全园性共识，在活动后到实践中检验教研活动关系链，使整体教研活动有始有终。在项目确定的初期，我们预设开展四个小主题的探索，在过程中教师的研究兴趣被完全激发，他们提出了新的需要与要求，项目组灵活调整活动内容，生成新的研究主题——"家园互动中的环境创设"，使项目活动的内容更为完整。因为在每一次教研活动的开展过程中，我们都做到活动前有预告、活动中有互动、活动后有产出与落实，所以我们不但实现了教研预设的目标，更促进了不同层次教师的发展及其对课程理念的进一步了解，教师们重新回顾并巩固"有准备的环境"的课程理念。最终，项目式教研活动实现了教师的成长、教学的提升、课程的发展。在此过程中，我们还认真地收集每一个教研活动的各类资源与成果物，并将其整理和归类，形成项目式教研资源包，并将资源包纳入园本教研资源库，为后期教师的成长与课程的发展提供有效的资料。

（2）未来发展。

在本次项目活动中，基于课程建构期创设的环境，我们围绕一日生活活动对环境的要求优化了环境，但是一次项目式教研活动的时间有限，基于教师对环境的理解，我们将在今后继续开展研讨，将研讨的主题从"有准备的环境"扩展到"有准备的适宜环境""有准备的激励性环境"等，实现环境的教育作用最大化。

第二节　纵向型项目式教研

纵向推进的项目式教研活动，以问题连续体为导向，在不断深入的研究中逐步深化园本课程的内涵，在持续探索与研究中实现教师的深度学习，解决传统教研形式下教师学习效果不佳（碎片化和浅层次）的问题，有效提高教研质量。在设计和开展纵向型项目式教研活动时，应考虑以下问题（见图6-19）。

图 6-19　纵向型项目式教研的思考问题

（1）以科学调研为前提，制定有针对性的教研方案。教研管理者在制定项目式教研方案前，可通过问卷调查、访谈、教师预约申报等方式，全面了解教师的教研需求，制定具有针对性和适宜性的教研方案，使项目式教研活动的内容、形式等各方面更接近教师的实际需求和能力水平，真正做到因园制宜、因师施研。

（2）以系列问题为导向，达成阶段性教研目标。纵向型项目式教研基于教研总目标来设计和组织相关的系列教研活动，以"问题连续体"的方式呈现教研内容的生态脉络关系。项目中的每一个教研活动都是独立的，有不同的目标、适宜的内容和完整的流程；但每一个教研活动又是纵向关联的，它们是上一个教研活动的延续和递进，也是下一个教研活动的生成基础。通过多个教研活动的推进，我们能够达成阶段性教研目标。

（3）以教师的主体性为原则，实现持续的专业发展。教师是教研活动的主人，教研活动应体现全员性和主动性。在教研活动开始前，教研预告和上一个活动预留的小任务，能够让全体教师在有准备的基础上迅速进入教研活动中；在教研过程中，可为教师提供观点交流、资源共享、成果展示等平台，激发教师的积极性和主动性；在教研评价中，可让教师从自己的视角出发，对自我发展和活动组织进行综合评价，并对后续活动提出合理化建议，有效地提高整个项目的实效性。纵向型项目式教研将教师的主体性原则贯穿教研的全过程，注重激发教师的内驱力，提升教师分析问题和解决问题等综合能力，实现教师的持续专业化发展。

活动实例:"如何提升幼儿自主游戏的质量?"

(一)确定教研问题

《规程》中明确指出:"幼儿园应当根据幼儿的年龄特点指导游戏,鼓励和支持幼儿根据自身兴趣、需要和经验水平,自主选择游戏内容、游戏材料和伙伴。"《指引》中明确指出:"自主游戏活动是指幼儿在游戏情境中根据自己的兴趣和需要,以快乐和满足为目的,自由选择、自主展开、自发交流的积极主动的活动过程。"幼儿自主游戏既是幼儿园教育的重要组成部分,也是幼儿自我发展的重要途径,有助于幼儿在游戏过程中获得积极的情绪和情感,促进幼儿能力和个性的全面发展。

在幼儿园游戏课程建设前期,课程中心通过多场教研,引导教师了解自主游戏的理论与实施策略,树立科学的教育观与儿童观。但是,将课程理论转化为教师实践是一个复杂的长期过程,教师因个体差异可能会遇到认知、理解、能力、技术等方面的问题,如新旧理论的碰撞、环境创设的疑问、师幼互动的回应、观察记录的策略、游戏活动的设计等,这些问题都会导致教师对课程产生畏难心理,影响课程的持续发展。随后,课程中心的研究员以"关于幼儿自主游戏,您有哪些实践与思考?"为话题对教师进行了访谈,了解教师在幼儿自主游戏的过程中所遇到的问题和困境、对提升游戏组织能力的需求以及对教研开展形式的需求等,深入分析教师在提高幼儿自主游戏活动质量方面存在的问题和困难的原因,以及教师对教研主题内容和活动形式的期望。通过对幼儿园教师的访谈及幼儿自主游戏教学实践活动的分析,我们总结出了一些主要的问题(见表6-2)。

表6-2 幼儿园教师关于幼儿自主游戏的具体问题

序号	问题
1	如何选择符合本班幼儿年龄、身心发展规律及学习特点的游戏材料?
2	怎样科学地观察、记录幼儿的游戏行为?
3	教师怎样有效地组织幼儿的自主游戏?
4	怎样有效支持幼儿的深度游戏?
5	怎样在教学实践中避免教师的过度主导行为?

（续表）

序号	问题
6	如何科学地制定具体的、具有可操作性的游戏活动目标？
7	如何根据《纲要》和《指南》制定游戏活动目标？
8	如何使游戏目标制定得更加规范？
9	怎样开展游戏活动才能更有效地达到目标的要求？
10	在游戏中让孩子自主活动，那么教师只是一个旁观者吗？教师该做什么？
11	在幼儿自主游戏的过程中教师经常不由自主地打断幼儿的游戏，怎样体现幼儿的自主性？

为此，教研管理者以教师的教育实践问题为出发点，预设教研规划，以问题连续体为导向，确立了"提升幼儿自主游戏的质量"这个教研项目，促进教师对游戏问题的思考，以多样化的教研方式支持教师的专业探索，促进幼儿自主游戏质量和教师专业成长水平的有效提升，从而促进幼儿的发展。

（二）聚焦问题分析

《指南》指出，"幼儿的学习是以直接经验为基础，在游戏和日常生活中进行的"，可见游戏对幼儿发展的重要作用和深远影响。任何一种幼儿园课程从落地到成熟均历经学习理论、理解实施、反思调整、提升优化等不同阶段的发展，需要一个复杂且漫长的过程。基于前期教师对游戏课程理论知识的理解与实践的困惑，本阶段的教研重点是帮助教师将理论转化为实践，提升幼儿自主游戏的质量，实现幼儿园课程的持续发展。

美国学者波斯纳提出了教师成长公式：经验＋反思＝成长。教研管理者在教研过程中，应尊重教师的专业成长规律。

在内容上，涵盖知识的扩充、技能的补充、问题的聚焦和延展等方面，丰富教师的专业领域，拓展教师的专业广度。

在方式上，采用纵向型方式展开，增强项目式研究的脉络和逻辑性，帮助教师循序渐进地突破实践难题，提升专业水平。如：以教师在幼儿园游戏课程实施与推进过程中出现的新问题、真问题和难问题为切入点，每一次教研的焦点问题既是上一次教研活动的任务与延续，又是本次教研活动的起始和重点，在教研推进时不断从教师的发展动态和问题延展中生成具有内在关联的教研内容,并采用故事、情境、辩论等新颖有趣的形式,促进教师的专业发展。

(三)制定教研方案

1. 教研活动总目标

(1)通过新颖有趣的教研形式,激发教师参与的积极性,突出教研活动的主体性,发挥骨干教师的带领作用,促进各层级教师的发展。

(2)通过问题推进式的项目式教研,提高教师的思考、分析和研讨等教研能力与水平,实现教师专业知识与技能的系统提升。

(3)通过交互学习周期性理论与实践,加深教师对幼儿自主游戏的理解,让教师的专业发展得到螺旋式上升,提升幼儿自主游戏活动的质量,实现幼儿园课程的持续发展。

2. 教研活动预设网(见图6-20)

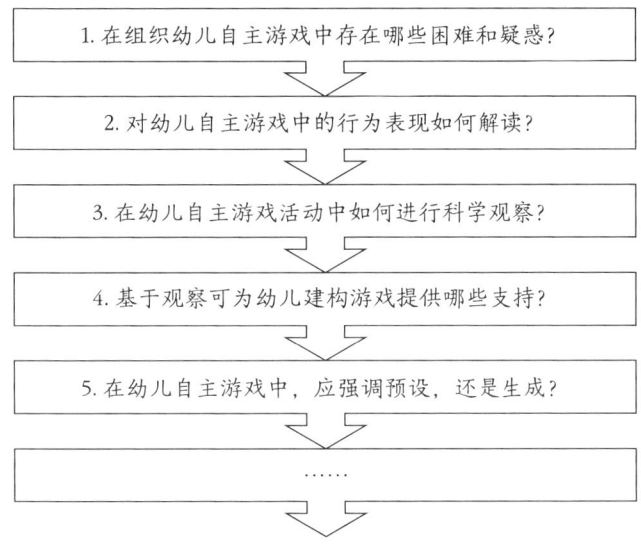

图6-20 教研活动预设网

(四)教研活动实施

活动一:在组织幼儿自主游戏中存在哪些困难和疑惑?

1. 设计意图

在幼儿园游戏课程实施的初期,教师针对幼儿自主游戏的相关理论展开了学习和研讨，并有计划、有目的地为幼儿创设有准备的活动环境，为活动的实施做了大量的前期准备工作。但在教学实践的过程中，教师在组织幼儿活动时仍然遇到不少的疑问和困难，他们纷纷向幼儿园教研管理者寻求帮助和指导。为此，我们计划通过本次教研活动，深入了解教师现存的具体问题和问题根源，提升教师团队的合作与思考能力，解决教师的问题并支持他们进一步发展课程。

2. *活动目标*

（1）引导教师总结、梳理幼儿自主游戏活动的实施现状，对现存的问题进行分析和反思。

（2）通过问题聚焦和交流研讨，提升教师的问题意识和解决问题的能力。

3. *活动方式*

主要运用故事式教研。

4. *活动准备*

（1）组织方面。

①依据教师反馈的问题，选择存在典型或共性问题的几个班级，指导教师对问题进行记录和梳理。

②教研活动预告。

（2）教师准备。

教师针对幼儿在活动中出现的随意摆弄材料、频繁更换材料、依赖教师的陪伴和指导等问题，用教学故事的形式将这些内容制作成幻灯片。

5. *活动过程*

（1）介绍活动主题，激发教师的兴趣。主持人："孩子们喜欢听故事，每到故事时刻，他们都会激动地围坐在教师的身边，静静地听教师将故事娓娓道来。今天，让我们也像孩子一样，聆听教师带来的幼儿游戏课程实施过程中的教学故事。"

（2）故事中的教研。主持人请提前做好准备的教师代表用讲述班级教学故事的方式将开展自主游戏活动时所遇到的难题和疑问（如游戏材料的提供、游戏活动的常规和游戏的指导等），逐一向同伴讲述（见图6–21）。

图 6-21　聆听教研故事

（3）聚焦问题板。主持人引导教师就教研主题与幼儿自主游戏问题进行研讨。教师基于教学故事的分享，联系本班自主游戏活动的开展情况，以及自身的已有经验，提出自己的观点或疑问。教研助理将教师提出的问题记录在问题板中。

（4）小组问题讨论。主持人首先对问题板中教师所提出的问题做简要分析和分类，肯定教师在教学和研讨过程中的思考；然后请教师依据自己对问题的关注度与急切性，现场从问题板中投票选出三个代表性问题，并将其作为本场教研讨论的生成性聚焦问题；最后由教师自主选择最感兴趣的问题并随机分组，采用轮流发言的方式与同伴展开深入的交流和讨论（见图 6-22）。

图 6-22　小组问题讨论

①问题一：幼儿频繁更换材料或区域的原因及你的建议是什么？

②问题二：幼儿在游戏过程中频繁寻求教师帮助的原因及你的建议是什么？

③问题三：幼儿只喜欢作为旁观者参与活动的原因及你的建议是什么？

（5）分享交流。每个小组选派一名教师代表，与大家分享本组成员对问题进行讨论后所形成的观点、图表和建议等。

（6）活动小结。在本次教研活动中，三位教师分享的教学故事引发了大家的共鸣，我们对幼儿园游戏课程的前期实施和在实践中遇到的问题进行了梳理，并通过头脑风暴、智慧碰撞，为部分问题找到了解决方法并达成了共识。在本次教研活动中，大家所关注的问题反映出教师仍需要进一步学习和理解游戏课程的核心理念，并了解和熟悉3—6岁儿童在不同年龄段的发展规律和特点，更好地理解幼儿，理解幼儿的游戏行为，促进幼儿的游戏发展。

（7）教研小任务。在教研活动结束后，主持人请教师针对问题板上的其他问题继续讨论和探究，同时把此次教研活动中提出的方法和建议运用到教学实践中。

6. 活动反思

本次教研活动的设计基于教师对幼儿自主游戏组织的教学实践经验，聚焦园所游戏课程构建初期存在的问题，引发教师围绕问题进行集体反思与研讨，寻找适宜的解决方式与路径，改善教师的教学行为，提升教师的反思意识和问题解决能力。在教研活动的组织上，通过故事中的教研、问题共鸣、小组研讨等方式，充分发挥教师的主体性，调动教师参与活动的积极性和兴趣。通过对教师问题的介绍和现场研讨的观察，我们发现教师目前所存在的问题在于对游戏课程和幼儿在不同年龄阶段的发展特点了解不足，因此，下一阶段我们计划开展有关幼儿在不同年龄阶段的发展规律和特点的教研活动，以引导教师进一步了解和学习。

7. 资源整理

（1）收集教师分享的班级教学故事，以及本次活动的照片及摄影资料。

（2）将教师在活动现场中就讨论问题后形成的一致意见整理成图片和文字，并将其录入幼儿园课程资源库。

活动二：幼儿自主游戏的行为表现根源是什么？

1. 设计意图

教师了解并正确掌握幼儿的年龄特点和发展规律，有助于教师在幼儿自主游戏的过程中科学、有效地观察和指导幼儿的游戏行为，提高幼儿的游戏水平。通过上次的教研活动，教师对幼儿在自主游戏中出现的各种问题进行了分析和归类，并发现在幼儿的游戏过程中，教师对部分存在的问题难以解决的根本原因是对幼儿年龄发展特点和规律认识不足。因此，本场教研活动主要是为了解决教师在幼儿自主游戏过程中遇到的难题，从而帮助教师厘清问题本源，找到适宜的解决方法，进而提高幼儿的游戏水平。

2. 活动目标

（1）通过学习《纲要》《指南》等纲领性文件的内容，引导教师进一步厘清和掌握3—6岁幼儿身心发展的规律和特点。

（2）通过对案例的集体研讨，将理论与实践相结合，提升教师对教学实践问题的分析和解决能力，增强教学研究意识。

3. 活动方式

主要运用情境式教研。

4. 活动准备

（1）组织方面。

①依据上次教研活动中的焦点问题，从《纲要》《指南》等纲领性文件和资料中选取与教师问题相关的内容，供教师阅读并进行分析记录。

②教研活动预告。

（2）教师准备。

由年级组长牵头，组织教师共同完成阅读，将重要的内容制作成幻灯片，以用作教研活动的分享材料。

（3）物品准备。

多媒体投影设备，用于记录小组研讨内容的大画纸、黑板、勾线笔等。

5. 活动过程

（1）活动导入。主持人：《纲要》和《指南》中指出了理解幼儿的学习方式和特点的重要性，并提出了不同年龄阶段幼儿的身心发展特点、典型行为特征以及指导建议,为科学有效地指导幼儿活动提供了明确的方向。在上次教研活动的小任务中,各位教师认真研读了《纲要》和《指南》等纲领性文件及资料,从中解读和找出各年龄段幼儿发展的特点和典型行为,再结合本班级幼儿的实际情况进行分析和归纳。接下来,让我们共同分享大家的学习成果。"

(2)理论分享。以年级为单位,各选派一名教师代表结合《纲要》和《指南》等纲领性文件及资料,分享对各年龄阶段幼儿的发展特点与典型行为的学习及分析纪要。

(3)聚焦问题。教师列举幼儿在自主游戏活动中的行为表现清单,主持人将问题清单展示到大黑板上,根据清单内容,与教师一起梳理出大家共同关注的几个焦点问题。

(4)分组讨论。采用现场抽签的方式,随机抽取不同图案进行分组。教师依据现场分享的经验以及资料对焦点问题进行分组研讨,并用图文并茂的方式进行记录。

①问题一:如何依据幼儿不同的发展阶段和需求,制定不同的自主游戏目标?(例如:为了提高幼儿的游戏水平,聚焦幼儿建构游戏,制定针对不同年龄段幼儿的目标。)

②问题二:如何依据幼儿的生活经验及兴趣爱好,为幼儿提供适宜的游戏主题?(例如:为什么在小班区域活动中设置"太空馆",幼儿却不感兴趣?)

③问题三:如何依据本年龄段幼儿的发展水平,设计并提供能支架幼儿可持续发展的材料,进一步提高幼儿的游戏水平?(例如:小班某幼儿在区域活动中操作七巧板,经历多次失败后,最终放弃。)

④问题四:针对不同年龄阶段和发展能力的幼儿的指导方式有何区别?(例如:在幼儿的自主游戏中,教师该采取平行介入、交叉式介入,还是垂直介入?指导的时间、策略等是否适宜?)

(5)分享交流。每组选派一名教师代表与大家进行分享,最后大家共同找出解决问题的方案和办法。

(6)活动小结。教师要依据《纲要》和《指南》等纲领性文件及资料,进一步明晰不同年龄段幼儿的发展规律，同时结合本班幼儿的实际发展水平，在真实的教学情境中，真正贴近幼儿，科学地理解和解读幼儿的游戏行为表现，为后期创设适宜的游戏环境、科学地观察和指导幼儿游戏提供有效的保障。

（7）教研小任务。教师在教研活动结束后，要用两周的时间对班级现有的自主游戏材料、环境以及教师的指导行为进行反思和调整，并以图文并茂的方式将前后的对比情况进行梳理和记录。

6. 活动反思

本次教研活动强化了教师对《纲要》和《指南》的理论学习，进一步厘清了各阶段幼儿的年龄发展特点和典型行为特征。但教师如何针对班级个别幼儿的游戏内容和行为，实施有效的支持，需要通过观察才能找到真正的切入点。教师通过对共性问题的分析、研讨、交流，生成关于观察幼儿的科学方法和策略的新问题，以此促进本次项目式教研的持续开展，并产生下一次教研活动的主题。

7. 资源整理

（1）以年级组为单位，收集教师对各年龄阶段幼儿发展特点及典型行为的学习和分析的幻灯片、文字资料以及现场中的录像资料。

（2）将教师在现场中对焦点问题的研讨导图、文字记录和集体达成的共识方案进行归纳和整理，并将其保存在幼儿园教研资源库中。

活动三：在幼儿自主游戏活动中如何进行科学观察？

1. 设计意图

自上次的教研活动结束后，教师们纷纷依据幼儿在各年龄段的发展特点，对班级的游戏材料、环境以及指导方式进行了调整。但课程建设是一个动态的完善和构建过程，"如何对幼儿的游戏活动进行有效、适当的引导和支持？"成了教师在教学实践中面临的新问题，于是教师们向教研管理者提出了教研需求。经过调查、访谈、收集和分析相关问题与信息后，我们发现当前教师存在的问题的根源在于缺乏对幼儿进行科学观察与记录的相关知识和经验，对问题重点的把握存在偏离或具有主观性。为此，本次教研活动旨在通过专家解析与教师实操相结合，为教师解答疑问和提供指导，提高教师的观察与评价能力，进一步促进教师的专业发展。

2. *活动目标*

（1）引导教师了解幼儿园中常用的观察记录理论和方法，学习幼儿游戏活动观察记录的特点和策略。

（2）鼓励教师尝试完整、客观和科学地记录幼儿的游戏活动，提高教师对幼儿的观察与评价能力。

3. *活动方式*

主要运用会场式教研。

4. *活动准备*

（1）组织方面。

①对个别教师进行访谈，了解现阶段教师对游戏课程的实施与推进情况。

②梳理、分析访谈问题和信息，邀约专家开展相关的专题讲座。

③录制幼儿开展自主游戏的案例视频。

④教研活动预告。

（2）教师准备。

查阅有关幼儿园教师对幼儿观察与记录的相关资料。

（3）物品准备。

多媒体投影设备。

5. *活动过程*

（1）活动导入。由主持人介绍教研主题，营造教研学习氛围。主持人："观察是教师获取幼儿个体或群体信息的主要途径和方法。在幼儿的自主游戏中，教师的观察目的是什么？常用的观察记录方法有哪些？如何选择适宜的方式对幼儿进行观察？今天特邀王园长为我们带来一场关于教师观察记录与评价的专题分享，通过学习让我们逐渐成长为真正的观察者。"

（2）专题学习。专家依据前期与教研管理者的对接与沟通，基于教师的现有经验水平、现存问题和发展需求，从观察记录的意义、原则、方法和策略等方面为教师开展一场"如何成为一名真正的观察者"的专题分享，帮助教师提升科学观察的相关理论知识。

（3）实操练习。首先由主持人带领教师简要、快速地回顾和梳理专家所介绍的理论知识的核心要点；然后播放本园中班幼儿日常开展自主游戏的视频片段，请教师在认真观看的同时，尝试运用专题学习中所介绍的白描方式，将视频中的幼儿游戏行为和过程客观地记录在教研学习记录本上。

（4）分享交流。待大部分教师完成观察记录后，主持人以屏幕投影的方式，将个别教师在现场完成的记录内容与大家分享，并组织其他教师围绕问题进行同伴互评活动，以营造教师相互交流的氛围和提升学习的效果（见图6-23）。

图6-23　教师交流讨论

①问题一：教师的观察全面吗？你的建议是……
②问题二：教师的记录客观、完整吗？你的建议是……
③问题三：教师的评价适宜、有效吗？你的建议是……

（5）专家点评。专家全程参与教研活动，对教师的现场记录和同伴评价进行综合点评、提出建议，并再次强调观察记录的要点，加深教师对理论的理解，提高教师对方法策略的运用能力（见图6-24）。

图 6-24　专家点评

（6）活动小结。主持人："观察是一门艺术，更是教师必备的专业能力，既要有'眼观六路、耳听八方'的全面性，还要有'锲而不舍、紧盯不放'的深入性，更要有'觉察变化、捕捉信息'的敏锐性。感谢王园长今天带来的精彩分享，以观之'眼'、记之'法'和评之'理'，使教师更深刻地理解观察对幼儿发展的重要意义。在本次教研活动中，教师既开展了对观察、记录和评价的理论学习，又通过幼儿自主游戏视频案例提升了对技能的应用，对幼儿园自主游戏课程的进一步发展起到了良好的促进作用。"

（7）教研小任务。主持人："观察是教师必备的专业技能之一。教师需要在教学实践中多试多练，才会熟能生巧。在本次教研活动结束后，请教师们尝试运用其他方式，对本班幼儿的建构游戏活动进行观察，并做好记录。"

6. 活动反思

园本教研的主题内容包含教研管理者根据园所课程建设和教师队伍发展中的问题而制定的计划性内容，以及根据教研活动延展或教师实践需求等形成的生成性内容。此次教研活动基于教师在幼儿园游戏课程的实施过程中遇到的问题和困难。教师的成长仅依靠个人的反思和同伴的帮助是不够的，还需要有专家的引领，因此教研管理者根据教师的专业发展需求向专家借力，针对教师的发展现状和问题确定专门的讲座内容并提供专业的指导，通过理论与实践相结合的方式帮助教师解锁新技能，从而突破在课程实施过程中的瓶颈问题，进一步促进教师的专业发展。在下一阶段，我们将以幼儿的建构游戏为重点，帮助教师在教学实践中真正地运用新技能，对幼儿的自主游戏展开持续研究。

7. 资源整理

（1）收集事先录制的幼儿自主游戏的视频、专家的幻灯片（"如何成为一名真正的观察者"），以及活动现场的录像资料。

（2）将教师在现场形成的观察记录进行拍照留存。

活动四：基于观察可为幼儿建构游戏提供哪些支持？

1. 设计意图

陶行知先生说："行是知之始，知是行之成。"实践是认知的开始，而认知是对实践的升华。基于上次教研活动现场的成功体验，教师们积极地在各班建构区展开了对幼儿游戏行为的观察研究。教研管理者通过平日与教师交流和查阅观察记录发现：教师对于幼儿在建构游戏中的核心经验以及建构游戏对幼儿发展的意义等理解模糊、分析浅显；对于如何利用对幼儿游戏的观察记录信息与数据分析幼儿现有的游戏水平，以及如何选择适宜的方法和途径来支持幼儿的持续发展等问题，教师仍然存在困惑。因此课程中心设计本次教研活动，引导教师明确幼儿在建构区中的发展目标、环境创设、材料投放等问题，加深教师对建构游戏的理解，优化组织和评价，提高幼儿建构游戏的质量。

2. 活动目标

（1）引导教师进一步了解建构游戏对幼儿发展的意义，明确幼儿在建构游戏中的核心经验，以及如何选用适宜的方式来支持和促进幼儿建构游戏的发展。

（2）鼓励教师对各种观察记录方式的主要特点、使用过程中的优势与不足进行分析，同时提出弥补不足的可行性建议，提高教师的教研水平并优化教师的思维方式。

3. 活动方式

主要运用故事式教研、情境式教研。

4. 活动准备

（1）组织方面。

①"闻言而动"游戏的玩法：每人准备四张相同大小的纸条，在纸条上

分别标上序号，然后在现场请出一名教师做讲述者，按照主持人给出的成品图，通过语言指令的方式，指导全体教师一步步地摆放纸条，看最终能否摆出与成品相同的图案。

②教研活动预告。

（2）教师准备。

①教师自主选择一种常用的观察方式，在建构区中对幼儿的游戏活动进行记录和评价。

②教师针对"基于观察可为幼儿建构游戏提供哪些支持？"的问题，自主查阅相关信息与资料。

5. 活动过程

（1）活动导入。主持人："全世界的孩子都爱玩游戏，游戏是幼儿在各个领域学习和发展的媒介。幼儿通过自发、自主、自由的游戏活动发展想象力、创造力、交往能力，提升好奇和探究的品质，为终身学习奠定基础。成语'闻风而动'常用于形容武林高手反应异常迅速。虽然我们暂时无法练就如此高深的功夫，但今天我们可以试一试另一种绝世武功——'闻言而动'。"主持人以游戏体验的方式开启教研活动，引导教师扮演一名游戏者，通过轻松愉悦的游戏，自然地进入教研状态。

（2）游戏"闻言而动"。主持人向教师详细介绍游戏的玩法，待教师做好游戏准备后，组织教师进行"闻言而动"游戏。该游戏的重难点体现在讲述者需要通过清晰、准确、完整的语言告知操作者该如何操作，而操作者需要认真聆听细节、思考分析，并按要求摆出相应的图案。在游戏结束后，主持人请教师观察为什么根据同一个人说出的语言，大家会呈现出不同的图案，以此引导教师梳理幼儿的观察记录与评价的专题学习的要点，进一步加深教师对知识的理解，同时引出教研主题。

（3）"分享你我他"。主持人请若干名教师代表，分享自己在上次教研活动结束后完成的教研小任务，以及在建构区中对幼儿游戏的观察记录案例。待教师分享结束后，主持人请个别骨干教师对案例进行简要点评，由此引导大家回顾幼儿建构游戏的特点和意义，并巩固科学观察的要点和方法，再次强调观察记录的客观性、逻辑性和科学性等原则与要求。

（4）"问题分析师"。通过个案分享，针对幼儿的建构游戏，教师对一些新问题（建构游戏能对幼儿的发展起到促进作用吗？幼儿对建构游戏兴趣浓厚，教师该如何进一步提供支持呢？）产生进一步讨论的兴趣。主持人将教师的疑问梳理并提炼成核心问题，引导教师围绕"如何为幼儿的建构游戏提供支持？"进行深入思考和讨论，鼓励教师各抒己见，大胆发表自己的见解。然后，主持人请教师以年级组为单位，选择具体的问题进行小组分析和研讨，每名组员以轮流发言的方式从不同的角度进行表述。最后，小组成员达成共识，以思维导图或其他图文并茂的方式记录讨论的要点。

①问题一：建构游戏促进了幼儿哪些能力的发展？
②问题二：教师对不同年龄段幼儿建构游戏的观察焦点有何差异？
③问题三：基于观察可为幼儿建构游戏提供哪些支持？

（5）交流与分享。每组选派一名教师代表，将本组围绕问题讨论后的观点或要点与大家分享和交流。通过这个过程，教师能够进一步厘清在幼儿的建构游戏中教师的观察记录和指导的意义与关系，引发教师对两者的深入思考，并在实践中展开持续的研究。

（6）活动小结。主持人："本次教研活动从案例出发，激发了教师对幼儿建构游戏进行研讨的热情——从案例中所关注的幼儿建构游戏的一个小焦点，逐渐延伸到建构游戏对幼儿综合发展的影响，再发展到如何选择和运用适宜的策略以更有利于教师支持幼儿的自主游戏。今天的教研活动就像一列快乐列车，我们在愉快的交流和智慧碰撞中不知不觉地接近终点，有了新的收获，有了新的思考，更有了新的前进方向和动力。"

（7）教研小任务。教师依据个人喜好或班级特点选择另一个不同的区域，尝试分析、研究该区域中的游戏能促进幼儿哪些能力的发展，同时完成教研活动评价表。

6. 活动反思

教研活动要为教师创设多元的学习与互动平台，让教师去体验、思考和提升，使他们真正成为教研活动的主体。为了解教师对本次教研活动的评价与反馈，每位教师在活动结束后都填写了一份教研活动评价表。教研管理者从教研活动的主题、内容、方式以及教师的情感、知识、技能等方面进行综合评价，并根据教师的发展需求对后续活动进行调整和改善。

此外，本次教研活动以问题为导向，引导教师从幼儿的建构游戏中寻找焦点问题，明晰建构游戏对幼儿发展的价值，最后依据不同的观察需要选择适宜的方式，一步步地从剖析具象问题发展到宏观思考，厘清了幼儿在建构游戏中获得的关键经验并优化了教师自身的思维方式。"鸡蛋从外打破是食物，从内打破是生命。"本次教研活动通过游戏体验的方式增加了趣味性，激发了教师的参与热情，并且从对单一游戏区域的研究延展到对其他游戏区域的研究。在下一个阶段，我们将继续以"会观察、慧指导"的教研方向，持续深入地推进教师对幼儿自主游戏的研究。

7. 资源整理

（1）收集、整理教师对幼儿建构游戏活动的观察记录。

（2）将本次现场研讨活动中教师的文字记录、导图以及活动照片和录像资料进行打包。

（3）收集教师填写的教研活动评价表（见表 6-3），并进行整理和分析。

表 6-3 教研活动评价表

项目	评价内容要点	评价分值	
		评价参考分值	评价实际分值
教研组织情况	主题选择	10	
	活动内容	10	
	组织方式	10	
	开展时长	10	
教师参与情况	参与兴趣	10	
	合作互动	10	
	表达表现	10	
	知识运用	10	
	思维品质	10	
	问题解决	10	
活动分析			总分：

（续表）

后续活动建议	

活动五：如何引导和支持幼儿游戏向更高水平发展？

1. 设计意图

在上次的教研活动中，教师通过对建构区的研究，调整和优化了幼儿园各班建构区的游戏环境，并在根据幼儿的情况制定合理的发展目标、创设适宜的环境、使用科学的观察记录方法、科学地投放材料等方面积累了一定的经验。同时，教师在其他区域游戏材料的开发、材料投放的适宜性、教师指导策略的科学性等方面遇到了新的挑战。教研管理者经分析后发现，主要原因是教师对各个活动区内幼儿所获得的核心经验掌握得不够清晰，教师没有把在前期教研中获得的经验灵活地应用到其他游戏区域。因此，我们开展本次教研活动，引导教师将获得的经验有效地应用到其他游戏区域，为幼儿提供更加丰富的游戏环境和适宜的支持策略，提高幼儿游戏的质量。此次教研活动还能够加深教师对幼儿游戏活动的理解，优化游戏活动的组织与评价，全面提升教师对幼儿游戏活动的组织、实施和评价水平。

2. 活动目标

（1）引导教师掌握和理解幼儿在多个区域内游戏的核心经验，提高教师的专业理论和素养。

（2）通过现场观察、记录、分析等方式，研讨并完成前期预设的焦点问题及表格，提高教师的现场教研能力及协同合作能力。

3. 活动方式

主要运用情境式教研。

4. 活动准备

（1）组织准备。

①设计现场教研情况记录表、号码抽签盒。

②预先确定一个班级活动现场。

③教研活动预告。

（2）教师准备。

通过查找资料和完成教研管理者设计的调查问卷，了解自己所感兴趣的活动区域对幼儿发展的意义。

5. *活动过程*

（1）活动导入。主持人："通过上次的教研活动，大家了解了幼儿在建构游戏活动中所要获得的核心经验，在游戏环境创设、材料投放、指导策略等方面均有一定的提升，对幼儿建构游戏支持策略的应用较以前更科学和有效，提高了幼儿建构游戏的水平。好的经验值得我们大力推广。今天我们将尝试借鉴和运用从建构区获得的经验、方法和策略，解决我们在其他区域游戏活动中未解决的焦点问题。"

（2）问题领取。主持人介绍本次教研活动的流程和问题的领取方式，取出提前写好序号的教研问题和对应的现场教研情况记录表（见表6-4）、数字号码抽签盒，请教师轮流抽取号码，教师所抽取的号码对应教研问题和教研表格的序号，教师根据号码组成不同的组别，围绕小组问题进行下一步的活动。

表6-4 现场教研情况记录表

研究区域：	研究记录时长：	记录人：
研究问题焦点：		
幼儿活动现场记录：		
研究情况简要梳理：		

（3）情境中的教研。各小组教师带着问题和教研表格，从会场转移到班级活动现场，按照所抽取的教研问题，集中到相应的自主游戏区域，并根据表格中的内容观察、分析、记录幼儿自主游戏的过程和班级教师的指导情况

等（时间约为 30 分钟）。

（4）小组讨论。教师带着对教学现场的观察和记录，根据不同区域从不同角度对问题进行研讨。

①问题一：观察、记录幼儿自主游戏区域活动过程，阐述该区域的游戏主题和游戏环境创设，你有什么启发？

②问题二：观察、记录幼儿自主游戏区域活动过程，你运用了什么观察、记录方法？观察、记录了哪些内容？

③问题三：观察、记录幼儿自主游戏区域活动过程，为满足幼儿各种核心经验的获得和能力的提升，为幼儿提供的游戏活动材料有哪些？

④问题四：观察、记录幼儿自主游戏区域活动过程，幼儿的参与主体性和教师的有效支持是怎样体现的？

（5）交流分享。各组选派一名教师代表，围绕各组的焦点问题，分别从游戏主题和游戏环境创设、幼儿自主游戏的观察方法、幼儿游戏材料的内容、幼儿游戏活动的主体性与教师的有效支持等方面，对现场活动情况及各组教师的优秀经验进行充分的交流与分享。

（6）活动小结。主持人："首先感谢李老师为我们提供情境式教研的活动现场。通过本次教研，每一位参与教师都有了收获，得到了专业成长。在本次教研活动的过程中，有的教师提出根据班级幼儿的兴趣创造个性化幼儿游戏主题和环境，有的教师对此观点有不同的看法，在现场进行了热烈的讨论，这反映出大家对教学实践中的不同观点秉持积极思考和认真研究的态度。"

（7）教研小任务：教师围绕"在幼儿自主游戏中，应强调预设，还是生成？"的问题进行思考，并择其一方，查找相关的论证资料，在下次教研活动前推选出双方辩论员。

6. 活动反思

在本次教研中，教师针对大家在教学实践中遇到的共性问题，带着问题和研究内容走进真实的教学现场。通过情境式教研，教师在真实的情境中运用自己所积累的经验，开展现场观察，并在真实的情境式教研活动中反思、总结和输出自己所获得的优质方法和经验。同时，教师将从单一游戏区域教研活动中获得的经验，拓展和应用到其他游戏区域，提高了运用已有经验解决问题的能力，更有效地支持和促进幼儿游戏水平的发展。

7. 资源整理

（1）整理本次教研活动中教师的教研现场文字记录。

（2）收集教研活动调查问卷和现场教研情况记录表（见表6-4）。

活动六：在幼儿自主游戏中，应强调预设，还是生成？

1. 设计意图

经过前期开展的一系列教研活动，教师对幼儿游戏环境的创设和游戏活动的设计、观察、记录、组织方法等方面进行了有针对性的探讨和研究，在理论与实践相结合的研究中，收获了许多宝贵的经验并提升了各方面的专业能力，为提高幼儿自主游戏的质量提供了有效的支持。而在创设游戏主题和环境时，到底应该以幼儿为本、完全追随幼儿的兴趣，还是以教师为本、只按预设的教育目标执行？教师们对此产生了不同的观点，于是，我们拟定以辩论会的形式举行本次教研活动，进一步厘清幼儿自主游戏主题的来源依据和对幼儿发展的意义。

2. 活动目标

（1）引导教师进一步厘清幼儿自主游戏主题的来源依据，提高教师对自主游戏的理解和指导。

（2）通过辩论会的形式，引导教师寻找最适宜的解决方法，促进教师自身的思辨和表达能力。

3. 活动方式

主要运用辩论式教研。

4. 活动准备

（1）组织方面。

①确定计分、计时人员，并邀请点评嘉宾。

②根据教师观点确定辩论正方和反方队员。

③辩论会会场布置。

④教研活动预告。

（2）教师准备。

①为持方观点查找资料。

②双方辩友进行分工。

5. *活动过程*

主持人:"各位老师好,欢迎大家参加本次的辩论会。接下来,请允许我介绍本次辩论会的点评嘉宾和双方辩友。"

(1)阐述辩题。主持人:"经过前期的教研,我们对幼儿自主游戏的组织和指导展开了深入的学习和研究,由此,教师们提出了新的疑问——在幼儿自主游戏中,教师应该依据预设的教育目标还是幼儿的兴趣和发展需求来创设游戏活动主题和环境?今天我们将对教师们的疑问进行辨析,就'在幼儿自主游戏中,应强调预设,还是生成?'展开辩论。现在我宣布,辩论会正式开始。"

(2)双方立论。主持人:"现在,辩论双方进入第一个环节——立论环节。双方各有3分钟的时间来阐明自己的观点。首先,请正方一辩发言,计时3分钟,现在开始。"

(3)按顺序辩论。双方依据顺序,进行二辩、三辩的论点及论证陈述。正方代表阐述的观点是,在幼儿自主游戏中应以教师的理性思考进行预设,强调预设为主,为幼儿提供游戏主题和创设游戏环境。反方代表阐述的观点是,以幼儿为本位的教育,应强调幼儿在自由游戏中的主体地位,教师应该全力满足幼儿的兴趣和需要,完全按照幼儿的需要和要求设计游戏主题和创设游戏环境。

①正方论述:

a."我们在幼儿自主游戏的过程中发现,有丰富游戏情节的、促进幼儿游戏水平不断提高的经典游戏(如娃娃家、蛋糕店、小医院、理发店、烧烤店等)来源于幼儿最基本的生活经验,是孩子们最喜欢玩的游戏,也是教师预设多的游戏,所以,我们认为教师进行'预设'是有事实依据的。"

b."我们在幼儿的自主游戏中做好充分的'预设'工作,能够充分发挥主导作用,更好地支持幼儿的游戏,引领幼儿在常设的经典游戏中获得更好的发展和各方面能力的提升。"

②反方论述:

a."幼儿是游戏活动的主体,由幼儿自发的兴趣产生的自主游戏是幼儿发自内心想要玩的游戏。这种自主游戏来源于幼儿的兴趣点，是幼儿自导自演的游戏，是幼儿感到快乐且自我满足的游戏。"

b."游戏是幼儿的基本活动，自主游戏可以激发幼儿的想象力、创造力、表达力等。如果由教师预设游戏主题，那么在一定的层面上是教师牵着幼儿进入预设的游戏模式和圈子，此时的游戏是教师导演的'假游戏'，而非幼儿发自内心想要玩的真游戏。"

（4）"观众"提问。在按顺序辩论的环节，如果台下"观众"不能认同正在发言的辩手，那么可在辩手发言后，以"观众提问"的形式提出质疑，要求辩手对自己的疑问做出解答和说明。

（5）自由辩论。辩手依次完成发言后，双方开始就本方的观点与对方开展3分钟的自由辩论。

（6）点评和颁奖。辩论会嘉宾对本次辩论会中双方的表现、论点阐述、辩论结果和本次辩论活动的作用及意义进行点评。

①嘉宾点评。"本次辩论式教研活动形式新颖，气氛活跃。教师在辩论过程中表现得专业、自信，双方辩手立论清楚、观点鲜明、逻辑清晰。本次辩论的主题来源于前期教研与实践中教师遇到而未解决的新问题，具有重要的价值和意义。通过本次辩论式教研，每位教师在激烈的思辨交锋过程中，教学理念更加全面、清晰，有助于刷新和重构教学理念，为以后的教学实践工作指明方向……"

②颁奖留影。嘉宾为优秀的辩手和辩论团队颁发奖状，集体合影留念。

（7）活动小结。主持人："感谢各位辩手的精彩辩论和嘉宾的精彩点评。通过今天的辩论会，辩论教师围绕焦点问题，针对各自的观点，进行了有理有据的剖析、论证、阐述，并形成共识——在幼儿自主游戏中，预设和生成不存在根本矛盾。在以教师为主导、幼儿为主体的游戏活动中，我们可以做到预设引导，激发创造，尊重生成，预设相辅，二者和谐共存，促进幼儿游戏水平的提高。期望大家把今天辩论会上达成的共识运用到教学实践中，进行再实践、再总结、再反思。"

（8）教研小任务。教师完成教研活动效果调查表（见表6-5），同时依据班级幼儿的发展目标及个人的研究兴趣，针对幼儿的自主游戏，提出下一阶段的研究意向，制定相应的方案与规划。

表 6-5　教研活动效果调查表

尊敬的教师：
您好！
感谢您参与"如何提升幼儿自主游戏的质量"系列教研，为了解本次教研活动的质量和参与者的满意度情况，我们特制作了此调查问卷。您的建议和意见将有助于教研组进一步完善教研工作，因此请您及时客观地完成相应评价。谢谢您的合作与支持！
一、单选题
Q1	本次系列教研活动的内容对您的教育和教学实践是否具有指导意义？（　　） A．指导性强　　　B．指导性较强　　　C．指导性一般　　　D．指导性较弱
Q2	您对本次系列教研活动的效果是否满意？（　　） A．非常满意　　　B．比较满意　　　C．效果一般　　　D．有待提高
Q3	您对本次系列教研活动的互动形式是否满意？（　　） A．非常满意　　　B．比较满意　　　C．效果一般　　　D．有待提高
二、多选题
Q4	您在本次系列教研活动中的最大收获是（　　） A．学科专业知识　　　　　　B．教育理论水平 C．教学技能（教学方法）　　D．先进教育观念
Q5	您在本次系列教研活动后，认为目前较欠缺的方面是（　　） A．专业理论不够扎实　　　　B．实践经验较少 C．活动组织能力不强　　　　D．教学文案写作能力不强
Q6	您在本次系列教研活动中感受最深、最喜欢的教研形式是（　　） A．情境式教研　　B．会场式教研　　C．茶馆式教研　　D．辩论式教研 E．故事式教研　　F．沙龙式教研　　G．剧场式教研
Q7	您以后最希望参加的教研形式有（　　） A．情境式教研　　B．会场式教研　　C．茶馆式教研　　D．辩论式教研 E．故事式教研　　F．沙龙式教研　　G．剧场式教研
三、问答题
Q8	请您谈谈参与本次系列教研活动的收获（3~4 条）。
Q9	对于下一次的教研活动，您有什么好的想法和提议？

6.*活动反思*

以辩论会的形式开展本次教研活动，为教师提供了一种新颖的教研形式，搭建了一个锻炼和提高思辨能力的舞台。同时，以辩论会的形式开展教研活动，教师提前做了大量的查找、搜集资料工作，提高了搜集资料和素材的能力。此外，教研活动中设置了"观众提问"环节，通过让辩论后援团参与辩论，提高全体教师参与教研活动的热情，将教研活动推向高潮，使全体教师成为辩论式教研的主角，体现教师在教研活动中的主体地位。本次教研活动作为系列教研活动的最后一个活动，既是本阶段项目式教研活动的结点，又是下一阶段项目式教研活动的起点。

7. 资源整理

（1）收集和整理本次教研活动过程中教师发言的文字记录和活动视频记录资料。

（2）整理、分析项目式教研问卷，形成分析结果并存档。

（五）教研活动总结

1. 教研活动生成网（见图6-25）

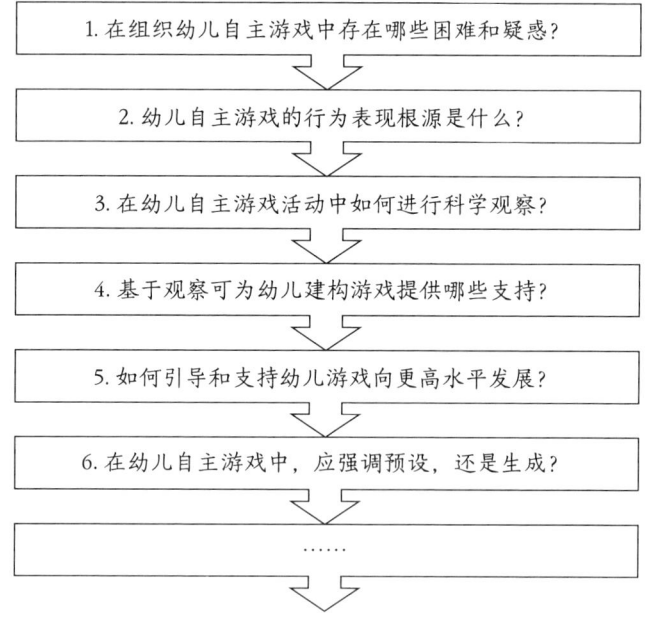

图6-25 教研活动生成网

2. 总结与反思

（1）成效检验。

在项目式教研活动开展的过程中，教研管理者以幼儿园游戏课程建设和实施所存在的问题为导向逐步推进，使教研活动层层递进、环环相扣、紧密联系，凸显教师作为教研活动主体的参与性，提升教师参与教研活动的兴趣，体现教研活动内容设计的挑战性和实效性。本次系列教研活动有效地完成和落实了"如何提升幼儿自主游戏的质量"纵向型项目式教研的预设目标：从儿童的角度来看，提高了幼儿的游戏水平，促进了幼儿的身心发展；从教师的角度来看，有效地支架了教师的主动学习；从课程的角度来看，推进了幼儿园游戏课程的实施与发展。

另外，在幼儿园自主游戏课程教研的实施和探究中，我们注重从教师的专业发展出发，以教育和教学中的真问题为研究对象，借助于问题连续体的方式，逐个、逐层、逐步对问题进行全面、系统、深入的研究，促进教师的持续探索和深度学习，在不断深入的研究中帮助新教师厘清幼儿在自主游戏中的核心知识，帮助骨干教师不断优化幼儿自主游戏的组织方式和支持策略，指导教师把教研中的新知识、新经验运用到教学实践中，进行再实践、再反思、再学习、再提升，最终促进教师的专业成长和幼儿的全面和谐发展。

（2）未来发展。

陶行知先生说："创造始于问题，有了问题才会思考，有了思考，才有解决问题的方法，才有找到独立思路的可能。"以问题为导向的"如何提升幼儿自主游戏的质量"纵向型项目式教研暂告一段落，但对该项目的研究不会停止。我们将继续记录和捕捉教师的困惑与闪光点，同时适时引导教师关注"发展适宜性游戏如何引导幼儿向更高水平发展？""如何在游戏中培养幼儿良好的学习品质？"等相关内容的学习和研讨，促进教师专业水平和游戏课程的持续发展。

第七章
项目式园本教研课程阶段案例

导图 7-1　实现教研与课程合作

自 2000 年开始，深圳市莲花二村幼儿园以国内外优秀的课程模式为基盘来构建园本课程，园本课程历经建构、发展、成熟等不同阶段，最终形成获广东省基础教育教学成果一等奖的园本课程——"莲花课程"。每一个阶段的课程教研有不同的任务与要求（见图 7-1）。在课程建构期，管理者引领教师团队对新课程进行学习和理解，厘清课程中的新理念，明晰课程的各组成要素，逐步在教学实践中呈现课程理念；在课程发展期，整合其他优秀的课程模式，创新与完善园本课程，让园本课程的组成要素更全面，从而更好地促进幼儿的发展；在课程成熟期，根据"立德树人"的要求，将课程植根于中国的优秀传统文化，在文化适宜性中创生课程，在本土化与中国化的过程中实现园本课程的可持续发展。

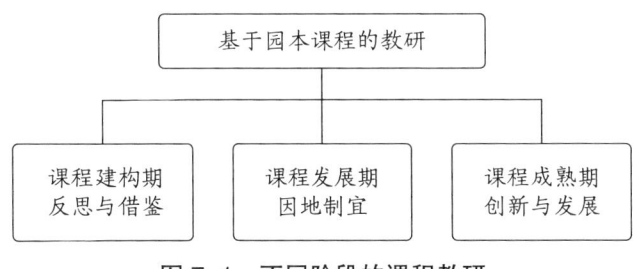

图 7-1　不同阶段的课程教研

课程在不同的时期有不同的要求，也有不同的问题。教师在课程改革中遇到的每一个问题的背后都有无数个小问题，每一个问题所联结的小问题都需要通过一个项目式教研活动或多个项目式教研活动来研究和解决。同时，课程中的种种问题既是阻碍课程发展的问题，也是阻碍课程推进者（教师）发展的问题。只有将课程建设与教师专业发展一体化，聚焦课程推进中的重点问题，聚集各种资源，开展多形式的园本教研，搭建多元化学习平台，才能培养一批在深入推进课程改革、实施素质教育中发挥辐射作用的带头人。

第一节　课程建构期项目教研

俗话说"万事开头难"，在"莲花课程"建构期的初期，我们从传统的集体教学转变为区域个别探索的活动方式，如何将以个别活动为主体的课程全面渗透到一日活动中，对长期开展集体活动的教师是很大的挑战。新课程在这一阶段的推进过程中遇到诸多问题：教师如何厘清新课程的理论与理念、如何在活动中有效运用新课程方法、如何在活动中开展具有适宜性的师幼互动等。在这一时期，虽然有课程专家定期来现场指导，但他们不能持续地待在课程现场，许多实践问题要得到全面解决，仍然需要幼儿园教师借助于园本教研的持续研究以及多主题项目式教研（见表7–1）。

表7–1　课程建构期系列项目式教研主题一览表（略）

教研活动 \ 项目主题	新课程理念有哪些特点？	从哪些方面促进新课程落地？	如何认识课程载体材料？	新课程中活动观察记录方式有哪些？	……
1	你对蒙台梭利教育有什么认识？	不同领域的区域环境具备哪些特点？	如何理解和提升材料的可操作性？	在区域活动观察中你遇到了哪些问题？	……
2	个别活动与集体活动的区别在哪里？	如何有效利用班级环境规划区域活动空间？	如何将活动内容有效融入材料？	如何在个别探索活动中观察和记录幼儿的活动？	……

（续表）

教研活动＼项目主题	新课程理念有哪些特点？	从哪些方面促进新课程落地？	如何认识课程载体材料？	新课程中活动观察记录方式有哪些？	……
3	你如何理解儿童敏感期？	区域活动在一日活动中的哪个时间段开展最有效？	如何利用材料的引导性支持幼儿主动探究？	如何对幼儿在区域中的活动进行长期观察记录？	……
4	你对儿童的心理发展具有阶段性有何认识与理解？	区域活动课程与现在的课程怎样做到有效结合？	材料的层次性体现在哪些方面？	可以从哪些方面观察区域材料的有效性？	……
5	如何理解《纲要》与蒙台梭利教育之间的关系？	在现有的人员配置中如何合理地开展新课程？	如何在材料开发中有效落实科学性的要求？	区域材料时效与幼儿活动之间的关系有哪些？	……
6	……	区域活动对教师提出了哪些新要求？	材料如何实现幼儿在区域内的持续探索？	……	……
……					

本节我们重点节选幼儿园在课程建构期围绕"莲花课程"中最重要的载体——区域材料——开展的项目式教研，让读者看到在"莲花课程"的推进过程中，幼儿园如何着眼大方向、聚焦小细节，实实在在地开展系列教研活动，以促进教师对新课程的理解，促进课程的不断前进。

活动实例：如何有效促进新课程落地？

（一）确定教研问题

本项目式教研主题的确立，源于深圳市莲花二村幼儿园实行集团化办园模式，新成员园在借鉴"莲花课程"建构园本课程的初始阶段，秉承课程建构与教师专业同步成长的理念，为找准教师需要，为教师提供适宜的教研活动。教研管理者基于在日常巡班过程中发现的教师所设计和开发的区域材料在内容融入、可操作性、引导性等方面存在的问题，以及调研和分析教师在课程实践中的问题，确定以"如何认识课程载体材料？"为主题，聚焦以下几个方面的问题开展项目式教研。

（1）如何理解和提升材料的可操作性？

（2）如何将活动内容有效融入材料？

（3）如何利用材料的引导性支持幼儿主动探究？

（4）材料的层次性体现在哪些方面？

（5）如何在材料开发中有效落实科学性的要求？

（6）材料如何实现幼儿在区域内的持续探索？

……

（二）聚焦问题分析

借鉴深圳市莲花二村幼儿园的优秀课程，在园本课程建构期教研管理者引领教师重点学习和理解区域课程，对区域环境科学创设、区域活动有效组织、区域材料合理投放与制作等不同内容进行研究。区域材料是新课程落地的重要载体，也是教师实施课程的重要抓手。因此，我们以"如何认识课程载体材料？"为本阶段项目式教研主题，通过引导教师明晰区域材料的核心特征、材料开发的要点等相关专业知识，以理论引导实践，促进教师创设有准备的区域环境，从而支架幼儿主动学习，引导幼儿形成良好的学习品质。

本项目式教研涉及区域活动的理论学习、情境观摩研讨，以及区域材料的开发等内容，缓解新课程给教师带来的压力。基于项目式教研的推进方式，我们会将每一次教研活动的计划方案在教研活动前告知教师，让每一次教研都不是从零开始，而是教师带着前期的准备和思考参与教研活动，降低教研难度，提高教研成效。

（三）制定教研方案

1. 教研活动总目标

（1）基于课程建构期的教师需求和问题分析，通过区域课程理论与教学实践相结合的方式解决实际的教学问题，提升教师对新课程实施的驾驭能力。

（2）引导教师进一步学习和理解新课程载体材料的特征，提升开发材料与创设环境的能力，从而支架幼儿主动学习，引导幼儿形成良好的学习品质。

（3）通过问题导向的系列教研，为教师创建多元化的交流平台，引导教师对问题进行深度探究并取得共识，以保障新课程的有效实施与持续发展。

2. **教研活动预设网**（见图7-2）

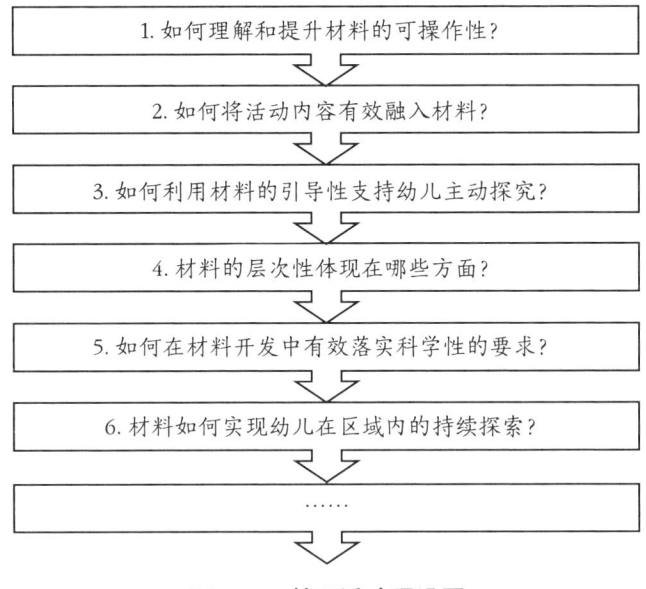

图7-2 教研活动预设网

（四）**教研活动实施**

活动一：如何理解和提升材料的可操作性？

1. **设计意图**

瑞士儿童心理学家皮亚杰指出，"儿童的智慧源于操作"。在区域活动中，儿童通过操作材料激发学习的主动性、积极性以及创造性，并建构自己的知识体系。材料承载着课程的内容、方法，甚至部分承载着课程中的教师指导，而材料的可操作性是其最核心的特点。教师在设计、制作和创新材料的过程中对材料的可操作性提出疑惑，难以理解幼儿如何根据材料的操作指引习得核心经验，以及如何做到同时引导多名幼儿在区域活动中协助解决困难，于是课程中心设计了此次项目式教研活动。

2. **活动目标**

（1）引导教师学习材料的可操作性的含义及要点，增强教师对材料的理解。

（2）引导教师依据材料的可操作性特点检测材料，并对材料的不足进行补充与完善，提升教师对课程中新方法的应用能力。

3. *活动方式*

主要运用情境式教研。

4. *活动准备*

（1）组织准备。

①第一阶段：课程中心督促教师完成制作材料的教研任务并书写关于材料的教案，将图文并茂的完整教案发到教研群里供大家了解、学习，让大家根据材料的可操作性对材料进行投票，选择票数较高的6份材料作为研讨素材，并请大家提前思考以下问题。

a. 你认为什么是材料的可操作性？材料为什么要具备可操作性？

b. 在设计和制作材料的过程中，怎样凸显材料的可操作性？

②第二阶段：将教师分为6组，每组3名教师，其中一名教师为获得票数较高的材料制作者，其他两名教师自愿选择小组，教师利用空余时间来操作和感受本小组的指定材料。

（2）教师准备。

①每名教师开发一份材料，并写出包含材料特点、材料构成、材料操作等内容的教案。

②教师完成组织准备中第一、二阶段的工作。

（3）物品准备。

①投影仪、笔记本电脑、照相机等。

②将选定的6份材料摆放到现场。

5. *活动过程*

（1）开始部分：激发讨论。

①参与教师自由入座后，主持人导入教研主题，介绍本次教研活动的流程以及主要内容——明晰什么是材料的可操作性。

②主持人："在本次活动前，大家为新开发的材料进行了投票，得票较高的前6种材料现在摆在了我们前面的桌子上。接下来我们进入本次教研的正

题，请这些材料的创造者为大家展示材料的操作步骤，然后请其他教师根据分组来讨论材料的可操作性，最后把讨论和研究的内容与大家进行交流和分享。"主持人带领大家进入展示环节，请大家在观察过程中思考以下问题。

问题一：什么是材料的可操作性？

问题二：材料为什么必须要有可操作性？

问题三：怎样设计和开发使材料具备可操作性？

③请6份材料的制作者依次上前展示自己制作的材料（见图7-3），重点展示材料的操作过程，其他教师观看操作，发现优势与不足。

图 7-3　教师展示自己制作的材料

a. "彩虹配对游戏"材料。

b. "神秘盒"材料。

c. "纸杯叠叠乐"材料。

d. "一寸虫"材料。

e. ……

④环节小结：3—6岁幼儿处于直观形象思维的认知时期，需要通过直观形象的观察和动手操作才能理解区域材料中蕴含的核心经验，教师在开发区域材料时要在材料中融入具有游戏性、趣味性的操作方式，以引导幼儿习得

经验。

（2）基本部分：再研与分享。

①主持人带领各小组针对材料思考以下问题。

问题一：材料中可操作性的优点与不足有哪些？

问题二：你认为可以怎样对这份材料进行改进，以提升材料的可操作性？

②根据以上问题，小组研讨10分钟，分析材料的优劣并提出切实可行的建议与意见，最后每组选出一名代表来展示讨论结果（见图7-4）。

图7-4　研讨确定调整方案

a."彩虹配对游戏"材料具有操作性，但因该材料被投放至中班，材料的可操作性略显单一，调整建议为：在色块的数量上从原来的4块增加至7~9块，并且图形可以适量变化，增加材料的操作难度；将七色彩虹底板分开，幼儿在操作时自行拼接成完整的彩虹……

b."神秘盒"材料的操作步骤是，幼儿先观察卡片，通过视觉来识别卡片上的立体图形，然后把手伸进"神秘盒"中，通过触觉来找出立体图形。该材料具备可操作性，而且提供了丰富的多感官操作体验。在设计上的改进建议是，可更换更大尺寸的盒子，供两名幼儿一起伸手进入盒子中，以竞赛的形式提升该材料的可操作性和游戏的趣味性。

c. "纸杯叠叠乐"材料。

……

（3）结束部分：总结与思考。

主持人对本场活动做简要小结，并提炼教师的分享内容：可操作性是指材料能让幼儿开展探索，幼儿通过动手操作能将原来的半成品材料变成成品材料；材料的可操作性是吸引幼儿探索、激发幼儿兴趣的重要因素。

（4）教研小任务。

①教师依据材料的可操作性特点核查班级材料，并在过程中做好材料调整的照片和文字记录。

②引导教师思考：什么是材料的引导性？为什么材料要具备引导性？怎样使开发的材料具备引导性？

6. *活动反思*

本次教研活动达成了活动的预期目标，具有实效性。通过教研活动前的引导，每名教师都带着对问题的思考，带着自己制作的区域材料及教案进入教研现场。因为有了对区域材料的可操作性的前期思考，教师在教研过程中能很快切入主题，实现智慧碰撞，并对材料可操作性进行二次思考。教研活动充分调动了教师参与教研的主动性，提升了教师对材料的可操作性的理解，为教师在后期开发科学性材料奠定了良好基础。

7. *资源整理*

（1）收集本次新开发的 18 份材料的教案资料。

（2）收集本次活动中的录像资料和文字、方案资料，并将资料归入教研总结资源库。

活动二：如何利用材料的引导性支持幼儿主动探究？

1. *设计意图*

当幼儿园开展区域活动时，一名教师往往需要面对十几个甚至更多的幼儿进行区域探究，那么如何解决这一困境？如果教师在区域活动的指导中，将指导行为转化为可视化符号、图画、标识等融入材料，那么幼儿通过符号、图画、标识等的辅助引导，能比较自主、顺利地完成区域材料的探索活动，这样既能提高幼儿独立自主探索材料的能力，也能减轻教师的指导压力。因此引导性是体现区域材料的教育性和科学性的重要因素。通过上次教研活动中教师对材料的可操作性的研讨，课程中心发现教师们制作的一些材料具备可操作性，但缺乏引导性，因此本次教研活动是上一次教研活动的延伸，从问题生成内容，将围绕区域材料的引导性进行研讨。

2. *活动目标*

（1）引导教师了解材料的引导性的重要作用，提升教师对区域材料的引导性的理解。

（2）通过教研，教师了解在材料中融入引导性的方法与策略。

（3）引导教师在材料的制作过程中加入适宜的图文指示，提高教师对课程指导的应用能力。

3. *活动方式*

主要运用情境式教研。

4. *活动准备*

（1）组织准备。

①发布思考问题。在教研活动开始前，请教师思考两个问题：为什么材料要具有引导性？如何在材料中体现引导性？

②查阅相关的文献资料，搜集对不同年龄段幼儿具有适宜性的符号、图画、标识等。

（2）教师准备。

查阅相关书籍，收集关于教研问题的资料，做好记录。

（3）物品准备。

投影仪、笔记本电脑、照相机等设备。

5. *活动过程*

（1）开始部分。

主持人："今天我们会将新材料投放至班级，在观摩活动期间，教师分三组进入大、中、小班，观察幼儿与材料的互动情况。观察重点在于材料能否支持幼儿独立探索，如果发现幼儿不能独立探索的情况，请分析原因。"

（2）基本部分。

①教师分组进入班级，观察幼儿操作材料的情况。每三名教师为一组，

以小组的形式进行观察。每个小组重点选择班级中的一份材料，观察幼儿与这份材料的互动情况。小组成员自主分工，以照片、视频、文字的方式记录幼儿的操作过程，照片要体现完整的材料及幼儿的操作状态等（见图7-5）。

图 7-5　教师分组观察

②教师开展活动观察与记录，在此过程中主持人根据教师的观察情况进行适当引导，同时发现各小组观察的亮点。

③观察活动结束后，教师分组入座，主持人导入研讨主题。

主持人请大家结合问题，谈谈自己观察到的情况。幼儿能否凭借材料设计中的引导性独立完成操作？该材料从哪些方面体现了引导性？这些方式是否符合该年龄段幼儿的认知特点？是否有调整的必要性？主持人提醒教师在介绍时，可以播放录制的视频，让大家更加直观地了解幼儿在现场操作的情况。

A组："我们刚才观察的是小班的新材料'五条小鱼游游游'（见图7-6）。它以颜色来指引幼儿操作，幼儿点数小鱼背面的点点后对数字进行识别，再根据颜色的指引给五条小鱼排队。颜色的指引性符合幼儿的认知特点。"

图 7-6　小班的颜色指示

B 组:"我们组观察了中班幼儿操作新材料'交通标志',隐藏在材料中的指引是简单的文字,但对中班幼儿来说不具有适宜性,幼儿在无法操作的情况下向教师寻求帮助。如果以图画为指引会更适合中班幼儿。"

C 组:"我们观察的是大班幼儿操作新材料'反义词'(见图 7-7),图文对应是隐藏在材料中的指引,大班幼儿对材料的图文对应有一定的辨别和推理能力,在图文的指引下顺利地独立探索操作材料。图文对应符合该年龄段幼儿的认知特点。"

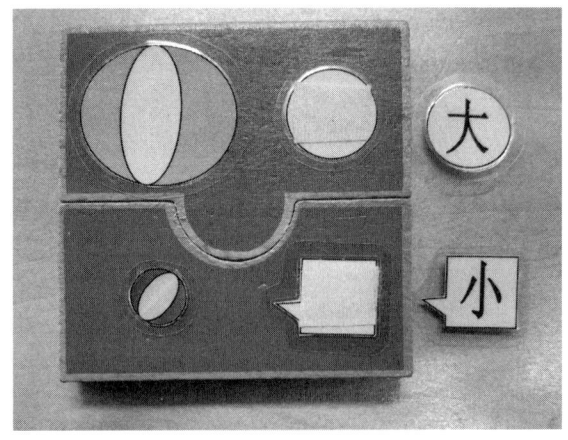

图 7-7　大班的图文指示

D 组:……

（3）现场设计图文指示。

①主持人："刚才各位教师分享了在观察幼儿操作时，材料的引导性以符号、图画、标识等方式蕴含在材料中。多数教师在刚才的激烈讨论中对图文指示表现出研究兴趣，那么接下来我们将聚焦图文指示。请大家分成小、中、大班三组，讨论适宜各年龄段幼儿的图文指示是什么，并现场设计一份图文指示材料，在下一环节中与大家分享。"

②各组总结适宜各年龄段幼儿的图文指示及图文指示材料的设计思路。

A组："小班年龄段的幼儿对数字、文字等较为抽象、复杂的图文指示较难理解，简单的符号和辨识度较高的颜色更适用于小班材料。我们设计了一份'表情娃娃'材料，使用简单符号'○、□、☆、△'作为图文指示，引导幼儿独立探索（见图7-8）。"

图7-8 研讨适宜的引导图示

B组：……

C组：……

③主持人对每组教师分享的内容进行总结："刚才我们讨论了对各年龄段幼儿具有适宜性的图文指示。适合小班幼儿的指示是简单的符号、颜色与形状；对于中班幼儿，可以在小班的图文指示的基础上增加图画与标识；对于大班幼儿，则可以在小、中班的图文指示的基础上增加图文难度，还可适当增加数字等内容，以适应孩子日益增强的能力，促进他们思维的发展。"

（4）结束部分。

在区域活动的过程中，幼儿会根据自己的兴趣与爱好，自主选择区域材料并进行探索。材料的引导性能够确保教育目标的实现，它像隐藏在材料中的"教师"一样，引导幼儿在操作中习得核心经验。因此，当材料具有引导性时，它才能实现幼儿与材料间真正有意义的互动。

（5）教研小任务。

各班教师根据研讨结果对各班材料进行逐一检查，并在活动开展时观察幼儿，记录材料调整前后幼儿操作情况的对比，思考幼儿在操作中遇到的问题并提出有效的解决策略。

6. 活动反思

本次教研活动基于教师对教研活动内容的预知，他们通过查阅资料储备了一定的知识理论，并且带着问题与经验参与教研活动。在教研活动中，主持人引导教师进入班级观察幼儿操作材料的情况并进行记录，引发教师思考材料引导性的优缺点，增加教师改进材料的空间和力度，提升教师对材料引导性的原有认知，加深教师对材料引导性的理解，为教师后续设计和开发材料奠定了良好的基础。同时，教研活动激发教师对材料问题产生新思考，促进教师理解材料的引导性与幼儿独立探索之间的关系，提升教师在区域活动中对幼儿进行观察与指导的能力。

另外，本次教研活动在组织形式上让每组教师现场观察记录，录制幼儿操作材料的视频，在研讨中播放视频，直观呈现焦点问题，引发教师群体的研讨兴趣，加深教师对材料引导性的理解，有效地解决了教研前期的问题，达成了本次教研活动的预期目标。

7. 资源整理

（1）收集和整理本次活动中的录像资料（幼儿的实操视频）。

（2）收集和整理本次教研活动中的文字资料及方案资料。

活动三：如何在材料开发中有效落实科学性的要求？

1. 设计意图

区域活动材料既承载深圳市莲花二村幼儿园的课程内容体系，也承载课程的主要方法体系。提供科学、适宜的材料是教师应具备的专业技能之一。

教师应该通过深思熟虑的设计，将活动指导、活动目标、活动内容渗透在材料中，促进幼儿发展。区域活动材料的科学性影响幼儿成长的质量。课程中心在近期的巡班中发现，教师设计的材料在可操作性、引导性、层次性、丰富性、安全性、和谐性等方面仍然存在着些许不足，因此设计了本次教研活动，期望能够促进教师深入理解区域材料的特点，提升教师的专业水平。

2. 活动目标

（1）通过教研活动引导教师进一步了解和学习课程材料的科学性特点，提升教师的课程实施能力和专业水平。

（2）引导教师从可操作性、引导性、层次性、丰富性、安全性、和谐性等方面对材料的科学性进行分析与评价，促进教师分析问题和总结提炼能力的发展。

3. 活动方式

主要运用情境式教研。

4. 活动准备

（1）组织准备。

①在开展教研活动的前一周公布教研活动主题及思考问题，并用案例进行说明。

②主持人对教师准备的幻灯片进行内容把关和整合。

（2）教师准备。

通过抽签的方式，教师抽取材料的科学性特征中的一个维度，将相关的典型材料案例制作成幻灯片。

（3）物品准备。

①投影仪设备、笔记本电脑、照相机等设备。

②抽签纸。

5. 活动过程

（1）开始部分。

①主持人介绍本次教研活动的主题和主要流程。

②主持人逐一请教师代表按照活动前的分工，播放关于区域材料科学性特点的幻灯片，并结合材料案例进行分享。

A 教师:"我将结合案例从材料层次性的三个方面进行分析。第一个方面是同一区域中不同年龄段幼儿的发展需求不同,所以要提供适宜该年龄段幼儿操作能力水平的不同材料;第二个方面是同一活动在班级中因每名幼儿的发展水平不同,应提供不同层次的材料,同时要兼顾有特殊发展需求幼儿的成长需要;第三个方面是同一区域材料的层次性应满足不同幼儿在同一时间的需求……"

B 教师:……

(2)基本部分。

①主持人:"每一位教师都做了充分的准备,用案例解析了科学性中所包含的操作性、引导性、层次性、丰富性、安全性、和谐性等关键特性。接下来我们将基于材料的科学性特征,分组前往班级寻找与之相匹配的材料。"

a. 主持人以"桃花朵朵开"的游戏方式,将教师平分为三个小组,由小组代表抽签决定前往小、中、大班的具体班级。

b. 各小组根据抽签结果,前往对应的班级,寻找自己想要研讨的材料。

②小组讨论并展示。

a. 每组教师对从班级现场中所选择的适宜材料,依据材料的可操作性、引导性、层次性、丰富性、安全性、和谐性等特性,开展小组材料研讨(见图 7-9),选举一位代表,记录小组意见,并将意见绘制成思维导图(见图 7-10)。

图 7-9 基于材料开展研讨　　图 7-10 绘制思维导图

b. 每组教师对从班级现场中所选择的问题材料，依据材料科学性的不同维度展开讨论和研究，对存在的问题提出改进意见和建议。

③教师展示小组成员对材料的讨论意见与建议结果（见图 7–11）。三名教师组成一组，分别负责呈现思维导图及讲解介绍、辅助展示对照材料、记录现场关键词等（见图 7–12）。

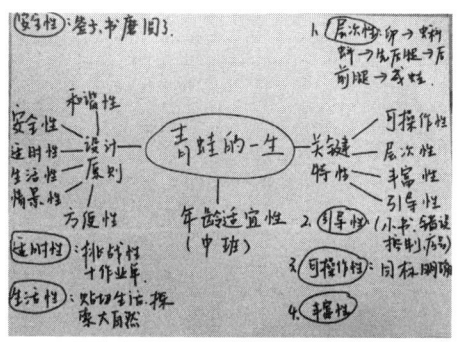
图 7–11　材料修改意见图

图 7–12　小组代表进行分享

④小组之间进行交互评价。对于小组成员对材料的讨论意见与建议结果，其他小组如有疑问或更好的建议，可以在本环节中进行讨论或补充建议。

（3）结束部分。

主持人对每组分享的内容进行总结。首先应依据幼儿的年龄特点设定教育目标，然后从幼儿操作的角度思考材料的设计与投放，在设计的过程中可以从是否符合材料的可操作性、引导性、层次性、丰富性、安全性、和谐性等方面进行综合思考，经过反复推敲才能开发出有益于幼儿发展的材料。

（4）教研小任务。

经过对上述材料进行透彻的思考与分析，接下来教师将以班级为单位，对班级区域材料逐份核查，反复推敲，优化调整，并在过程中做好拍照及文字记录工作。

6. *活动反思*

本次教研活动注重教师的前期分工，教师能够结合理论收集案例，并进行分享，对材料的科学性有了实质性的思考和理解。通过教研活动，教师能够更深入地认识到材料具有科学性的重要性，发现材料的科学性与幼儿探索之间的关系。通过前往班级寻找材料，分组对材料的科学性进行讨论、分析和评价，以及以问题为中心进行研讨，教师的讨论内容更聚焦，思想的碰撞更激烈。通过亲身参与体验的方式，教师能够提高在教研活动中的积极性，并且对材料的科学性加深理解。通过对一些存在科学性问题的材料进行分析与研讨，并集体提出改进意见与修改建议，教师在后期实践中能够对本次教研活动的内容加以迁移与运用。

7. 资源整理

（1）收集和整理每组分享案例的幻灯片。

（2）收集和整理本次教研活动中的所有文字资料及方案资料。

（五）教研活动总结

1. 教研活动生成网（见图7-13）

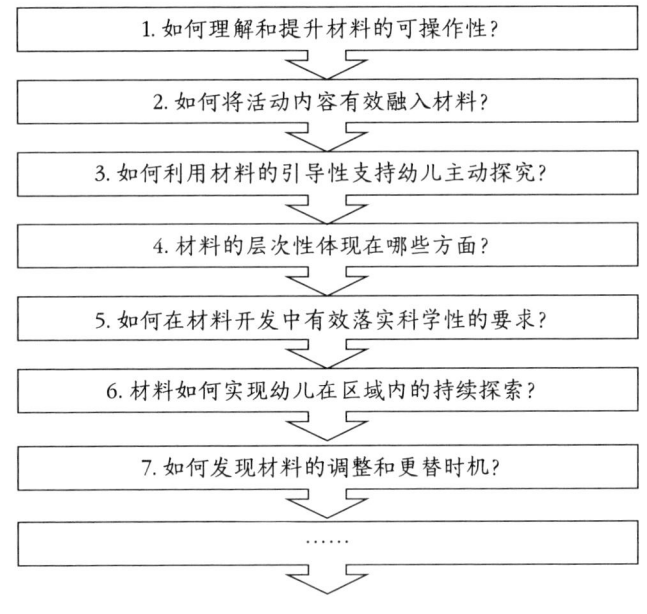

图7-13 教研活动生成网

2. 总结与反思

（1）成效检验。

本次项目式教研通过双线交互的方式，引导教师学习课程载体的重要特征、开发和制作区域材料，有效地解决了教学实践问题。我们既关注幼儿的主动学习，也注重培养教师的主动学习能力。每一场教研都凸显教师的主体性和主动性，遵循基于问题、分析问题、解决问题的教研路径，引导教师发现问题、查阅理论资料、小组研讨、达成共识、制定解决方案，并在实践过程中落实改进措施，以理论提升实践水平，再从实践问题中联系理论，寻找解决问题的方法，增强教师的研究意识和水平。

整个项目式教研由浅入深，层层递进，环环相扣，将理论与实践相结合，从理论中来，到实践中去，并在实践中升华，将材料的科学性理念融入教师的教学，有效地提升了教师对新课程载体的理解，解决了教师在教学实践中遇到的问题，提高了幼儿园区域活动的质量。

（2）未来发展。

本次项目式教研处于新课程建构期，以解决教师在区域材料设计和开发中的实践问题为重点。通过系列项目式教研活动，教师对新课程理解、环境准备等方面有较丰富的研究。基于教研管理者对教师的访谈和问题收集，我们对问题进行了拓展，计划开展下一阶段的项目式教研活动，持续提升教师的专业发展。

第二节 课程发展期项目教研

新课程在幼儿园全面实施并落地生根后，要想得到进一步发展，就要考虑课程是否符合国家政策精神，是否符合地域性规范办学要求，是否与家长的需要相吻合等问题。这些问题既是课程能否适应国情继续前进的关键，也是课程发展需要考虑的各个方面。"莲花课程"在发展期就曾遇到上述几方面的实际问题：新课程能否落实《纲要》和《指南》的精神，符合国家的要求？新课程能否促进每一个幼儿有个性的发展？怎样让幼儿的学习过程"可视化"，并且让家长了解个性化学习？如何优化课程的开展方法、内容体系和评价方式？如何以问题为导向，开展项目式教研？根据这些问题，我们确定了课程发展期的教研主题（见表7–2），旨在帮助教师切实地解决实际问题，促进课程和教师的同步发展。

表 7-2　课程发展期系列项目式教研主题一览表（略）

教研活动 \ 项目主题	新课程如何落实《纲要》和《指南》的精神？	如何优化课程开展方法、内容体系和评价方式？	如何保证课程促进每一个幼儿有个性的发展？	怎样让幼儿的学习过程"可视化"？	……
1	如何让新课程落实《纲要》的精神？	如何科学地开展生活环节，并促进活动实施的流畅性？	如何借鉴多元智能理论来认识每一个孩子？	什么是幼儿成长档案？	……
2	如何借助于《指南》更好地实施新课程？	优化一日生活各环节的方法有哪些？	幼儿园应促进孩子在哪些方面的发展？	可保存的记录方式有哪些？	……
3	如何依据《纲要》和《指南》来制定园本课程各领域的目标？	如何进一步挖掘与利用幼儿园周边的课程资源？	课程中缺失哪些促进孩子发展的方面？	如何理解区域材料的记录单对幼儿探索的意义？	……
4	如何对标《纲要》和《指南》来建立课程内容体系？	如何提升教师审议家长资源的能力并促进课程内容的优化？	如何从课程内容、方法来优化课程并保证课程的完整性？	如何设计区域材料的使用记录单？	……
5	教学实践如何与《指南》的要求统一？	如何基于新课程建构多维度的幼儿评价体系？	根据不同幼儿的发展需要，你对班级环境或活动做了哪些调整？	是否每一份区域材料都需要记录单？	……
6	在《指南》的引导下，你有哪些难忘的教学故事？	……	……	如何判断与收集有价值的活动记录单？	……
……	……	……	……	……	……

在本节中，我们将重点节选在"莲花课程"的发展期如何根据内容、方法、评价等课程因素开展教研的案例，向读者展现在项目式教研中如何提升教师的课程驾驭能力，促进课程的突破与创新，从而实现课程与教师的共同发展。

活动实例：如何优化课程开展方法、内容体系和评价方式？

（一）确定教研问题

课程发展期是课程的完善阶段，教师主要围绕课程实施进行整体反思，并对课程进行优化与调整。虽然教师在每个阶段都需要持续反思，但在这一阶段是对整体课程进行反思，需要专业的理论支架、严谨的观察举措以及科学的分析策略。

基于"以儿童为本"的发展观，课程中心带领教师们学习和研读了中外教育理论及教育部颁布的纲领性文件。通过梳理与分析常态化教学观摩中出现的问题，教师在课程内容、课程实施方法以及课程评价等方面做了进一步的反思。教师应如何突破课程内容的局限，寻找真正来源于幼儿生活的课程内容资源？教师应采取怎样的策略使课程实施方法更灵活与适宜，使之在生活、游戏与教学等各方面更好地促进幼儿的发展？如何将教育评价渗透到幼儿园课程的各个方面，力求评价及时到位、客观科学，为幼儿的发展与课程的实施提供必要的反馈信息？通过对上述诸多问题进行归类和梳理，课程中心确定以"如何优化课程开展方法、内容体系和评价方式？"为主题，围绕以下问题引领教师开展系列教研活动。

（1）如何科学安排生活环节促进课程高品质地实施？

（2）如何整合社区资源？

（3）如何加强家长对课程的理解与支持？

（4）如何基于新课程建构多维度的幼儿评价体系？

……

（二）聚焦问题分析

教师对课程的整体反思来源于幼儿园保教工作实践。在课程实施和发展的过程中会存在许多问题，但并不是所有的问题都需要依靠教研活动来解决。如何优化课程的开展方法、内容体系和评价方式，具有重要的研究价值，是教师在课程发展期需要解决的重要问题，反映了教师群体的共同需求和"呼声"。

本次项目式教研聚焦于课程发展期的优化问题，着眼于课程内容、实施方法及评价三个角度，试图从生活环节的科学规划、区域的联动对话、社区资源的整合、家园共育的加强以及幼儿的多维度评价等方面，在教育实践中为教师提供技术与理论支持，并通过案例分析、故事讲述、现场调研、头脑风暴等方式引领教师持续、深入地探究，为课程发展走向成熟开辟新途径，为教师提升综合素质架起新桥梁。

（三）制定教研方案

1. 教研活动总目标

（1）引导教师在理解幼儿一日活动内涵的基础上，结合课程发展需求，合理地调整及完善幼儿园一日活动流程，提升教师的课程理解及实施能力。

（2）引导教师进一步明确教育评价的重要性，能够运用不同的方式对幼儿的发展进行客观、科学的评价，促进教师观察能力与反思能力的提升。

（3）通过教研活动，引导教师开拓为幼儿全面且均衡地开发课程内容的新视角，提高教师整合课程资源的能力，促进幼儿园课程的持续优化和发展。

2. 教研活动预设网（见图7-14）

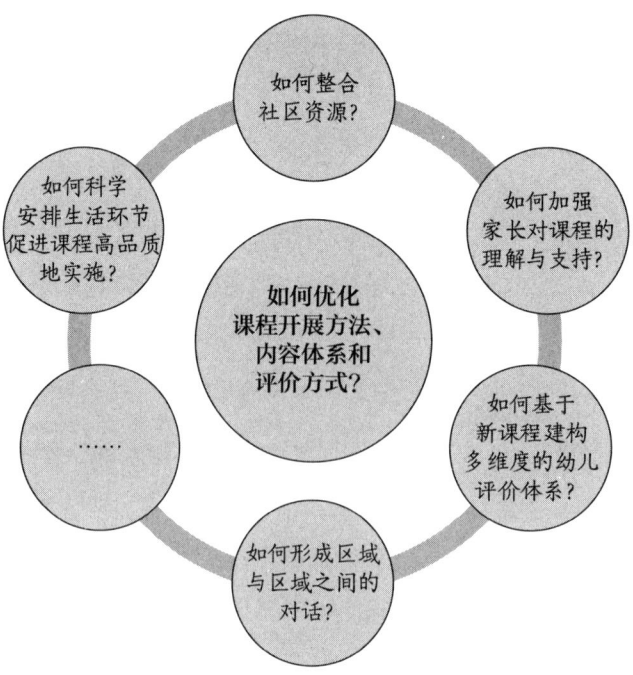

图 7-14　教研活动预设网

（四）教研活动实施

活动一：如何科学安排生活环节促进课程高品质地实施？

1. 设计意图

在课程发展期，教师会遇到来自各方面工作的冲击与问题，这需要教师分析现阶段的课程发展形势，明晰各个层面的工作规范，以幼儿的发展为宗旨，不断对课程进行复盘，逐步形成对教育行为进行反思及敢于调整、善于创新的专业品质。现阶段，因幼儿园早点（水果餐）的餐量和时间有了新的要求，幼儿园需要调整一日生活安排，以确保课程实施与生活安排的合理性与科学性，可教师们对这一环节的调整各执己见，未能达成共识。课程中心决定通过现场观摩，从半日活动各环节的目标、过程及实施等方面进行深度研讨，挖掘水果餐的融入点。本次半日活动观摩不同于以往的观摩，我们设定了更深层次的思考目标，不仅要观察各个环节的表象，还要挖掘环节背后的内容——幼儿自我服务的提升空间、幼儿各领域发展的均衡性、教师对幼儿的隐性与显性支持比例、教师对幼儿个性差异的关注等。本次教研活动是加固课程发展根基、驱动教师成长的契机。

2. 活动目标

（1）通过本次观摩教研活动，引导教师调整及完善幼儿园一日活动流程，保证课程实施的顺畅性与有效性。

（2）帮助教师进一步夯实卫生保健、安全工作等各层面工作的规范，加深对一日生活环节、区域活动科学实施的了解与认识，深化对课程理论的理解。

3. 活动方式

主要运用会场式教研、情境式教研。

4. 活动准备

（1）组织准备。

①制定活动观摩方案（见表7-3）、活动观摩记录表（见表7-4）以及活动观摩指引表（见表7-5），并提前告知参与人员（教师、课程中心人员、行政人员）。

表 7-3 深圳市莲花二村幼儿园半日活动观摩方案

1. 活动目标：制定水果餐环节的安排方案
2. 活动时间：2019 年 12 月 16 日
3. 活动地点：大一班、中一班、小二班
4. 参加人员：园长、副园长（包含后勤与教学团队的两名主要负责人）、教研员、保健医生以及所有的班主任。
5. 活动准备：活动记录表、活动记录工具（手机、相机、摄像机等）。
6. 活动流程：第一部分——观摩活动（8:00—11:30）
   第二部分——集中研讨（14:30—16:30）
7. 注意事项：①活动观摩时不与幼儿及带班教师交流。
   ②观摩教师注意所处位置，不要阻碍幼儿的正常活动。
   ③做好翔实、多样化的记录。

表 7-4 深圳市莲花二村幼儿园半日活动观摩记录表

观摩班级：　　　　　记录人：　　　　　观摩时间：

活动环节	可从环境准备、教师语言组织、幼儿活动状态、常规养成等方面进行观察。
晨练	
盥洗	
早餐	
餐后活动	
晨谈	
区域活动	
体育游戏	
自主活动	
盥洗	
餐前活动	

表 7-5 深圳市莲花二村幼儿园半日活动观摩指引表

晨练	1. 根据幼儿的年龄特点选择适宜的热身活动、游戏、器械练习，适当地把握幼儿的运动量与时间，幼儿有收放器械的常规习惯。 2. 教师在晨接时应鼓励幼儿自主找到教师进行晨练。

(续表)

早餐	幼儿进餐愉快，餐前、餐后遵守常规，自觉有序（擦嘴、漱口、分类送餐具），无消极等待现象。
晨谈	1. 幼儿座位安排合理，师生关系融洽；晨谈内容丰富，有连续性、教育性、互动性。 2. 晨谈主题来源于幼儿的已有经验，时间把握科学合理。 3. 幼儿分享自己的区域活动计划。
区域活动	1. 区域材料投放符合班级幼儿的年龄特点，数量适宜、操作性强、有明确的指引性。 2. 教师分工明确，在各区域中对幼儿提供支持。 3. 幼儿遵从取放常规，能够自主取材料，并在操作后将材料放回原来的位置，整齐地摆放托盘里的材料。 4. 幼儿能够在区域活动间隙自主拿取牛奶。 5. 在回顾环节中，幼儿能够用语言或对照材料分享自己的心得，教师能够提出具有适宜性的评价并促进幼儿提升经验。
过渡环节	1. 幼儿具有自主如厕、喝水的常规，在如厕途中不拉扯其他幼儿的衣服行走，无消极等待、攻击他人的行为。 2. 幼儿遵从有序的洗手常规（洗手七步法）。
户外活动	1. 户外活动前准备工作到位（适当增减衣物），教师按计划科学地培养幼儿的动作发展能力，幼儿无消极等待现象和攻击性行为，并且教师能够照顾个别身体虚弱的幼儿。 2. 教师注重培养幼儿的文明礼仪行为（如互帮互助）。 3. 幼儿在活动后能够协助教师收拾器械。
餐前活动	1. 教师有计划、有目的地开展餐前活动，在活动中注重幼儿的情绪，营造相互关心的氛围。 2. 教师开展餐前食育活动。

②解析活动观摩指引表，引导教师了解观摩的重点及方式。

（2）教师准备。

认真领会活动观摩指引表的要点，寻找适合记录观摩的有效方法。

（3）物品准备。

打印活动观摩记录表。

5. *活动过程*

（1）开始部分：提出要求，激发愿望。

①主持人简要讲解本次教研活动的目的与要求，特别强调此次观摩的重

点是寻找水果餐的融入点,需要观摩者对各个环节的开展情况进行多个角度(如幼儿发展、教师组织、全园工作安排等角度)的观察与思考。

②所有参与人员分为三组,每组至少包括一名行政人员与一名课程中心人员,其他教师按所在年级分别进入大、中、小班进行观摩,并做好观摩记录。主持人提醒教师在拍照与录像时,注意不要影响幼儿的正常活动。

(2)基本部分:集中问题,共同研讨。

观摩结束后,所有人员再次回到会议室,进行集中研讨。第一环节由各观摩组针对整体观摩情况进行小结;第二环节将参与人员分为管理小组和教师小组,分组对水果餐融入点进行研讨,并形成共识(见图7-15)。

图7-15　分小组开展研讨

①研讨第一环节。各组依据活动观摩指引表,综合评价所观摩的班级各个环节的开展情况。教师们围绕环节的有效性和流畅性、过渡环节的自然性、区域设置在空间与时间是否充足、教师与设施设备是否能为幼儿提供充分的自我服务空间进行讨论,为大、中、小班形成观摩反馈表。最后每一组的发言人进行亮点推介,并分享问题的整改意见。

②研讨第二环节。对整体的观摩情况进行分析后,教师进一步梳理和总结各环节的目标与要求,为解决水果餐的融入点问题做好准备。

a. 主持人组织管理小组与教师小组针对水果餐的融入点问题展开讨论,

对全园的水果餐安排问题提出合理的建议（见图 7-16）。

图 7-16　主持人提出建议

b. 根据各小组的讨论结果，主持人现场汇集并归纳出管理层面与实践层面的分歧问题，这些问题主要集中在上午水果餐的开展方式与时间上。

管理小组的意见：第一，水果餐的准备工作包括清洗、拿取、切块以及准备餐具等多项内容，为了不影响班级教师正常教学，准备工作应由后勤部门（厨房人员）承担。第二，在半日活动的安排中，需保证幼儿有 45 分钟的连续游戏时间，因此建议将水果餐安排在区域活动结束及幼儿整理材料后，此时幼儿洗手食用水果，教师能够较为全面和集中地关注幼儿。

教师小组的意见：第一，水果餐的准备工作可与区域活动相结合，根据幼儿的年龄特点，后勤部门对不同种类水果的清洗、切块、分餐等做有差异的准备。（如：大班幼儿可以在区域活动时独立完成苹果、梨等水果的清洗、削皮、切块；中班幼儿可以自己动手清洗水果，保育员协助个别幼儿削皮、切块；小班幼儿自己拿取分餐。）第二，在生活区域活动中，由部分幼儿准备水果餐属于区域活动内容的一部分，其他幼儿则可以在区域活动时间内根据自己的需要，自由、自主地拿取、进食水果，完成简单的清洁和整理后仍可继续进行区域活动。

③根据管理小组与教师小组的不同意见，主持人提出"如果根据两组意

见安排班级水果餐,那么哪一种意见可以使这个环节更流畅、有效?"的问题,引导大家围绕本环节的活动目标展开研讨,分别对两种方式在幼儿的各领域发展、活动中的师幼互动等方面的积极作用和消极作用进行研讨,对两种方式的优势进行统整,初步形成新的调整方案。

④主持人引导教师根据不同年龄段幼儿的发展特点及班级常规等,再次梳理并汇集大家探讨后的共识,最终形成有差异性的一日生活安排新方案。

(3)结束部分:总结提升,后续实践。

①全体教师再次对新方案展开讨论,并形成可落实方案的雏形。大、中、小班教师分别细化一日生活的安排方案,发言人通过分享的方式讲述对差异性方案的理解,使所有教师明晰及认同方案的实施安排(见图7-17)。

图7-17 教师讲述新方案

②主持人向参与者展示本次教研现场中研讨和整理的一日生活安排方案,并陈述新方案中对水果餐的安排。

a. 将水果餐的准备工作融入中、大班的生活区,为班级购买适合幼儿操作的洗、切工具,后勤部门根据水果的种类进行有差异的准备。

b. 组织保育员参加培训活动,提升保育员指导幼儿在生活区准备水果餐的能力。

c. 后勤部门与教学部门依据水果的差异性准备,形成具体的操作指引。

d. 将水果餐的食用与区域活动相融合,由幼儿自由、自主地拿取、食用。

③本次教研成果的实施需要幼儿园各部门的支持与工作调整。园长做最后的总体调整,并提出新的安排与要求,各个部门的负责人统一协调。

(4)教研小任务。

在新方案落地后,教师提出在实践中改进工作的意见与建议,为后续的教研活动做准备。

6. *活动反思*

通过本次教研活动,课程中心引领教师再一次梳理了幼儿在园一日生活环节的目标与组织策略。通过活动指引,教师明晰了各环节的核心要素,夯实了课程的理论架构。在深度学习有关幼儿园的各项政策法规时,教师实现了理论联系实践,管理依托法规,保育保障教学。在研讨过程中,课程中心利用先分层再集中的研讨方式,从管理层面和实践层面分别推动各小组先在组内达成共识,再进行集中分享和讨论,易于宏观管理落地、微观实践提升。最后的方案论证环节充分调动了教师的主观能动性,体现了教师是教研活动的主体,是教学活动的实操者,是课程发展的推动者。本次教研活动坚持活动内容从教师中来,教研成果由教师带入课程现场进行检验,有利于促进课程的持续优化与提升。

本次教研活动所形成的有效方案并不意味着结束,而意味着一个新的开始。幼儿园一日生活的调整,涉及园内各部门工作的协调与安排,如:厨房人员需要清洗水果,进行留样;保育员需要安排拿餐、送餐时间以及选择适合幼儿的餐具等。教师处于建立新常规的磨合阶段,课程中心在后期需要不断跟进、协调与优化教师的工作。课程中心以此为契机,加强与园内各部门的联动,在日后的教研活动中,参与教研的人员并不局限于教师队伍,还可以将后勤部门的职工纳入其中。

7. *资源整理*

(1)收集和整理本次教研活动过程中记录教师发言的文字资料,及后期形成的方案资料。

(2)收集和整理本次教研活动中的活动观摩方案(见表7-3)、活动观摩记录表(见表7-4)以及活动观摩指引表(见表7-5)。

活动二：如何基于新课程建构多维度的幼儿评价体系？

1. 设计意图

幼儿在园生活的每个时刻都会自然留下痕迹——幼儿的作品、照片、记录单、日记、测查表、调查表等。这些痕迹是无处不在的信息片段，是幼儿发展变化过程中具有重要价值的资源和载体，也是对幼儿进行发展评价的方式和途径。在实施教育评价的过程中，教师应遵循动态化评价和情境化原则，对幼儿一日生活的各方面进行观察、记录与分析，努力实现观察的即时性、记录的真实性和分析的科学性，并对教育和教学做出相应的调整。通过在前期的教研中达成的共识，教师在日常教学中会对班级幼儿的入园状态、早餐状态、区域活动状态、主题活动状态、户外活动状态、午餐状态、午休状态等进行观察与评估，形成以时间为节点的阶段性评估（对幼儿进行定期的评估），具体的评估内容包括身体发育测查、体能测查、学期鉴定等。

在本次教研活动中，我们将重点围绕以时间为节点来进行阶段性评估的主题，进一步探索动态评估幼儿发展的过程。如何有效整理这些发展"痕迹"？如何有效呈现这些"痕迹"的价值？如何形成完整的动态评估体系（既能体现幼儿的发展与变化，又能促进课程的完善与优化）？上述问题将是教师在课程发展期形成的新的探究问题。

2. 活动目标

（1）通过本次教研活动，引导教师针对某一记录方式留下的"痕迹"，对幼儿的发展进行客观、科学的评价。

（2）通过搜集幼儿的发展"痕迹"，引导教师识别有价值的"痕迹"，促进教师观察能力与反思能力的提升。

（3）以教师输出的评价素材为蓝本，梳理并总结课程发展期的幼儿评价体系。

3. 活动方式

主要运用故事式教研。

4. 活动准备

（1）组织准备。

①提前将本次教研的主题内容通过园内平台告知教师，引导教师寻找幼

儿在一日生活中的"痕迹",形成较完整的评价故事。

②发现教师所上报的素材的共性,并为其查找理论支撑,以帮助教师在教研活动中更好地呈现经验故事,也更好地展现自我。

③将具有相同理论背景的教研故事编为一组(幼儿作品组、区域记录组、家园素材组),并通知教师准备讲述评价故事。

(2)教师准备。

①从幼儿的美术作品、活动照片、区域活动记录单、口述日记、身体健康测查表、主题调查表等"痕迹"中选择一种素材,准备一份评价故事,可适当制作辅助讲述的幻灯片与视频。

②收集、查找有关幼儿评价的相关信息和资源。

(3)物品准备。

卡纸和油性笔。

5. 活动过程

(1)开始部分:剖析意义,提出问题。

①主持人简要介绍活动主题及对幼儿评价的意义,导入活动。幼儿园课程评价强调动态化,动态化评价具有实时性、递进性和完整性的特点。对幼儿进行科学评价需要教师努力做到全面、科学、动态地评价幼儿,具备较强的捕捉动态化评价"痕迹"的敏感度,抓准幼儿发展的关键点和关键期,从而更好地促进幼儿和课程的发展。教师在前期的实践中收获并形成了一些典型案例,也有一些新的困惑。

②主持人以问题引发教师思考。教育评价的抓手源自幼儿在一日生活中的各种宝贵"痕迹"。怎样的"痕迹"有评价的价值?针对不同的"痕迹",应该使用怎样的方式进行评价?主持人请教师带着问题去聆听大家的评价故事。

(2)基本部分:讲述故事,讨论总结。

①主持人引导教师将理论背景相同的教研故事进行组合,由每组的组长组织成员排号,形成单项循环分享与研讨,即一组内的教师按照编号的顺序轮流发言,可借助事前准备好的幻灯片来讲述,每位教师的发言时间不能超过5分钟。

②主持人请第一组教师按顺序上台，讲述幼儿作品的评价故事。教师讲述环节结束后，主持人提问：幼儿作品评价的价值是什么？什么幼儿作品适合用作评价素材？应该采取什么方式进行评价？在场教师围绕以上问题共同讨论，大家畅所欲言，发表自己的看法。第一组负责记录的教师及时、快速地将大家的意见进行整理和归纳，将其记录在另一张卡纸上（见图7-18）。

图 7-18 记录多方建议

③主持人进行小结。对幼儿作品的评价有助于教师把握幼儿在某一领域的成长和变化，教师要注意引导幼儿在作品上及时盖好印有完成日期的印章与姓名印章。教师在分析和评价时，要通过描述性语言对幼儿的探究活动和操作情况、使用的工具以及幼儿自我表述的语言等进行记录，最后可以针对幼儿目前的发展水平，提出幼儿在下一阶段的发展目标、教师的支持和指导策略等。

④主持人组织不同素材组的教师重复第二和第三个环节，向其他教师讲述评价故事，并通过集体讨论，对不同的活动内容形成不一样的评价要点。

⑤主持人引导教师通过不同素材的评价分析，对比不同素材间评价的关联性与差异性，鼓励教师进一步思考和提出完善评价举措的建议。

a. 幼儿口述日记：此素材在内容上包括幼儿在家中与父母的聊天记录、

幼儿的童言稚语、家长与幼儿的亲子互动等。幼儿口述日记每天由幼儿传递到教师和家长的手中，家长通过每天与幼儿的亲子对话，将幼儿对幼儿园生活与游戏的想法，以及对幼儿园学习活动的复述和反馈等记录在本子上，而教师则可通过记录，更全面地了解幼儿（如语言表达能力、逻辑思维能力、社会交往能力等）。同时，教师可将幼儿的在园情况、教育建议等在日记本上做简要评析，与家长进行书面交流。这是一种适时的评析，教师和家长可以依据幼儿的动态发展对日常活动与教育目标做适时、适当的调整。

b. 幼儿健康测查表（略）。

……

⑥主持人引导教师通过各组呈现的建议记录，汇总评价内容与方式的相同点与差异点，并从不同的评价方式中找出可推广的策略，形成具有可操作性的评价记录汇总表。

（3）结束部分：经验总结，成果梳理。

①主持人总结发言。主持人向教师展示评价记录汇总表，总结和梳理出初步的动态评价模式，引导教师进一步理解动态化评价应具备实时性、递进性与完整性的特点，以此建构科学、适宜的评价体系（见图7-19）。

图7-19　总结评价记录汇总表

②主持人:"今天教师们分享了自己在幼儿评价方面的想法与典型经验。通过幼儿的美术作品、活动照片、区域活动记录单等发展'痕迹'素材,教师们挖掘了支持幼儿成长的评价故事,讲述了不同的评价内容与方式如何承载幼儿的发展历程。在呈现儿童发展的同时,我们也聚焦了课程发展阶段的剪影。我们要为自己拥有的敏锐洞察力和课程领悟力而鼓掌。在讨论环节中,我们结合活动前的知识准备,进一步理解幼儿的最近发展区和教师对幼儿提供支架的重要性,有助于后期形成推动课程发展的评价体系,更好地实施和优化课程。"

(4)教研小任务。

根据本次教研活动中形成的动态化评价方式,教师在接下来的一个月内,对班级幼儿进行全面评价,同时针对其评价结果,制订幼儿发展计划。

6. 活动反思

对幼儿的评价并不是对幼儿行为的测量,不能作为评判一个幼儿发展状况的尺度,更不能作为评价幼儿的标准。对幼儿进行评价的目的在于客观地了解和观察儿童,为其发展提出具有适宜性的教育策略。在本场教研活动中,教师们通过"抛砖引玉"式的故事分享,激起了思想碰撞的火花,涉及幼儿园课程的各个方面,教师对评价的意义、方式和内容都有了更深层次的认识。课程中心认真梳理教师们的分享内容,形成完整的评价体系,并鼓励教师在实践中进行应用。

教研管理者在项目式教研的推进过程中,要注重跟进教师在前期的准备情况,适时做好引导者、支持者与合作者,否则教研现场可能会单调乏味或者像一盘散沙。在本次的教研活动中,教师分享的素材很丰富,讨论的内容很全面,这与教师在教研前期的准备工作密不可分。教师基于本次教研活动中的经验,提出研究在区域活动中评价幼儿的需求,课程中心计划在下一阶段的教研活动中,从区域活动中具有适宜性的评价方式、幼儿发展的差异性和不平衡性、评价内容的客观性和全面性等方面,引领教师深入思考应该怎样使用评价结果,为幼儿的发展提供更加科学和有效的指导。

7. 资源整理

(1)收集和整理本次活动中的所有评价素材,包括幻灯片以及文字素材。

（2）收集和整理本次教研活动中教师的发言文字资料，以及后期形成的方案。

（3）进一步完善、健全评价体系资源库。

活动三：如何提升教师审议家长资源的能力并促进课程内容的优化？

1. 设计意图

通过园内定期的家长培训项目和班级教师的引导，家长们对幼儿园的课程有了一定的了解，他们已经积累了一定的科学教育方法、手段，逐渐从一个旁观者转变为倾听者，而且急迫地想成为一名家园合作的参与者，成为课程内容资源的支持者。通过对亲子活动反馈信息的整理和分析，教师们发现，基于家长不同的专业背景、领域资源、特长技能等，教师可将他们引入教学活动现场，并从不同的角度给出专业的、具有可操作性的建议。同时，教师们为幼儿的持续发展所设定的社会性领域的教育目标与环境，偶尔会受到园内条件的限制，家长能够提供真实的、可分享的、专业的资源，并且成为活动的策划者与组织者。因此，教师可以将家长资源融入课程，成为优化课程内容的有利支持主体，成为课程发展期的重要突破口。

通过前期的教研，教师们初步尝试借助于家长资源开展各项活动，课程内容更加丰富，幼儿的兴趣更加高涨，表现出更多的好奇心和积极性。但是，教师们在此过程中遇到了新的问题，家长们表现出心有余而力不足的现象。如：活动内容与幼儿现阶段的发展程度存在较大的差异，安全性问题不能较好地控制，幼儿在活动中的参与性、互动性不高……审议家长资源以开展有效的活动，是教师们在新阶段的共同需求。因此，在本次教研活动中，我们将围绕"如何提升教师审议家长资源的能力并促进课程内容的优化？"这一主题，真正实现家长资源对幼儿全面发展的促进作用，以及在教学和课程中的辅助作用。

2. 活动目标

（1）引导教师通过分析家长资源运用效果不佳的现象，找出问题的根源与改进办法，提高教师分析问题和解决问题的能力。

（2）通过教研活动，引导教师对资源内容及运用策略进行系统的分析、梳理，使其积极、有效地为幼儿发展提供有力支持，提升教师审议资源、优化课程的能力。

（3）通过教研活动，引导教师补充、完善幼儿园资源信息，进一步丰富幼儿园的课程资源体系。

3. 活动方式

主要运用会场式教研。

4. 活动准备

（1）组织准备。

①发布教研活动主题内容，同时调研并统计各班级教师对利用家长资源开展活动的问题与困惑。

②梳理调研问题，选择两个有代表性的案例，将其用于现场教研的解析环节。

（2）教师方面。

请提供案例的班级教师整理活动视频，并准备简明扼要的讲述。

（3）物品准备。

卡纸、油性笔若干。

5. 活动过程

（1）开始部分：案例呈现，抛出问题。

①主持人简要介绍案例来源与背景，引导教师观看案例视频片段，并聆听张老师与李老师讲述活动案例。

案例一：小鹏是一名小班幼儿，他的妈妈是牙医。她为小朋友们开展了以"保护牙齿"为主题的活动。在活动中，小鹏的妈妈介绍了牙齿的种类和作用，用比较专业的语言和细小的动作，告诉孩子们如何正确地刷牙。但是，在活动中幼儿的专注力较难集中，整个活动显得非常混乱。

案例二：小航是一名中班幼儿，他的爸爸是边防支队的军官。他邀请小朋友们以及家长们参观军营，观看演练，开展了一场"爱国主义活动"。在活动中，小朋友们异常兴奋，比较严肃的爱国主义活动仿佛变成了放松的踏青活动。

②案例分享结束后，主持人进行简要小结并发表观点："刚才分享的两位教师虽然都敏锐地发现了优质的家长资源，可是她们为没有发挥这些资源

在活动中的预期效果而感到失落和焦虑。"主持人引导教师结合案例,围绕"两个案例中所涉及的资源的特点与优势是什么?"这个问题进行分析与讨论(见图 7–20)。

图 7–20　教师讨论并记录

(2)基本部分:递进讨论,广集众智。

①主持人根据大家对在课程中利用家长资源的理解与观点,再次提出问题:"为什么利用了这么好的课程资源,但是活动效果不理想呢?"主持人鼓励大家畅所欲言,发表自己的看法,引导教师在智慧碰撞中,逐步明晰资源的选择与运用的关系。最后,主持人对本环节进行小结:拥有好的课程资源,同样需要好的活动准备与适宜的实施策略。

②主持人引导教师围绕"如何审议家长资源,实现课程内容的优化,促进幼儿的发展呢?"这个问题展开讨论,通过"请进来"和"走出去"的方式,将教师分成两组,教师可以自由选择自己感兴趣的任意一组,提出审议办法,并将小组的主要观点以思维导图的方式来记录和呈现。

③每组推选一位教师代表发言,向大家呈现本组讨论结果的思维导图,并详细地陈述本组的分析策略与结果。

(3)结束部分:以点带面,引领提升。

主持人简单回顾案例,分析问题根源。教师们通过教研已经理解,好的资源需要好的平台和好的措施，才能达到好的效果。

"请进来"的资源，主要是家庭人力资源。教师应对活动内容做出详细的审核与把控，针对活动策略给家长做适宜的培训，提出专业的指导意见。在活动前期对幼儿应进行适度的经验铺垫，提升幼儿对活动主题的兴趣。

"走出去"的资源，主要是环境资源。教师与部分家长应提前做好踩点工作，审议新环境，了解新环境的相关情况，做好各个环节的物质、人员、设备以及组织策略的准备。教师应以"致家长的一封信"的形式，告知所有家长在新环境中的注意事项以及需要配合的事项。教师应提前为幼儿开展相关主题的活动，也可与幼儿一起进行问题搜集，带着问题开展活动。

（4）教研小任务。

各位教师将本次教研活动中的成果应用于实践，以年级为单位，由年级组长引导大家重新梳理和汇总各种资源内容，分析和审议资源应用情况，记录调整过程中的问题、思考和解决方案，最后形成文字资料，并将其新增到幼儿园的课程资源库中。

6. *活动反思*

本次教研活动以问题为导向，随着问题研究的逐步推进和深入，教师们挖掘困惑的根源，逐渐提升解决问题的能力。本次活动中的案例在课程发展期具有普遍性和研究价值。在教研过程中，教师们参与的积极性很高，在分享和交流中，增进了团队情感，促进了彼此成长，较好地达成本次教研活动的预设目标，为课程发展期的教师成长与家园共育起到了有效的推进作用，为课程内容的优化提出了新方向和新思路。

在本次教研活动后，教师们合理利用并整合全园的家长资源，建立以幼儿园为主导、家庭为主体的传统文化资源中心。有了家长资源的保障，班级教师可按教学所需，将其纳入班级的教育和教学计划，使家长真正成为幼儿园课程实施的合作者。同时教师们提出应建立有效的家长委员会机制，成立家长委员会机构，并制定规范的家长委员会章程，定期开展专题培训及会议，使家长委员会逐渐成为幼儿园教育管理中的中坚力量，壮大审议家长资源与优化课程的队伍。

7.资源整理

(1)收集和整理本次活动前期借助于家长资源开展活动的案例。

(2)收集和整理本次教研活动过程中教师发言的文字资料,及研讨后结论的相关资料。

(五)教研活动总结

1.教研活动生成网(见图7-21)

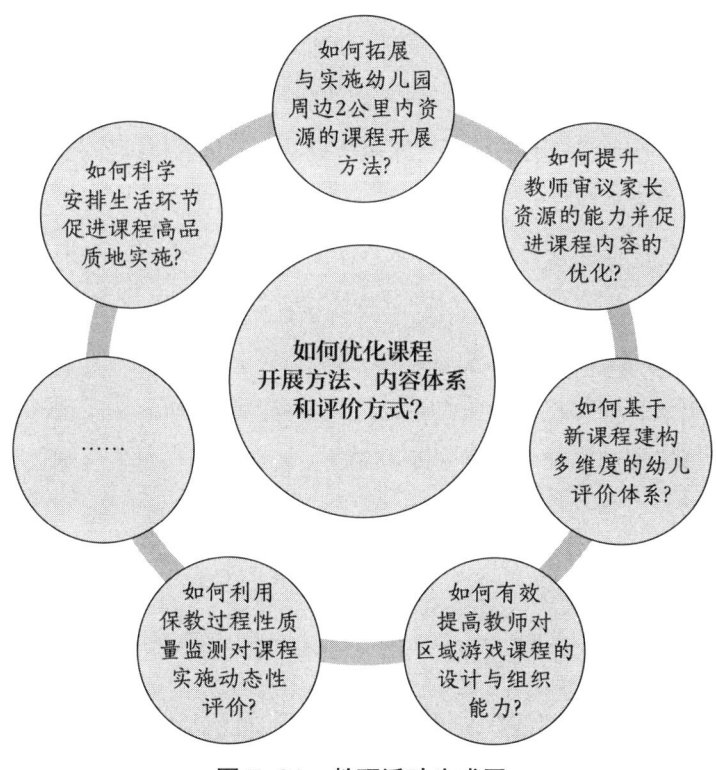

图7-21 教研活动生成网

2.总结与反思

(1)成效检验。

在本系列教研活动的设计中,我们紧紧地围绕课程是否落实国家政策精神,是否符合地域性规范办学要求,是否与家长需要相吻合等相关问题,对课程的调整和优化进行了深入的思考。在整个教研项目的开展过程中,课程中心引领教师从多视角、多领域、多维度进行了深入的分析和反思:目前教学实践中所存在的问题根源，到底隶属于优化课程的哪个方面？是课程内容、实施方法，还是评价方式？在教研过程中，为了帮助教师解决现阶段课程中的实际问题，我们将预设的系列教研活动主题重新调整为生活环节的科学规划、区域游戏设计、幼儿园周边课程资源、家长资源审议、多维度幼儿评价以及课程的动态性评价等内容。通过此研究路径，教师赋予"一日生活皆课程"以新的意义，获得了多方资源（家长资源、社区资源、社会资源、政府资源等）的支持。在反复的观摩、研讨与实践中，教师们最终达成共识，制定了在课改环境、地域性规划调整下，更加有利于幼儿自我服务的一日生活安排。通过寻找有价值的"痕迹"，我们建立了全园的动态评价体系，教师的专业思辨能力得到了较大的提升，课程获得了高质量的持续发展。

（2）未来发展。

在"如何优化课程开展方法、内容体系和评价方式？"的项目式教研中，我们秉持"因地制宜""家园共建""差异教育"等理念，引领教师围绕课程发展中的真实问题，探寻合理、有效的解决方案。课程发展期的调整与优化，需要通过引领教师围绕多个核心专题以及多场系列教研逐渐实现。因此，课程中心结合《指南》和《纲要》逐步开展"新课程如何落实《纲要》和《指南》的精神？""如何保证课程促进每一个幼儿有个性的发展？""怎样让幼儿的学习过程'可视化'？"等教研活动，逐步提升教师的课程驾驭能力，促进课程的突破与创新，从而实现课程与教师共同发展。

第三节　课程成熟期项目教研

在课程成熟期，当思考提升课程品质的途径时，我们着眼最多的是将适宜的中国传统文化融入幼儿园课程。我们致力于让中华优秀传统文化培植课程更好地生长，使课程实现国家提出的"立德树人"的根本教育目的，让浸染中华文化的课程铸造幼儿的中国心、中国魂，为他们扣好人生的第一粒扣子，使他们成为具有中国文化底蕴的中国娃娃。但在课程提升品质和文化融入的过程中，教师们遇到了许多新问题：如何将文化融入课程，促进课程本土化？怎么在新课程中实现幼儿的全面发展？当文化融入课程后，从哪些方面提升新课程的整体性?……

为使课程成熟、生长、结果,在这课程成熟期,我们将通过项目式园本教研解决上述问题,引导教师以课程建设者的视角,与课程发展和优化同步,通过筛选和融入适宜的本土及传统文化因素,对课程进行重构,以推进课程的可持续发展(见表7-6)。

表 7-6 课程成熟期系列项目式教研主题一览表(略)

教研活动 \ 项目主题	如何提升教师的中华优秀文化涵养?	如何将传统文化融入课程的各个方面?	从哪些方面提升新课程的整体性?	……
1	哪些中华优秀文化适合融入课程?	你对在幼儿园环境系统中融入传统文化元素有哪些研究与思考?	如何正确理解幼儿的全面发展?	……
2	你了解哪些家乡的优秀传统文化?	如何在早操音乐中融入民族传统元素?	你在促进幼儿全面发展中遇到了哪些问题?	……
3	如何寻找适合课程的优秀岭南文化?	如何找到体育活动与民间游戏的融合点?	如何通过课程调整解决当前的教学困惑?	……
4	有哪些深圳本土的优秀传统文化?	如何将民俗文化渗透到幼儿的一日生活中?	促进幼儿全面发展与促进幼儿个性化发展矛盾吗?	……
5	如何发现社区内的传统文化资源?	如何将传统文化元素有机融入区域课程?	在新时代背景下如何促进课程的可持续发展?	……
6	为什么校园文化应随教师的发展动态调整?	中华文化与主题课程能相得益彰吗?	……	……
……	……	……	……	……

在本节中,我们将以点带面地呈现项目式教研案例,通过如何将传统文化融入户外活动、区域活动以及主题活动等各个方面,来展示项目式教研解决问题的途径,以及如何通过项目式教研促进教师成长,最终呈现项目式教

研对课程及教师发展的促进作用。

活动实例：如何将传统文化融入课程的各个方面？

（一）确定教研问题

课程建设是幼儿园内涵发展的核心，亦是一个持续调整和优化的过程。中华优秀传统文化是中华民族的精神命脉，体现了深厚的文化软实力。为了实现在幼儿园课程中融入适宜的中华传统文化，我们需要结合园所和地域文化特点，对本土和传统的文化因素进行系统研究，从课程目标、内容、实施及评价等多方面进行综合考量。我们尝试从"园所""地域"和"中华传统文化"三个方面，对课程的内容和方式进行系统分析与思考，寻找促进课程发展的文化因素和实施途径。

另外，在"莲花课程"不断发展和成熟的阶段中，作为课程的建设者和使用者，教师对文化的理解与应用是课程持续发展的重要因素之一。但教研管理者在日常教学管理中发现，教师在文化融入的实践过程中仍有诸多问题和困难。如：教师不了解幼儿园课程与中国传统文化的融入路径、年轻教师对传统文化融入幼儿园课程的重要性认识不足、教师所挖掘的传统文化资源来源存在较大的局限性、教师在教学活动中融入中国传统文化时片面强调知识输入……

课程中心基于对问题的汇总、分析和梳理，拟定以"如何将传统文化融入课程的各个方面？"为主题开展系列教研，推动教师的专业发展，促进课程的本土化和可持续发展，为幼儿的终身发展"立根树魂"。

（二）聚焦问题分析

本项目式教研从"如何将传统文化融入课程的各个方面"这一问题着手，聚焦中华优秀传统文化资源与幼儿园课程有机融合的路径与策略，从课程的各个方面（如区域活动、主题活动、户外活动、亲子活动、幼儿园环境创设等）出发，依据这些活动的不同特点，筛选能与之融合的传统文化元素，探寻适宜的融入路径，帮助教师在课程创生的探索研究中解决实际的问题和困难。我们将通过会场式教研、情境式教研和故事式教研等多种教研方式，调动教师参与教研活动的激情，让教师在参与、体验、思考、讨论中提升文化涵养，加深课程文化理解，实现课程与教师的专业成长一体化。

（三）制定教研方案

1. 教研活动总目标

（1）通过丰富有趣的教研形式，激发教师的参与兴趣，突出教师的教研主体性，发挥新教师和老教师在教研中的自身优势，促进不同层次的教师共同发展。

（2）通过问题导向的系列教研活动，引导教师探寻有效的解决策略，提高教师分析和解决问题的能力。

（3）通过教研活动，引导教师了解和学习优秀传统文化的特点与内涵，在筛选和融入适宜的本土及传统文化因素、重构课程的过程中，增强教师的文化涵养与专业素养，提高教师的课程驾驭能力，促进幼儿园课程的本土化和可持续发展。

2. 教研活动预设网（见图7-22）

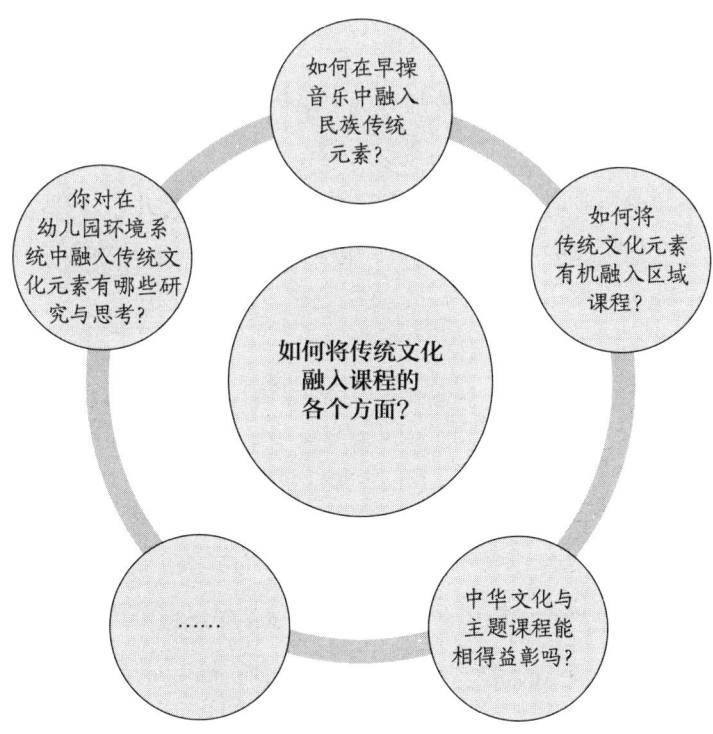

图 7-22 教研活动预设网

（四）教研活动实施

活动一：如何在早操音乐中融入民族传统元素？

1. 设计意图

通过邀请中华传统文化与教育专家开展讲座，让教师了解和掌握中华传统文化对现代幼儿教育的重要意义，以及传统文化融入幼儿园课程的现实情况及其对未来教育发展的影响。自上一个阶段的教研活动后，教师们尝试将中华传统文化元素融入幼儿园的日常教育实践，在探究文化如何融入户外活动、早操活动的过程中，部分教师遇到了问题并向课程中心求助。课程中心通过访谈、问卷调查等方式，了解教师在教育活动中融入中华传统文化的情况，发现教师在编排幼儿早操活动的过程中遇到了难题，问题的焦点在于如何选择适合幼儿的、有运动感的民族传统音乐以及与音乐相匹配的器械，通过音乐与器械的有效融合，提升早操编排的成效。为解决教师的实际需求，课程中心设计了本次教研活动，帮助教师进一步提高选择早操音乐和编排早操的能力。

2. 活动目标

（1）通过教研活动，引导教师分析中华传统音乐的特点，提高教师选择适合幼儿的早操音乐的能力。

（2）引导教师根据所选择的传统音乐，以及符合幼儿年龄特点的传统器械，结合幼儿的动作发展水平，进行早操创编，提高教师的早操编排能力。

3. 活动方式

主要运用会场式教研。

4. 活动准备

（1）组织准备。

①准备若干段或若干首适合不同年龄阶段幼儿的、适合早操的、不同类型的传统音乐。

②将传统音乐发布于园内教研网，并通知各年级教师确定早操器械，选择适合本年级幼儿特点的音乐，将音乐进行组合，确定早操编排的初步意向。

③提前准备活动会场、活动所需要的电子设备等。

（2）教师准备。

①以年级组为单位，根据教研活动内容进行年级研讨活动，梳理选择早操器械、早操音乐的原因，从音乐风格、节奏、幼儿动作发展特点等方面进行分析，形成早操编排的初步构想，并将其作为教研活动的分享资料（如制作幻灯片）。

②年级负责人选择本年级中有音乐、体育特长的教师，引导并支持其成为资料分享人。

③将选定的传统器械带到教研现场。

5. 活动过程

（1）主持人简要介绍活动主题，导入活动。

主持人："音乐的旋律、节奏与早操的风格紧密相连，只有将它们合理地整合，才能发挥出音乐对早操的渲染作用和早操在音乐中的运动意境，进一步增强幼儿参与早操活动的积极性，培养他们在早操活动中的运动美、节奏美和肢体协调性。通过上一次教研活动，教师们学习并掌握了中华传统文化对幼儿教育的重要意义，今天我们将共同探讨如何把传统音乐融入幼儿的早操编排。"

（2）音乐分析。

①主持人："在开展活动前，我们先请大家以年级组为单位，结合你们所选的音乐以及小器械，从音乐节奏、音乐风格及音乐与器械的关系，音乐、器械与儿童动作发展的关系等方面，分享你们选择音乐与器械的理由以及初步的早操编排构思。"

②各年级选派一名教师代表，轮流介绍本组选择传统音乐与小器械的原因，主持人进行记录。

a. 教师代表播放本组所选择的音乐，请全体教师欣赏。

b. 教师代表向其他教师简要介绍本组选择对应音乐的原因，分析音乐在风格、节奏、内容上所凸显的特点（见图7–23）。

图 7-23　音乐素材分析

c. 教师代表解析所选音乐与幼儿、小器械的关系。教师代表介绍本年级幼儿对音乐的兴趣和发展水平,进一步分析所选音乐与小器械是否契合……

(3) 提升经验。

①主持人呈现记录各组分享经验的思维导图。主持人:"在刚才各组的分享中,我们更加明晰了传统音乐与不同年龄段幼儿的动作发展之间的关系。在这一过程中,你认为其他组的哪些经验可借鉴吸收,自己组的哪些方面可调整优化?"

②主持人引导教师根据其他组分享的经验,以年级组为单位进行第二次讨论,反思本组所提供的早操音乐编排构思,对早操音乐、动作编排、器械使用方案做进一步调整和优化。

③主持人再次请各组代表讲述本组优化后的早操构思:基于音乐与幼儿动作及小器械之间的关系,在音乐、动作编排、器械使用方面有什么新思考?做了哪些调整?其他组教师可及时给出补充意见或建议。

(4) 早操编排。

①主持人:"经过前两轮的研讨,我们对早操如何体现体育的科学性和民族文化特色有了更深的了解,也对早操编排进行了修改与提升。前期我们都在'纸上谈兵',现在我们将通过实际操作,将调整后较成熟的早操方案与音乐、器械进行实际结合,检验各年级早操编排方案的科学性。"

②教师依据本年级幼儿动作发展的特点,结合各年级组所选择的民族音

乐，利用不同的早操器械，演示并完善编排的幼儿动作及队形变化等，选择重点环节并在后期的教研活动中进行呈现。

③主持人请三个年级的教师轮流向其他年级的教师展示本组编排的早操中的某一环节（见图7-24），其他年级的教师在欣赏时可再次提出修改建议，以进一步完善和优化方案。

图7-24　展示早操创编

（5）活动小结。

主持人："今天我们的教研活动现场格外热闹，随着大家说着、看着、听着、想着、做着，转眼间，活动又到尾声了。通过对传统音乐相关问题和信息的梳理和分享，我们对传统文化元素有了新的认识和理解，并根据传统音乐的风格、节奏、主题等，选择适合不同年龄段幼儿的传统器械，通过音乐、器械与幼儿早操动作的结合，编排了三套适合不同年龄段幼儿的早操。"

（6）教研小任务。

教师在教研活动结束后，组织各年级幼儿学习新编排的早操，并在练习的过程中进行调整和优化。

6. 活动反思

在本次教研活动中，教师提前得知教研的主题内容，在教研前有计划、有目的地寻找相关信息和资料。教研活动所创设的交流平台，充分地发挥了促进集体智慧碰撞、优质经验汇聚的作用，使教师对早操音乐的选择达成了共识。教师要充分考虑传统音乐的风格与早操的器械是否和谐，要留意音乐的节奏是否适合幼儿的动作发展，还要考虑幼儿在所选择的音乐背景下做操时能否有愉悦的情绪和情感体验等。此外，在教研活动中，有的教师提出"传统音乐除了能与早操相融合外，还可以与其他体育活动相融合吗？"这一问题。由此可以看出，教师们在教研的过程中有了较强的问题意识。教研管理者应该尊重教师提出的问题，并全力地支持他们深入研究的热情。

要在幼儿园早操的编排和音乐选择中融入中华传统文化元素，离不开教师自身的专业认识、专业能力和传统文化涵养，更需要教师长期的学习和积淀。针对教师在教研活动中提出的问题，教研组将在下一次教研活动中，组织教师开展关于将传统音乐应用到其他体育活动中的研讨。同时，教研组将通过专家讲座、现场观摩、沙龙分享等方式，进一步提升教师的传统文化涵养和专业认知，更好地将中华传统文化元素应用到教学活动中，让幼儿在传承传统文化的活动中得到良好的发展和熏陶。

7. 资源整理

（1）建立幼儿早操音乐资源库，将本次教研活动中编排的筷子操、彩绸操、棍棒操等进行录像，并将视频进行分类和存储。

（2）收集本次教研活动中教师交流和分享的文字与记录。

（3）发现活动中有音乐及体育特长的教师，将这些教师归入教研人才资源培养库并进行重点培养，促进教师的个性化成长，为教研人才资源库储备后继人才。

活动二：如何将传统文化元素有机融入区域课程？

1. 设计意图

围绕以"如何将传统文化融入课程的各个方面"为主题的项目式教研活动，我们已开展了针对语言区的"如何筛选和开发优秀的传统文学作品？"，以及针对社会区的"如何结合传统节日与习俗对材料进行再研发？"等教研活动，教师在收集、分析适合儿童的传统文化内容时，提出了"如何将传统文化与科学区相结合？"的新问题。因此，本次教研活动将对幼儿园科学区材料的目标适宜性、材料创新性、领域丰富性、元素多样化等展开研讨，使教师在原有的基础上对区域材料有更深层次的思考和探究；引导教师从横向对科学区进行全面的认识和梳理，从纵向深化对科学区材料的思考与研发。

本次教研活动的主要目的在于：第一，通过系统且全面地向教师解释科学区材料的理论背景、内容框架、阶段目标和层次分解等，帮助教师掌握更完整的专业知识；第二，通过集中展示传统文化与STEAM[1]教育理念中的新创意与亮点，促进教师团队间的交流与学习，拓展教师的思维，提升教研的质量。另外，为了发挥园所内成熟型教师的资源效能，本次活动将邀请一位资深教师作为培训者，根据教师们在教研前提出的疑问，结合自身学习与实践经验，对科学区的理论知识与材料投放情况进行整理和汇总，通过理论知识和操作指导相结合的方式，进一步提高教师们对区域活动的认识，满足教师的专业发展需要，推进幼儿园课程的发展和优化。

2. *活动目标*

（1）引导教师从横向对科学区进行全面的理解和梳理，从纵向深化对科学区材料的思考与研发。

（2）通过建立科学区教研交流平台，汇集教师近期的创新科技成果，激发团队的创新意识和兴趣，进一步推进园本课程的完善和优化。

3. *活动方式*

主要运用会场式教研、情境式教研。

4. *活动准备*

（1）组织准备。

①对部分教师进行访谈，收集教师在现阶段对科学区的疑惑和问题。

②与主讲教师沟通，梳理问题，整理经验。

③发布教研活动信息。

（2）教师准备。

①制作科学区分享幻灯片。

②收集科学区的材料，并制作具有科学特色的标识。

（3）会场准备。

①将收集到的材料整齐地摆放在会场两侧的展示区中。

---

[1] 是科学（science）、技术（technology）、工程（engineering）、艺术（arts）、数学（mathematics）五门学科英文首字母的缩写。

②为使教师更好地参与操作展示环节，将会场布置成半圆形（见图7-25）。

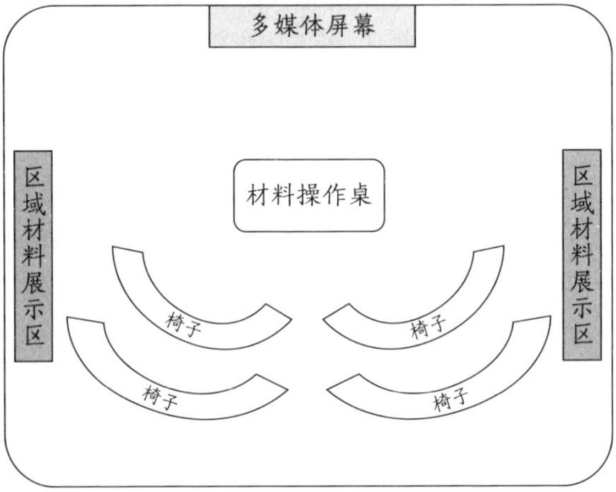

图 7-25　活动会场示意图

5. 活动过程

（1）成果观摩，趣味配对。

①主持人及相关工作人员提前到达教研会场，在教师抵达现场前，播放舒缓、柔和的轻音乐，通过幻灯片向教师呈现第一环节"科学区材料成果观摩"的流程和细则，营造轻松、自由的氛围。

②待教师陆续进入教研活动现场后，主持人指引教师观看幻灯片，了解本环节的活动流程与细则，然后请教师在预定的时间内自主观摩，就现场所展示的科学区材料与同伴进行交流（图7-26）。

图 7-26　同伴相互交流学习

③在观摩材料的过程中，每位教师重点观察传统文化与课程载体（材料）如何结合与创新，最后选择一份自己最感兴趣或有疑问的材料，将材料的对应标识取下并粘贴到自己的身上。

④主持人在本环节结束前的最后1分钟摇响铃铛，给予教师提示，请教师尽快完成本环节的活动并返回座位，然后进入活动的第二环节。

（2）理论解析，经验分享。

①回顾与导入。

a. 经验回顾，激发兴趣。主持人引导教师回顾前一阶段的教研活动。主持人："大家已经对'如何将中华传统文化与语言区、社会区相融合？'等问题进行了深入研究，并达成了初步的共识。大家对传统文化产生了浓厚的兴趣，提出了'如何将传统文化应用到其他区域？'的新问题，开展了不同的尝试和创新。"

b. 介绍主题，请出讲师。主持人："本次教研活动将以科学区为研究重点，我们特别邀请了园内对科学区有深入研究且经验丰富的任老师作为特邀讲师，以'科学+传统，幼儿园区域课程的新探索'为题，带领我们聚焦科学区，逐一解开我们现存的疑问并分享她的独到心得。"

②讲师开讲。

a. 对科学区的新思考。讲师介绍在现有的区域课程的基础上，她对科学区的创新性思考。具体涉及的内容有：如何更好地体现科学区的独特性和把握幼儿的核心经验？如何在与时代共同发展的同时融入更多的教育价值和传统特色元素，进一步创新和丰富原有的科学区材料？

b. 科学区概述。讲师以《纲要》和《指南》等国家纲领性文件为依据，分别从科学区的教育功能、关键经验以及主要内容着手，向教师们逐一介绍和解析相关的理论知识，推动教师将具体材料与理论知识相联系。

c. 科学区环境创设。科学区环境作为幼儿探究科学现象时不可替代的教育资源，在教育中起着举足轻重的作用。讲师介绍了如何从环境特点、物品摆放、环境标识等方面为幼儿创造具有适宜性的科学探究环境，帮助幼儿对周围的事物与现象形成良好的探究体验，使环境的教育作用最大化。

d. 科学区材料设计。材料是幼儿进行探究和学习的重要载体，在设计材料时除了需要遵循其关键特点外，还需要满足材料操作的安全性、材料外形的吸引性、材料内容的情境性等原则，同时结合教师优势、课程特色、传统文化与新科技元素等开发和创造新内容（见图7-27）。

图 7-27　讲师开讲

e. 科学区中教师对幼儿的指导。讲师强调，教师作为幼儿的观察者、引导者、支持者与合作者，在与幼儿互动的过程中，不仅要关注幼儿情感、知识、技能的发展，还要重视对幼儿学习品质的培养。

（3）材料操作，情境互动。

①讲师按照科学区材料的内容线索，有序地从现场的展示区中取出操作材料（如，融入传统文化元素的趣味造纸、制作日晷、蜡烛封印信封等材料和融入STEAM教育理念的乐高小编程、3D[1]打印、水果发电、机械组装等材料）。讲师在现场操作和研讨的过程中，进一步介绍科学区材料的目标、特点以及创新思路与元素。

②主持人协助讲师有序推进现场活动，按讲师现场选取的材料上的标识，邀请在第一环节中选择了相同材料标识的教师上前，自主选择体验"教师"或"幼儿"的角色，与讲师在现场进行情境互动，亲身感受与材料对话的过程，近距离地观察讲师的操作与指导策略（见图7-28）。

---

[1] 是"3-dimensional"的缩写，即"三维"。

图 7-28　教师情境互动

（4）智慧碰撞，答疑解惑。

①智慧碰撞。主持人鼓励教师围绕本次教研活动中的"讲师开讲"和"情境互动"环节提出问题，然后请与讲师互动的教师从体验者的角度进行分析和解答，如果问题仍未解决或需要进一步的深入解析，那么讲师会进行补充讲述或解答疑问。

②活动小结。主持人请教师就今天的教研主题和活动内容，用若干个关键词进行归纳和小结，并与同伴分享对"科学+传统"区域课程材料内容与方法创新的收获和新思考，最后主持人对本次教研活动进行简要小结。

（5）教研小任务。

教师们在活动现场充分感受科学创新材料中传统文化的魅力，认同艺术美是材料设计中不可或缺的要点。在活动结束后，每位教师研发一份融入传统文化或创新科技元素的科学区材料，同时围绕"如何对美工区的材料和环境进行调整和优化？"这一问题进行思考。

6. 活动反思

本次教研活动顺利且有效，原因在于：首先，主题的确定与来源基于教师对区域材料深入探究的实践困惑和专业发展的真实需求，讲师以科学区为例开展系统化的区域知识、理论和操作培训；其次，情境式教研让教师在现场体验、思考和提升，使教师成为教研活动的主体，充分地调动了教师的参与主动性和积极性；再次，教研管理者不再把成熟型教师当作参训者，而是邀请他们担任培训者——特邀讲师，讲师通过梳理、归纳自己对区域活动材料的研究经验，分享基于幼儿发展、自身优势及先进科技来创新科学区的过程与思考，以点带面，以老促新，既促进了自身的专业发展，又激励了青年教师的成长愿望，有利于幼儿园课程的加速发展；最后，通过教研现场的反馈，教研管理者自然生成下一次教研的主题，从问题中来，到实践中去，真正做到研有所用、研以致用。

教师作为园本教研的主体，受外界各种不平衡因素的影响以及内部发展需要的推动，必然处于一种不断变化的动态发展过程中。因此，教研管理者要善于捕捉教师动态发展的关键时机和问题，通过在园本教研过程中对动态推进、引导策略等方面的实践探索，逐步形成具有园本特色的生成性园本教研。基于本项目式教研活动的持续开展和教师的系统学习，课程中心计划在下一阶段将中华传统文化和科技元素融入艺术区，让教师在研究中总结，在总结中反思，在反思中创新，使园本教研和课程建设更具活力。

7. 资源整理

（1）收集主讲教师在这次活动中分享的幻灯片。

（2）将本次展示的科学区材料的照片以及本次活动中的摄像资料收录到幼儿园课程资源库中。

活动三：中华文化与主题课程能相得益彰吗？

1. 设计意图

课程的发展需要在动态过程中不断完善和优化，同样，有计划、持续地获取丰富和系统的专业知识，是幼儿园教师走向自我更新的基础与前提。因此，教师需要不断地增加专业知识，从而更好地实施和优化课程方案。将中华优秀传统文化融入幼儿园课程，不仅能够丰富幼儿园的课程资源，提升课程品质，还能促进幼儿的发展。幼儿园教师应以理解教育的文化传承功能为基点，在实践中不断从传统文化中提炼符合幼儿发展需要和发展特征的内容，将中华传统文化元素积极地融入各项活动，引导幼儿通过体验和游戏的方式了解中华传统文化的博大精深，感受中华传统文化的独特魅力。

本次教研活动基于在课程成熟期将中华传统文化与主题课程相结合的背景。在项目式教研的过程中，教研管理者发现，每一位教师的教学风格和思维特质不同，大家的理解和做法也有所不同。如：个别新手型教师依然依赖教材；部分骨干教师根据本班幼儿的需要，能够对教材进行适当的调整，生成若干个新活动；研究型教师能够跳出教材的框架，从儿童发展的视角和课程的高度出发，结合本班幼儿的特点和传统文化元素，建构具有适宜性的主题课程。因此，为了提高幼儿园教师主题课程的实施能力和创新意识，充分发挥研究型教师的示范作用，促进幼儿园教学水平再上一个新台阶，课程中心设计和组织了本次教研活动，目的是为教师创造一个相互交流、合作、探究的平台，以某教师的"寻找'立春'的秘密"这一教学片段为例，激发教师将传统文化融入主题活动的意识，让教师对接幼儿的发展需求，借助于团队力量共研讨、同成长。

2. 活动目标

（1）通过"听""看""研"等方式，调动教师的研究兴趣和意识，进一步明晰幼儿园主题活动的核心价值与组织策略，提高教师对主题活动的教学组织能力。

（2）通过分享"寻找'立春'的秘密"这一教学片段，增强研究型教师的研究意识和专业水平，发挥示范和引领作用。

3. 活动方式

主要运用故事式教研。

4. 活动准备

（1）组织准备。

①录制某教师开展主题活动的视频。

②发布教研活动预告。

（2）教师准备。

①某教师制作"寻找'立春'的秘密"主题活动分享幻灯片。

②阅读专著《支架儿童的主动学习——经历　经验　经典》中关于主题活动的内容。

③通过查找其他书籍或文献，了解主题来源、活动特点、活动保障等相关信息和资料。

5. 活动过程

（1）聆听故事。

①主持人开场："平时大家经常给孩子讲故事，听故事是一种快乐和享

受。今天，在活动开始前，我也要给大家讲故事。这个故事有两个版本，请教师们认真听，然后分享自己的所思所想。"

②故事时刻。主持人以教师感兴趣的网络人物故事为主题，通过多个片段组合和单一完整情境的对比，向教师讲述故事。

版本一故事大概：子柒生活在农村，在乡野山涧之间，她把中国人传统而本真的生活方式呈现出来。从造面包窑、做竹子家具、做文房四宝、做衣服，到烤全羊、酿酒、酿造黄豆酱，她让世界理解了一种活着的中国文化。（故事简短，对每种技能不做深入介绍，点到为止。）

版本二故事大概：子柒亲手制作竹床，一个人到山上选材、砍竹子，从山上背下来几百斤竹子，将竹子一根一根地打磨干净，然后用凿子在竹子上凿孔，将竹子用火淬软……直至完成竹床。（故事详尽，以一种技能为中心，完整呈现故事的情境脉络。）

③故事讲述结束后，主持人请教师思考：两个故事都与子柒的乡村生活趣事相关，但它们是否给你带来不同的感受呢？为什么？主持人鼓励教师大胆地与同伴分享自己的想法和感悟。

④主持人通过不同的故事讲述形式，引发教师思考幼儿在主题活动中碎片化学习与线索式学习的差异，推动教师使主题活动更好地符合幼儿的学习兴趣、激发幼儿持续探究的欲望，提升幼儿解决问题的能力。

（2）主题故事。

①主持人向教师简要介绍幼儿园主题课程的发展历程。幼儿园在多年前曾根据当年的幼儿园课程和幼儿发展需求，出版了一套园本主题课程教材，可随着教育的发展和改革，如果现在继续完全按教材开展主题活动，显然已无法满足孩子们的需求，那么应该如何从幼儿的兴趣和发展着手来开展适宜的主题活动呢？主持人请某教师与大家分享她以中国二十四节气中的春分为探究内容，和孩子们共同建构的班本主题活动——"寻找'立春'的秘密"。

②某教师分享主题活动故事。

a. 某教师跳出教材的局限，以符合幼儿喜好的春分竖蛋活动为契机，着眼于幼儿的发展，从主题活动的确立、节气文化的融合、主题脉络的生发等，向其他教师介绍班本主题活动的设计思路、资源利用、实施路径、改变其他教师对主题活动的原有认知和思维方式，激发教师产生新的思考（见图 7-29）。

图 7-29 教师分享主题故事

b. 主持人播放一段事先录制好的由某教师执教的主题活动视频，引导其他教师结合某教师在上一个环节中的介绍，重点关注视频中某教师与幼儿互动的方式、活动内容的选择以及活动结束时的小结等。

c. 某教师通过视频介绍当次主题活动的前后脉络，当次主题活动的内容是由幼儿在上一次的主题活动中所提出的问题自然生成的，教师通过问题连续体的方式推进主题的深入与发展，真正让幼儿成为主题活动中的主体。这是对幼儿园现阶段主题课程的突破性思考与实践调整。

（3）小组讨论。

①主持人："感谢××老师的分享，她为我们打开了一扇窗，激发了我们对主题活动的新认识和新思考。"

②主持人引导教师将主题课程故事与自己的教学实践经验或儿童的学习故事相联系，鼓励教师提出疑问或想法，教研助理在问题板上及时记录教师的发言。

③主持人对教师所提出的问题做简要分析和分类，肯定教师在教学和研讨过程中的思考。主持人通过调查，选取教师较关注的四个问题，将其作为本场教研活动中的生成性聚焦问题，让教师以小组讨论的方式进行现场研讨，集思广益。

问题一：如何基于幼儿的兴趣与发展需求确立具有传统文化元素的主题？

问题二：教师如何回应幼儿在活动中提出的问题，并以此推进下一次主题活动的开展？

问题三：幼儿在活动中经验发展的连续性和整体性是怎样体现的？

问题四：教师的支架作用体现在何处？

④小组讨论，集思广益。

a. 教师以年级组为单位选择其中一个问题，结合在活动前期查阅的资料，对问题展开分析和研讨，以轮流发言的方式，每名组员从不同的角度进行表述。小组成员达成共识后，以思维导图或其他图文并茂的方式将讨论的要点记录下来（见图7–30）。

图 7–30　教师分组讨论

b. 每组选派一名教师代表，将本组围绕问题讨论后的观点或要点与大家分享和交流。

（4）活动小结。

①主持人进行活动小结。通过关于主题活动的分享与研讨，教师深化了对园本文化与中华传统文化的研习，有了深刻的反思与收获，更加明确主题活动的核心价值，对主题活动的开展有了更科学的认识。

a. 重视对接幼儿的发展目标，在主题活动中自然融入适宜的中华传统文化内容，满足儿童的兴趣和需要，注重活动内容的丰富和有趣。

b. 了解幼儿的已有经验，敏锐地发现幼儿经验中的生长点。

c. 明确活动到底要让幼儿"发展什么"，在实现经验连续发展的基础上，促进幼儿核心素养的形成。

d. 多思考"是什么？""为什么？""怎么做？"，让幼儿在"直接感知、实际操作、亲身体验"中获得成长。

②在活动结束前，主持人请教师回顾和梳理自己在本场教研活动中的所学所想，尝试用几个关键词或一句话，概括出自己的学习感受、收获或后续活动建议。

（5）教研小任务。

教师在教研结束后，结合研究故事和研讨方案，在下一个阶段的教学实践过程中，尝试将传统文化元素融入班级主题活动中，并及时做好整理和记录，为下一阶段的教研活动做准备，并逐步形成具有传统文化底蕴的班级主题课程模式。

6. *活动反思*

本次教研活动的目的是，解决幼儿园教师在开展主题活动的过程中，对教材资源过分依赖、课程创新意识淡薄、忽视幼儿经验的连续性和整体性等问题。某教师通过分享自己的教学故事，向大家介绍了她对建构班本主题课程的前期思考、实践过程以及经验总结。直观的教学视频真实地呈现了师幼与主题近距离"对话"的情景，让其他教师更加明确地认识到主题课程应结合《指南》，利用本园课程资源和传统文化资源，注重本班幼儿的真经验、真经历、真能力，根据主题课程的实施情况进行调整，支持幼儿的深度学习。本次教研活动不仅实现了研究型教师优质资源的共享和引领，还为教师展示了一个完整的班本主题课程的研究过程和路径，激励更多的骨干教师进行实践和研究，使大家对幼儿园主题活动有了更深的认识，有效地促进了教师的专业化成长和幼儿园主题课程的发展。

常言道："教学有法，但无定法，贵在得法。"不同的方法都可能是有效且实用的方法，同一种方法被不同的教育者运用未必会起到同样的效果。某教师在教研活动中分享的教学和研究方案并不是唯一的。它能够启发教师改善现有的主题课程的研究方向和趋势。此次关于主题课程的教研活动，激发了教师们实践研究的愿望和兴趣，因此，下一个阶段的教研活动将以教师为活动主体，邀请他们分享在实践研究的过程中，将中华传统文化融入班级主题课程的故事。正所谓"一枝独秀不是春，百花齐放春满园"，教研管理者要支持和肯定教师们对主题的不同探索和研究，使主题课程更具生命力。

7.资源整理

（1）将"寻找'立春'的秘密"的幻灯片、某教师开展主题活动的视频以及本次活动中的摄像资料收录于幼儿园课程资源库，便于教师们在活动结束后随时查阅与讨论。

（2）收集教师在小组讨论环节中针对四个问题绘制的思维导图、网络图，并在活动结束后将教师对问题的认识梳理成文字。

（五）教研活动总结

1.教研活动生成网（见图7-31）

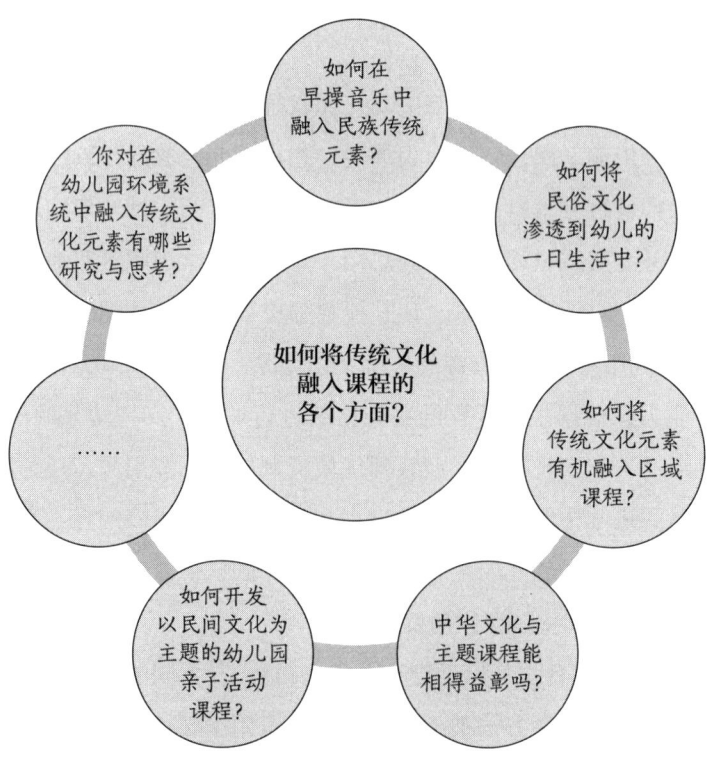

图7-31 教研活动生成网

2. 总结与反思

（1）成效检验。

将中华优秀传统文化融入幼儿园课程，实现课程的本土化和可持续发展，建构有中国特色和中国底蕴的幼儿园课程，对幼儿的终身发展和"立根树魂"有重要意义。课程中心在本次项目式教研中，通过教研前的充分调研，梳理出教师在教学实践中切实遇到的真问题和难问题，准确聚焦教研内容和设计新颖有趣的教研形式，激发了教师参与教研活动的内驱力，为本项目式教研活动的有效性提供了保障。

在本项目式教研整体方案的设计初期，课程中心预设围绕四个小教研主题展开探索。随着对优秀传统文化有广泛且深入的研究，以及在实践过程中对问题的不断深入讨论和持续优化，教师们生成了新的研究小主题——"如何将民俗文化渗透到幼儿的一日生活中？""怎样开发以民间文化为主题的亲子课程？"……项目式教研活动的内容更为系统、全面。在教研活动的推进过程中，课程中心注重每次的教研活动前有预设准备，后有教研小任务，有利于教师为下一次的教研活动做出充分的准备，显著地提高了年轻教师参与教研的热情和自身专业提升的成就感。成熟型教师在教研活动中充当"导师"的角色，在分享自身经验与指导年轻教师的过程中，实现了自身专业能力的进一步提升。本次项目式教研活动促进了课程的进一步发展和完善，收获了各类教研资源与成果物，课程中心将其整理并归类，形成项目式教研资源包，并将资源包纳入园本教研资源库，为后期教师成长与课程发展提供有效资料。

（2）未来发展。

基于在课程成熟期融入中华传统文化和促进课程本土化与可持续发展的背景，本项目式教研聚焦于将中华传统文化融入课程的各个方面。通过系列教研活动，增强教师的课程领导力，提升幼儿园课程发展中的文化底蕴。由于一次项目式教研活动的时间和内容有限，基于教师对传统文化融入课程的研究的热情和发现的新问题，我们将在后续的教研活动中继续开展研究，对传统文化融入幼儿园课程的实施策略、实践评价等主题进行研讨，促进课程本土化的可持续发展。

后 记

《幼儿园项目式园本教研活动设计与实例——支架教师的专业成长》一书与《支架儿童的主动学习——经历 经验 经典》一书都是深圳市莲花二村幼儿园在园本课程建设中的成果物,两者分别阐述园所如何支架课程中的两方主体人群——教师、儿童的成长。

1999年,当萌发改变教研现状这一念头时,我只是一名普通的一线教师,在我园课程改革前与霍力岩教授的一次对话中,已多次在省、市获各类奖项的我,看到了自己在专业上的苍白。回顾幼儿教育道路上的历程,多少次遇到专业困惑,我都是独自摸索,一路跌跌撞撞,几经波折。千禧年伊始,我园开启了建构"莲花课程"的园本课程改革之路。作为最早的实验班教师,面对新课程,无论是理论层面,还是实践现场,展现在我面前的都是一个全新的世界,很多过往的经验在这里都无从运用。虽然课程改革是与专家团队合作开展的,可专家不能一直陪伴在教育和教学实践的现场,专家离开后的各种问题与困惑都让我这名幼儿园骨干教师倍感无力与无助。2005年,我因工作需要调岗,主抓教学工作,曾经萌发过的改变教研状态的念头又一次呼唤着我。从那天起,探索基于课程现场及教师实践中的真问题,尝试建立一种以问题连续体推进研究的新园本教研模式,改变教研活动原有的被动任务式教研状态,让园本教研走向激发教师内驱力的激励式教研,以及真正实现课程与教师发展一体化,成为我的追求目标与理想。

"授人以鱼,不如授人以渔",在课程改革与立德树人教育的大背景下建构的项目式园本教研模式基于中国文化及本土背景,吸收世界优秀教育模式"项目教学"的理念,根据新时代对教师的新要求和新标准,依据课程建构中教师专业发展的需要,着眼于教师在教学实践中的焦点问题,通过确立明确的教研项目目标,构建和整合各类有效的资源,不断探索并提供多方位资讯,搭建多元化平台、创设多沟通渠道的新项目式园本教研模式，支架教师主动、积极、投入地发现和解决问题，从而明晰教育理论，系统、全面地解决教师在教学中的"问题连续体"，促进教师在教育信念、专业知识、专业能力、专业态度以及专业发展等方面共同提升。项目式园本教研模式既是支持教师专业发展的内容体系，也是开展有效园本教研、实现课程与教师一体化发展的行动方案。

在建构项目式园本教研模式的过程中，感谢我园课程指导专家、北京师范大学霍力岩教授，她首先提出园所应秉承课程建构与教师发展一体化这一理念，使我们在园本教研的探索中有了抓手。感谢深圳市莲花二村幼儿园王微丽园长，她不但成立了独立的课程中心，让团队可以专心探索课程建构与教师发展，更给予课程中心最大的研究空间，使"莲花课程"的各项成果得以梳理与总结，并结出累累硕果。感谢莲花二村幼儿园教师团队的信任与支持，他们将课程中心视为资讯站和加油站，闲暇时便走进来畅谈自己的感受与收获，也提出自己的困惑与无助，他们的尽情倾诉让我们了解到更多、更真实的教学现状，在研究本教研模式的过程中更聚焦、更有效。感谢深圳市莲花二村幼儿园集团成员园光明区科裕幼儿园。该园所在2020年10月中旬才开园，在不到3个月的时间里开展了4个教研项目、26次园本教研，使教师团队（50%以上为高校应届毕业生）的专业能力得以迅速提升，不但从实践层面再一次验证项目式园本教研的科学性与有效性，也让项目式园本教研的经验得以再一次完善和成熟。特别感谢"万千教育"吴红主任在我园课程总结形成专著中的数次引领，让我们对课程、对教师成长有了更深刻的思考与行动，而在本书的撰写与出版过程中吴红主任又亲力亲为地进行了全程指引与指导。

本书是深圳市莲花二村幼儿园10多年来探索有效的园本教研的成果，也是深圳市苗圃工程王微丽名园长工作室、深圳市教育科学规划2018年度规划课题"基于幼儿园园本课程的园本教研实践研究"、深圳市优秀教育科研成果推广应用课题"幼儿个别化学习'支架式'课程体系的研究与建设"等多项研究项目的成果。本书由何红漫提炼和敲定框架，并组织全书的撰写。王微丽园长撰写了前言，张雅玲、王梓琦、周玲敏、舒慧撰写了第一章，何红漫、邱丞骏、王微丽撰写了第二、三章，刘隼、秦晗撰写了第四章，邓丽霞、张琳琳、邱丞骏、刘丹、戴文婷、卓瑞燕、敬贞、何红漫撰写了第五、六、七章，何红漫撰写了后记。在撰写过程中，何红漫、刘隼组织和协调书稿前四章的写作及修正，何红漫、邓丽霞组织和协调书稿后三章的写作及修正，插图创意由张雅玲提供，插图绘制由敬贞完成，全书后期的修改与整理由何红漫、刘隼、邓丽霞、邱丞骏、敬贞共同完成，最后由何红漫、王微丽定稿。

铁打的"课程中心"团队，流水的"研究者"。最后感谢每一位坚守和"走过"课程中心的教师的辛勤付出——何红漫（课程中心成立至今）、刘隼（2012年至今）、成伟丽（2012—2013年，现任深圳市罗湖区教工幼儿园园长）、杨伟鹏（2014—2015年，现任香港教育大学助理教授）、章誉（2016—2019年，现任宋庆龄幼儿园科研室教研员）、游咏梅（2016—2019年，现任深圳市坪山区金尊幼儿园园长）、秦晗（2017—2018年，香港中文大学在读博士）、邓丽霞（2018年至今）、张雅玲（2020年至今）、王梓琦（2020年至今）、周玲敏（2020年至今）。

尽管在写作过程中我们付出了最大的努力，但由于水平所限，书中一定存在疏漏与不足之处，恳请读者批评指正。

何红漫
2021年11月6日

参考文献

[1] DAM G T M, BLOM S. Learning through participation: the potential of school-based teacher education for developing a professional identity[J]. Teaching and teacher education, 2006, 22(6): 647-660.

[2] ERAUT M. Non-formal learning and tacit knowledge in professional work[J]. British journal of educational psychology, 2000, 70: 113-136.

[3] HORD S M. Professional learning communities: communities of continuous inquiry and improvement[M]. Texas: Southwest Educational Development Laboratory, 1997: 13-15.

[4] SANTA C, SANTA J L. Teacher as researcher[J]. Journal of reading behavior, 1995(3): 439-442.

[5] 董静. 课程变革视阈下的教师专业发展[M]. 北京: 中央编译出版社, 2013: 13.

[6] 何黎明. 全景式学习模式——园本教研能力提升实践新探索[M]. 杭州: 浙江大学出版社, 2017: 3.

[7] 胡庆芳. 我国校本教研理论与实践研究的综述[J]. 中小学教师培训, 2005(4): 10-13.

[8] 霍力岩. 幼儿园课程开发与教师专业发展——比较研究的视角[M]. 北京: 教育科学出版社, 2006: 5.

[9] 教育部. 关于开展"以园为本教研制度建设"项目的函[S]. 基础教育课程教材发展中心, 2006.

[10] 凯兹, 查德. 开启孩子的心灵世界——项目教学法[M]. 胡美华, 译. 南京: 南京师范大学出版社, 2007.

[11] 赖映红. 幼儿园园本教研的特点及存在问题研究[D]. 长春: 东北师

范大学，2007.

［12］李学侠. 园本体育课程的建构与实施［J］. 学前教育研究，2020（4）：85-88.

［13］刘启迪. 课程文化：涵义、价值取向与建设策略［J］. 课程·教材·教法，2005（10）：21-27.

［14］刘占兰. 园本教研的基本特征［J］. 学前教育（幼教版），2005（5）：10-11.

［15］莫源秋，等. 幼儿园教研活动设计与实施［M］. 北京：中国轻工业出版社，2014：8.

［16］秦光兰. 幼儿园课程改革与教师的课程开发［J］. 学前教育研究，2001（4）：35-37.

［17］邱丞骏，何红漫. 项目式园本教研的探索与创新［J］. 新班主任，2021（14）：15-16.

［18］王微丽，霍力岩. 支架儿童的主动学习——经历 经验 经典［M］. 北京：北京师范大学出版社，2016：15.

［19］徐美娥. 基于行动的园本教研［J］. 学前教育研究，2009（12）：55-57.

［20］杨显彪. "师徒制"：新手教师专业成长的必经之路［J］. 中小学教师培训，2006（3）：13-14.

［21］虞永平.《幼儿园教师专业标准》的专业化理论基础［J］. 学前教育研究，2012（7）：7-11.

［22］虞永平. 幼儿园课程建设与教师专业成长［J］. 中国教师，2020（1）：81-85.

［23］张阿赛. 基于教师专业发展的"园本教研"模式的路径构建［J］. 宁夏师范学院学报，2019，40（11）：105-112.

［24］张婕，朱家雄. 研究共同体的构建是园本教研的关键［J］. 幼儿教育，2005（17）：32-33.

［25］张琼，等. 园本教研新视角［M］. 广州：暨南大学出版社，2012.

［26］赵才欣. 有效教研——基础教育教研工作导论［M］. 上海：上海教育

出版社，2008.

[27] 赵燕妮. 园本"智慧教研"制度建设初探[J]. 成才，2019（11）：46–49.

[28] 郑金洲. 校本研究指导[M]. 北京：教育科学出版社，2002.

[29] 朱超华. 新课程视角下教师课程能力的缺失与重建[J]. 课程·教材·教法，2004（6）：13–16.

[30] 朱家雄. 幼儿园园本教研再议[J]. 教育导刊（幼儿教育），2006（6）：4–6.

万千教育 学前教育类书目

书号	书名	著、译者	定价(元)
幼儿园区域活动指导			
1935	幼儿园户外环境创设与活动指导（全彩）	董旭花 等 著	72.00
2103	幼儿园社会区材料设计与评价（四色）	王微丽 霍力岩 主编	60.00
1950	幼儿园科学区材料设计与评价（全彩）	王微丽 霍力岩 主编	60.00
1951	幼儿园生活区材料设计与评价（全彩）	王微丽 霍力岩 主编	60.00
1782	幼儿园数学区材料设计与评价（全彩）	王微丽 霍力岩 主编	60.00
1800	幼儿园语言区材料设计与评价（全彩）	王微丽 霍力岩 主编	60.00
2598	幼儿园艺术区材料设计与评价（全彩）	王微丽 霍力岩 主编	60.00
9613	幼儿园区域活动 ——环境创设与活动设计方法（全彩）	王微丽 主编	60.00
9149	小区域，大学问 ——幼儿园区域环境创设与活动指导	董旭花 等 著	30.00
9548	幼儿园创造性游戏区域活动指导 （角色区·建构区·表演区）	董旭花 等 编著	32.00
9549	幼儿园自主性学习区域活动指导 （生活操作区·美工区·益智区·科学区）	董旭花 等 编著	35.00
0156	幼儿园区域活动现场指导艺术 ——透视38个区域故事	董旭花 等 著	38.00
9134	如何有效实施幼儿园主题性区域活动	秦元东 等 著	24.00

7937	幼儿园科学区（室）——科学探索活动指导117例	董旭花 主编	28.00
幼儿园区域活动指导合计			679.00

幼儿园教师专业成长指导			
2547	认识婴幼儿的游戏图式	张 晖 等 译	48.00
2113	做会沟通的幼儿教师	胡剑红 等 主编	38.00
2236	幼儿园文案撰写规范与技巧	刘 敏 等 著	52.00
2311	幼儿园探究性环境创设（四色）	康 丹 等 译	48.00
2056	小脑袋，大问题（四色）	孟 晨 译	48.00
2309	破解幼儿园教师的90个工作难题	杜长娥 徐 钧 主编	52.00
2112	幼儿园优质教研活动设计方案	朱 清 等 著	38.00
1781	给青年幼儿教师的建议	吴邵萍 著	40.00
8470	答新手幼儿教师120问	刘洪霞 主编	28.00
1798	幼儿园新手教师指导手册	王 芳 等 著	48.00
1783	从新手到骨干——幼儿教师专业成长故事	尹坚勤 编著	42.00
1780	幼儿教师追求幸福的方法	余胜兰 著	42.00
9111	做个幸福快乐的幼儿教师——为你的专业成长支招	莫源秋 著	28.00
9047	幼儿教师临场应变技巧60例	冯伟群 著	25.00

……
欲了解更多图书信息，请登录：www.wqedu.com
联系地址：北京市西城区三里河路6号院2号楼213室　万千教育
咨询电话：010-65181109，65262933

*本目录定价如有错误或变动，以实际出书为准。